文化吉林

通化縣卷

弘揚長白山文化
打響吉林特色地域文化品牌

王儒林

　　吉林有文化，而且吉林文化有底蘊、有潛力、有特色、有希望。從前郭縣王府屯距今約一百萬年的石製工具到距今十六萬年的樺甸仙人洞和距今三萬年的榆樹人，從燕趙文化東進到漢武帝設四郡，從扶餘、高句麗、渤海文明的興衰更替到遼金、清朝問鼎中原，從抗日烽火、解放硝煙到新中國老工業基地的紅色記憶，從二人轉、吉劇、長影到吉林期刊、吉林歌舞和吉林電視劇現象，勤勞智慧、淳樸善良、勇於開拓的吉林人民在白山松水間創造出絢麗多彩的地域文化，成為中國文化版圖上一道獨特風景。

　　文化與山素來結緣，正如泰山之於魯，嵩山之於豫，黃山之於皖，長白山是吉林的象徵、吉林的品牌。吉林文化始終與長白山難捨難分、血脈相連，集中體現於長白山文化之中。長白山文化發源和根植於吉林沃土，是包容吉林各民族文化、蘊含吉林發展歷史、反映吉林人性格特質、凸顯吉林氣派的「大文化」，是中華民族「多元一體」文化的重要組成部分，源遠流長、博大精深，構成了吉林文化的骨骼和脊梁。在地域文化越來越受到人們關注、文化軟實力越來越成為衡量一個地區核心競爭力的重要指標的當今時代，大力弘揚作為吉林文化標誌性符號的長白山文化，把這份寶貴的文化資源保護好、挖掘好、利用好、開發好，對於打響吉林特色地域文化品牌，鑄造極具時代內涵的吉林精神，提升吉林文化軟實力，凝聚吉林改革發展正能量，無疑具有十分重要的現實意義。

近年來，我省大力推進以優秀吉林地域文化為主要內容的長白山文化建設，出台了《長白山文化建設規劃綱要》，啟動實施了長白山文化建設工程，在長白山文化資源保護研究、挖掘整理、開發利用等方面做了大量工作，取得了顯著成績。我們要進一步加強長白山文化理論研究，豐富長白山文化內核和外延，進一步加強長白山文化遺產的發掘、保護和展示推介力度，擴大長白山文化的影響力，進一步加強對長白山文化內涵的拓展和提升，把長白山文化資源更好地轉化為文化產品、文化事業和文化產業，推動長白山文化建設躍上新台階，推動吉林文化大發展大繁榮，為實現富民強省目標、中華民族偉大復興、中國夢做出貢獻。深入挖掘、研究、整理長白山歷史文化，既是一項宏大浩繁的系統工程，又是一項功在當代、利在千秋的基礎工程。希望有更多有識、有志之士投身長白山文化建設事業，讓這份寶貴的文化資源更好地服務於當代，惠澤於未來。

由省委宣傳部組織編撰的《長白山文化書庫》系列叢書，是長白山文化建設工程的重要標誌性成果。叢書從基礎研究、地方特色、主要藝術門類三部分，對長白山文化的歷史資源進行了全面細緻的挖掘和整理，堪稱長白山文化研究與普及的鴻篇巨製，不僅對研究和宣傳長白山文化大有裨益，而且對培育吉林文化品牌、樹立吉林文化形象也將產生積極的促進作用。在叢書即將付梓之際，謹表祝賀並向全體工作人員致以問候。

主編寄語

莊嚴

　　長白奇迤蘊靈秀，松江悠長毓文傑。千百年來，雄渾壯美的白山松水賦予了肥沃豐饒的吉林大地以生機和活力，滋養了吉林人民勤勞睿智、堅韌進取、寬容開放的精神品格，積澱了多元融合、底蘊深厚、色彩斑斕的地域文化。這獨具魅力的吉林特色地域文化猶如一株馥鬱芳香的花朵，在中華民族文化百花園中爭妍綻放。

　　文化是經濟發展之根，是社會發展之源。省委、省政府高度重視文化建設，制定出臺了《長白山文化建設規劃綱要》，把吉林省歷史文化資源工程列入宣傳思想文化工作「六大工程」之一。省委宣傳部深入貫徹落實省委、省政府的要求，開展《長白山文化書庫》建設，啟動實施了《文化吉林》叢書編撰工作，將其作為全省宣傳思想文化工作的重要舉措，周密部署，精心組織，強力推進，取得了預期成果，為全省人民奉獻了一份珍貴的精神食糧。

　　《文化吉林》叢書是《長白山文化書庫》中全景展現特色地域文化的重要組成部分。年初以來，我省廣大宣傳文化工作者以對家鄉、對歷史、對文化事業的高度責任感和使命感，不畏繁難，勤勉執著，嚴謹認真，精益求精，在資料收集、遺產挖掘、書稿撰寫等方面付出了大量艱辛的努力，進行了許多開創性的探索和實踐，圓滿完成了這次編撰任務。叢書編撰秉承傳播和弘揚吉林文化的理念，梳理總結吉林文化資源，提煉昇華吉林文化精髓，激發增強吉林人的文化自覺、文化自信，使優秀文化更好地服務於吉林的發展振興。

《文化吉林》內涵豐富，圖文並茂，辭美情摯，引人入勝，是人們認識吉林、瞭解吉林、研究吉林的概覽長卷，是吉林文化走向全國，面向國際的真誠心聲。叢書真實勾勒了吉林文化歲月滄桑的歷史縱深，生動展現了吉林文化多姿多彩的時代律動，帶我們走進吉林地域文化演進的舞臺，親身感受風雲激盪的文化事件，出類拔萃的文化人物，領略淵深源遠的文化景觀，妙趣橫生的文化傳說，體驗琳瑯紛呈的文化產品，淳樸濃郁的文化民俗。叢書將吉林文化的發展脈絡、現狀和未來，客觀詳盡地展現給廣大讀者，是一部能夠讀得進去、傳播開來、傳承下去的佳作精品。

　　鑒往以勵志，展卷當奮發。《文化吉林》這套融史料性、知識性、可讀性於一體的叢書，為我們進一步保護、研究、開發吉林地域特色文化提供了重要史料資源。作為後繼者，當代吉林人有責任、有義務肩負起將吉林文化充分融入社會主義核心價值觀，推動吉林文化發展進步的歷史使命，讓優秀傳統文化在繼承中創新，在創新中前行，在全國文化發展大格局中唱響吉林「聲音」，打造吉林文化品牌，樹立文化吉林形象。

目錄

第四章 · 文化景址

第一章

文化發展概述

作為長白山南麓一座剛剛崛起的小城，通化縣滿載盛譽：全國文明縣城，國家衛生縣城，國家園林縣城……這裡歷史悠久，赤柏松古城一度是漢之繁華都邑；這裡山清水美，鐘靈毓秀，風光擷大野之極；這裡物華天寶，人傑地靈，豐富的資源給人們帶來優裕的生活……

民間文藝的傳承光大，詩詞歌賦的酬唱應答——文化總是厚積薄發，抒寫出一部部動人的篇章。

通化縣位於吉林省南部，地處長白山南麓，渾江中游，北緯41°19'-42°07'，東經125°17'-126°25'。東西長96公里，南北寬83.3公里。東與白山市交界，西與遼寧省新賓縣和桓仁縣毗鄰，南與集安市接壤，北與柳河縣相連。轄區面積3726.5平方公里，地貌素有「八山半水一分田，還有半分是莊園」之稱。有耕地面積285.24平方公里，有林地面積2400公里，全境環繞通化市區。縣城快大茂鎮距通化市19公里，距通化機場（柳河三源浦）70公里，距長春280公里，距瀋陽260公里，距大東港300公里。轄五個鄉十個鎮一個開發區，共有一百六十個行政村（含2005年通化市開發區占灣灣川村），人口二十五萬人。

早在新石器時期，渾江兩岸已有古人類漁獵稼穡、繁衍生息，為濊貊族的故鄉，夏商為肅慎族所居，通化縣的文化，體現了民族融合的特點。

周初，通化縣為肅慎之南界。戰國時為燕國遼東郡屬地。秦初，通化仍屬遼東郡，華夏與肅慎在長期雜居相處與通婚中，互相依存、互相吸收，建立了千絲萬縷的連繫。漸漸地，他們在經濟、文化、語言、服飾、姓氏、習俗乃至宗教信仰上的差異逐漸縮小，終至於融為一體。

民族的融合同時促進了生產力的發展，文化的交流，國家的穩定。漢武帝

▲ 魅力通化縣

▲ 赤柏松古城房屋遺址

於元封三年（西元前108年）設置玄菟郡，統高句麗、上殷台、西蓋馬三縣。玄菟郡是漢初四郡之一，其設立時疆域廣闊，是四郡裡最重要的一個，幾乎囊括富爾江、渾江流域，此時通化縣為幽州刺史部玄菟郡上殷台縣。《奉天通志》：「渾江又西南流經通化縣城東南，右岸距城里許，縣境為漢時玄菟郡上殷台縣故地。」據考證，通化縣城快大茂鎮赤柏松古城，即為當年上殷台縣址。

　　五鹿充宗，這位西漢著名的儒學家曾受學於弘成子，是位飽讀之士，只因受宦官石顯案牽連，被貶到玄菟郡做太守。對五鹿充宗來說，到此苦寒之地是一種懲罰，但對當初的玄菟郡來說，這無疑又是一種幸運——中原文化的滲入正是玄菟郡快速發展的保證，加上之前漢昭帝曾下令招募郡屬地的技工和勞民「築遼東玄菟城」，由此可以推測，西漢時期，玄菟郡曾經繁華、富庶，由此推斷，作為上殷台縣治所的通化縣，也曾擁有經濟與文化的繁榮時期。

　　三國時期魏明帝景初二年（238年），司馬懿率兵攻入，通化遂入魏之版圖。

▲ 赤柏松古城灰陶器蓋

晉武帝泰始十年（274年）置平州，轄遼東、玄菟、帶方諸郡，通化縣仍屬玄菟郡。永嘉之亂後，北方先後出現少數民族割據的地方政權。通化曾為前燕、後燕之域。

東晉亡後，居住在長白山北部的肅慎族逐漸強大，建立勿吉國，通化地區北部為勿吉屬地。

六六八年，唐於遼東故地設安東都護府，通化縣為河北道安東都護府管轄。

▲ 縣城所在地快大茂鎮

武周聖歷元年（698年），粟末靺鞨首領大祚榮建立震國，光天二年（713年），唐冊封大祚榮為渤海郡王，自此這裡更名為渤海國。靺鞨即周秦以前的肅慎，遼金元明時的女真，是滿族人的先祖。

　　明代，朱元璋推翻元朝統治，洪武十年（1377年）設立遼東都指揮使司。永樂七年（1409年）又增設奴兒干都司，下設衛、所。此期間女真人不斷南徙，通化成為女真人主要集居地區，屬奴兒干都司建州衛。

　　萬曆四十四年（1616年），建州左衛都督僉事努爾哈赤稱汗，建立金（後金）政權，以赫圖阿拉（今新賓縣老城）為都，通化地區為清王朝入關前的重要基地。

　　由此可見，一直到元、明時期，通化縣域內都有人居住，清朝初期，滿族入關後，東北人口大減，所剩人口集中在東北地區南部。順治十八年（1661

▲ 通化縣老照片（全景）

年），奉天府尹張尚賢說：「沃野千里，有土無人，唯幾處廢堡、敗瓦、頹垣點綴於茫茫原野中而已。」康熙年間清王朝以「保護祖宗發祥地」為由，將旺清門、英額門以東，以富爾江為界，插柳為邊，至長白山的遼闊地區劃為封禁區，直到光緒二十三年（1897年）全地區開禁，在長達二百多年的時間裡，這裡人跡罕至，變為森林茂密、野獸集的荒蕪地帶。

咸豐年間在東北弛禁，設墾務局，招民放荒，使已荒蕪近二百年的土地重新得到開發。光緒三年（1877年），盛京將軍崇厚奏請分岫岩東邊地增設通化、寬甸、懷仁（今桓仁）三縣；民國初期通化縣屬奉天省東邊道，後屬安東省、遼寧省、遼東省；一九四五年東北光復，分立出通化市；中華人民共和國成立後，通化縣屬遼東省通化區行政督察專員公署；一九五四年，劃歸吉林省通化地區專員公署所屬；其間縣、市三合四分，至一九六二年六月九日恢復通化縣建制。

至今，通化縣境內還保存著許多歷史遺跡。大安猛　象溶洞是長白山第一縷炊煙升起的地方，三棵榆樹鎮歡喜嶺村是渤海國貢品白附子的生產地，清太祖曾在英額布黃梁木欽點棟梁材，二密台是大清祭祖長白山的第一台，大安老坑生產御用松花石……

通化縣人傳承了先人的勤勞、勇敢和靈性、智慧，把祖先的文化傳統不斷髮揚光大。作為長白山南麓的居民，作為清皇故里，祈福納祥之地，縣域內有豐富的南長白山文化和滿族文化積蘊，在文學藝術、書法美術、音樂舞蹈以及民間文藝方面取得了令人矚目的成就，形成了富於特色的通化縣文化，取得了豐富的文化成果，湧現出優秀的文化人才。

通化縣作家協會成立於一九九八年十一月十一日。十六年來，會員由開始的二十多人發展到現在的近百人，其中中國作家協會會員二人，吉林省作家協會會員二十人。二〇〇七年六月二十日又成立了涵蓋新詩與格律詩的「森茂詩社」。

幾年來，詩詞作者由最初的十餘人發展到現在的近四十人。通化縣詩詞作者劉兆福等十一人結緣為「茂山九友」。「茂山九友」引領其他詩詞作者在關東詩陣、通化詩詞論壇發表了大量詩詞作品，在省內外引起廣泛關注，產生了極大的影響，通化縣詩詞作者先後有十四人被吸納為中華詩詞學會會員。

自作家協會成立以來，廣泛開展了文藝創作研討及採風活動。二〇〇六年五月，召開了《情繫關東》等九本新書研討會，二〇〇九年七月，東北三省一百五十餘名詩人、作家齊聚縣城快大茂鎮，應邀參加通化縣舉辦的「酒海溢香」詩會，詩會之後結集出版了詩人作品集《酒海溢香》。此後又開展了「詩人走進通化縣」等大型採風活動。自一九七四年出版第一本文學作品集《山村小闖將》始，至今共出版文學作品個人專輯及合集五十餘部。其中有小說《長白山森林報》，散文集《微風輕拂》《夜雨如歌》，詩集《一個人的旅途》《雨中的向日葵》《最後的鄉愁》，長篇報告文學《關東酒王——關寶樹》，詩詞集《茂山集韻》，教育隨筆《做一個守望者》以及《南長白山民俗》《南長白山歇

▲ 通化縣遠景

後語》等等。會員們創作的作品在全國、省、市數百家報紙雜誌發表、轉載，有的被選入中小學教材，有的被翻譯成外國文字。

　　詞作家李宜安創辦的《長白山詞林》二十多年來由報紙到雜誌不斷壯大，培養了一大批詞作者，活躍在中國詞壇上。

　　通化縣美術家協會近年來組織會員開展各項活動，其中美術作品參加全國行業範圍展覽五十七件，獲一、二等獎九件；省級美展參展作品二百四十餘件，獲一、二、三等獎三十九件。由人民出版社、遼寧美術出版社、吉林教育出版社和各級報刊出版發表作品二十三件，各級美術館、紀念館收藏七件。現有中國美術家協會會員五人，吉林省美術家協會會員十一人，通化市美術家協

▲ 森茂詩社理事

會會員三十二人。

　　一九八七年美術作品展覽恢復評獎後，在第二屆吉林省青年美展上，通化縣參展作品《萬物之靈》（作者徐濤）、《白衣主婦》（作者張躍波）、《高麗鹹菜》《暮年》等六幅作品獲此展最高獎以及佳作獎、優秀作品獎，在通化地區引起廣泛關注，油畫家張忠信先生撰文《雨後春筍》給予高度評價。

　　通化縣攝影家協會創建於一九八六年，當時通化縣文化館蘇友貴、縣委宣傳部王立東等一批老攝影師拍攝了大量高質量作品，在國家級以及省市報紙雜誌上發表並獲得各類獎項。攝影家協會正式掛牌於二〇一〇年六月二十四日，主席由張仁廣擔任，黃文哲任副主席兼秘書長，王國霖、梁克弋、臧旺軍、閆

▲ 茂山九友第一次採風活動合影（茂山九友現有成員十一人）

廣生等任副秘書長。同年十月由攝影家協會會員王國霖、張曉峰、曹慧波等十二人組建了中國民俗攝影協會通化活動中心。

民俗攝影協會建立了攝影實踐基地，組織開展了採風及交流活動，有序地開展攝影藝術培訓，是一個極為活躍的民間組織。

攝影家協會取得了令人矚目的成績：王國霖榮獲全國文化信息共享杯優秀獎；黃文哲榮獲吉林省老齡系統攝影三等獎；二〇一三年，遲平榮獲鐵道部攝影百年杯優秀獎。

通化縣舞蹈家協會共有群眾性業餘舞蹈團隊十八個，幼兒舞蹈培訓基地五個，少兒舞蹈學校七個。歷年來參加由中國舞蹈家協會舉辦的社會舞蹈考級三千餘人；向專業學校、院團輸送專業人才三十餘人，舞蹈骨幹六十餘人。

由舞蹈家協會創編演出的舞蹈《愛我中華》《潔白的哈達》等五十餘部作品分別參加國家、省、市舞蹈比賽並榮獲金、銀、銅獎。舞蹈家協會還組織朝鮮族民俗藝術團舞蹈隊赴韓國進行文化交流演出，組織少兒藝校的學員兩次赴香港參加藝術賽事，分別榮獲優秀編導獎和表演金獎。

通化縣朝鮮族中老年活動中心連續參加近二十屆「通化市朝鮮族端午節文

▲ 畫家徐濤的作品《麗日蘆歌》

▲ 畫家王金華的作品《金秋》

藝會演」，且是最初的倡導單位。老年舞蹈隊多次代表通化市參加吉林省「老年風采」「群眾金星獎大賽」等活動，獲得四金、兩銀、兩銅的好成績。

音樂家協會會員康永泰自一九六五年以來創作了近千首歌曲、器樂曲、舞蹈音樂等作品，分別在國家、省、市級刊物上發表，在電視台播放，在舞台上演唱或演奏。詞曲作家柳楊創作的歌曲《黃河最美是壺口》、歌詞《溫暖我和你》分獲全國原創音樂大賽作曲一等獎和「感動中國新創作歌詞歌曲大賽」一等獎。音樂家董梅的二胡演奏曾在一九八二年獲吉林省專業劇團伴奏一等獎，一九八九年獲吉林省專業劇團戲曲調演演奏一等獎。

中國民間藝術協會剪紙協會立足通化縣地域特色，結合通化縣獨特的自然景觀、深厚的文化底蘊以及悠久的歷史遺存，積澱孕育了富有地域特色的鄉土文化資源和內涵。經過不斷挖掘和培育，滿族剪紙藝術家侯玉梅被聯合國教科文組織授予「民間工藝美術家」稱號，倪友芝被國家有關部門授予終身榮譽獎，同時湧現出了張傑、梁克弋、邱英傑、蔣國林等一大批青年剪紙藝術家，

▲ 攝影作品《人物》

▲ 攝影作品《年輪》

▲ 攝影作品《舊時光》

形成了強大的滿族剪紙藝術創作團隊。縣委、縣政府站在傳承中華文化、弘揚
民族精神的高度，持續培育壯大這一優勢文化資源，在全縣各中小學校普遍培
育小剪紙能手。快大茂鎮中心小學被國家有關部門確定為「少兒滿族剪紙教育
基地」和「少兒滿族民間美術傳統校」，通化縣則被譽為「滿族剪紙之鄉」。

　　除各協會在文化建設領域取得了
豐碩的成果之外，通化縣文聯把「服
務中心工作、推動文藝繁榮、弘揚社
會正氣、促進社會和諧」作為工作指
導方針，開展了形式多樣的全民活
動。包括以「共建生態家園，共享書
香文化」為主題的全民讀書月活動；
組織各協會骨幹開設「文化小講堂」

▲ 舞蹈家協會表演

送文化下鄉活動，以及在廣場人工湖旁增設「通化縣文藝長廊」等等。

通化縣實施的農村文化惠民工程，不僅極大地豐富了農民的文化生活，也有效改變了農民的精神面貌，使村風民風更加淳樸和諧。

如今，走進鄉村，一幅幅書畫作品，讓高雅藝術進入了農民家庭；一間間農家書屋，讓農民利用農閒時間學到了知識；一座座洋溢著濃厚鄉土氣息的文化大院，激活了農民文化生活的「神經末梢」；一台台群眾文藝演出，點燃了城鄉大地的文化熱情……通化縣立足優勢資源和地域特色，把繁榮群眾文化作為一項民生工程和提高全縣人民幸福指數的重要抓手，不斷加強文化基礎設施建設，完善公共文化服務體系，全縣群眾性文化活動風生水起，百姓的幸福生活已經烙上了深刻的文化印記。

濃厚的文化氛圍來源於縣委、縣政府對文化的高度重視。近年來，累計投入數億元資金，把農村文化陣地建設納入新農村建設整體規劃，高標準進行設計建設。新建、改造村部一百二十七個，把村部升級為全村的文、體、科、教、衛等多功能活動中心；改造農民文化活動廣場一百五十個，並配齊娛樂健身器材；修建一體化圍牆五十二點八萬延長米，統一粉刷，並把黨的政策用一幅幅直觀、形象、生動、鮮活的圖畫展示出來。

▲ 少兒藝校的學員正在接受培訓

▲ 通化縣朝鮮族老年活動中心老年舞蹈隊的風采

▲ 音樂家康永泰在教唱歌曲

　　為方便農民學科技、用科技，通化縣投入上百萬元在全縣一百五十九個行政村陸續建起「農家書屋」，添置了種植、養殖、法律、衛生、保健等方面的書籍。同時，配置了電腦、電視等科教設備，並經常邀請市、縣專家為村民授課，讓農民在家門口就能學到實用知識。

　　「黃金書中淘，致富書搭橋。」隨著「農家書屋」陸續建成，農民們學習知識、提高文化素養的氛圍日趨濃厚，致富本領顯著增強。

　　除此以外，還通過各種活動豐富農民的業餘文化生活。近年來利用農閒時節，舉辦農民文藝調演、會演；舉辦形式多樣的歌舞晚會；在農村生態旅遊景點定期舉辦農村美食周，把具有通化縣域特色的飲食文化發掘出來、展示出來；舉辦農民運動會、籃球賽、棋牌賽、拔河比賽、手工製作比賽、生產勞動技能比賽等豐富多彩的群眾文化活動。

　　文化活動讓群眾成為舞台主角，通化縣組織全縣機關幹部、教師、中小學生、工人、農民以及社區群眾先後舉辦了慶祝新中國成立六十週年「歡樂進農

▲ 滿族剪紙作品

家」大型紅歌會演、「喜迎十八大」廣場文化周、「歡歌新農村」農民文化藝術節等一系列文化活動，在進一步陶冶城鄉廣大幹部群眾情操的同時，各地也立足本地實際，開展了形式各異的文化活動。東來鄉立足當地旅遊、文化資源，定期舉辦旅遊文化藝術節，東來鄉鹿圈子村被評為「全國生態文化村」；二密鎮組建十六支村級秧歌隊、兩個社區文化組織和一個老年人活動協會，利

▲ 張焰老師在「文化小講堂」上為社區居民 進行剪紙教學

▲ 通化縣文藝長廊

▲ 2013年縣藝術團開展送戲下鄉活動

▲ 通化縣藝術團送戲下鄉演出

▲ 2014年縣藝術團開展「三下鄉」活動文藝演出

用農閒時節和各種節日、紀念日開展扭大秧歌、打太極拳、歌詠比賽等活動，用健康文明的活動引領農民群眾的文化生活。與此同時，通化縣還大力扶持民間文化發展，指派近二百個國家級教練分赴各地指導群眾開展文化活動。舞蹈協會的廣場舞，金斗鄉老年協會的朝鮮族舞蹈，西江鎮的二人轉等文化隊伍如雨後春筍般蓬勃發展起來，遍及城市和農村各個角落，這不僅展現了通化縣本土文化的無限魅力，更營造出百姓的幸福感。目前，全縣已擁有秧歌、武術等

▲ 鄉村一角

文體協會二十個，書法、攝影、剪紙研究會等文藝團體十一個。

　　縣文化館、縣藝術團等文化專業部門有計劃、分批次地組織開展送戲下鄉、送網絡下鄉、送電影下鄉活動，組織文藝專業人員採取集中培訓、送訓到田間、送學到門口等形式，加大鄉村文藝骨幹培養力度。

　　充分發揮松花奇石雕刻藝術家鄧玉平、滿族剪紙藝術家倪友芝等鄉土文化人才的引領作用，抓住滿族民間剪紙、大安松花奇石等特色產業，打造縣域文化品牌，突出縣域文化特色。如今，滿族剪紙作品遠銷日本、韓國、俄羅斯和歐美地區，被國際友人收藏；大安鎮也正在著手整體規劃設計，全力打造東北第一觀賞石原產地的品牌。

　　通化縣文化館設有文藝輔導部、美術攝影輔導部、文學輔導部、群文調研

▲ 鄉鎮的秧歌隊

▲ 拔河比賽現場

部、非遺項目辦公室、檔案室和財會辦公室，是國家設立的公益性事業單位。

文化館成立以來，充分發揮職能作用，組織開展了首屆通化縣藝術節、金牛大賽等群眾文化活動，組織文化「三下鄉」慰問演出，常態化組織輔導、舉辦綜藝培訓班二百餘期，全館累計輔導二十餘萬人次，在全縣範圍內扶建了較有特色的農民文化大院七十個，業餘文藝團隊五十餘個，組織刊出了《通化縣文學作品集》《英額布傳奇》等文學作品三十餘部和文學報刊《花野》《芳草園》近百期；業餘文學、美術、攝影、剪紙、書法、舞蹈、音樂創作在全國各級展覽、賽事中獲一、二、三等獎多達三百餘件，發表出版各類作品一千餘件。文化館兩次被國家文化部考核評定為「國家一級文化館」。

一九一三年五月，通化縣知事潘德荃創辦圖書館，館址在縣立第一小學西門（現通化市東昌區通化衛校東側）。歷經民國、偽滿時期。一九四九年十月新中國成立後，在通化縣文化館內設圖書室，後設圖書閱覽室和書庫。一九六六年藏書曾一度達到一萬餘冊。

一九七八年七月，圖書室從文化館分離出來，進行機構設置和編制確定，正式成立了通化縣圖書館，館址在快大茂鎮團結路。新館坐落於快大茂鎮同德路一五八八號，館舍面積二千五百平方米，館藏文獻八萬餘冊。

▲ 縣城快大茂鎮團結廣場標誌性建築

▲ 通化縣2010年農家書屋建設授書儀式

　　圖書館的自動化建設起步於二〇〇九年六月。通過自建、外購接收等多種方式整合數字資源，使圖書館的數字資源總量達4.2TB；建立館藏中文圖書、報刊文獻機讀書目數字化達百分之九十；根據地方特色，對收集的以本地區為主線，涉獵廣泛的一千零四十五種地方文獻資料進行了科學、規範的組建，「通化縣地方文獻數據庫」於二〇一二年建成並投入使用。同時，建成通化縣圖書館門戶網站（www.jlthxlib.com）。通化縣圖書館已建成以學校、社區分館和鄉鎮、村圖書室為陣地的圖書館聯盟體系；以縣圖書館共享工程支中心為中心，與十五個鄉鎮基層服務點、一百六十個村網點共享的三級文化信息服務網絡。實現文化共享工程、公共電子閱覽室、數字圖書館推廣工程、農家書屋等工程的可持續發展，切實解決農民讀書難和農村數字信息服務問題。

▲ 通化縣藝術團送戲下鄉演出

第二章 ——

文化事件

紫陌青青，生長著情思的脈紋；足音裊裊，聽得見疾走的風聲。歲月的歌綿綿
蕩出笛孔，飄過田地，飄過原野，連同歷歷往事，一同凝結成青史上一闋闋動
人的詩篇。

如今，發生在南長白山腳下的故事已經漸行漸遠。而那些刻在碑文上的無盡回
憶，留存在民間的動人傳說，仍然不絕於耳，激勵著後人。

探尋通化縣縣名的由來

對於通化縣的命名曾經有許多說法，一種是與佟佳江有關，取自「通三雅吉哈」，滿語為一種灰白肚皮烏鴉的名稱；一種是傳說康熙帝為鎮服「小天池」——千葉湖中的鎖金鱗之怪，下旨「押反者囚置，通教改化」，後傳世而稱為「通化」；一種是設治之初，清廷認為此地「多頑民」「盜風不息」，為達到「撫輯閭閻，維繫人民，以廣教化，潛移民風，以至教樸」的目的，須施以「仁德」，使之「通達開化」，如布告中所說的「消豆其之煎，宜通化而安居」，而取名「通化」；最後一種是，「通」有「貫通」之意，「化」者即「教化」也，就是用「仁德」「仁政」教化百姓，使之順服，從而「通歸王化」。近來還有一種說法，認為渾江的通化至桓仁段，清代稱作「佟佳江」，滿語名為「通三雅吉哈」，其音譯為「通化」。以上五種說法中，第三和第四種基本相近，也符合歷史事實，但還不夠準確。

「通」字《說文解字》：達也。《易·繫辭》：始作八卦，以通神明達之德。《禮·學記》：知類通達。又亨也，順也。「化」字《說文解字》：教行也。《老子·道德經》：我無為而民自化。又以德化民曰化。《禮·樂記》：化民成俗。有的人說「通化」這個詞組，正史文獻始於《清史稿》，其實不然，通化師範

▲ 20世紀90年代的通化縣

學院耿鐵華教授在《魏書·樂志》上查找到了「通化」一詞在正史上的最早辭源。

南北朝時期，北魏末代皇帝拓跋修永熙二年，太常卿祖瑩在朝上與眾大臣，接著春天之議，繼續復議樂事。《魏書·樂志》記載：

其年夏，集群官議之。瑩復議曰：「夫樂所以乘靈通化，舞所以象物昭功，金石播其風聲，絲竹申其歌詠。郊天祠地之道，雖百世而可知；奉神育民之理，經千載而不昧。是以黃帝作咸池之樂，顓頊有承雲之舞，堯為大章，舜則大韶，禹為大夏，湯為大濩，周曰大武，秦曰壽人，漢為大予，魏名大鈞，晉曰正德。雖三統互變，五運代降，莫不述作相因，徽號殊別者也。皇魏道格三才，化清四宇，奕世載德，累葉重光，或以文教興邦，或以武功平亂，功成治定，於是乎在。及主上龍飛載造，景命惟新，書軌自同，典刑罔二，復載均於兩儀，仁澤被於四海，五聲有序，八音克諧，樂舞之名，宜以詳定。案周兼六代之樂，聲律所施，咸有次第。滅學以後，經禮散亡，漢來所存，二舞而已。請以韶舞為崇德，武舞為章烈，總名曰嘉成。漢樂章云：『高張四縣，神來燕饗。』宗廟所設，宮懸明矣。計五郊天神，尊於人鬼；六宮陰極，體同至尊。理無減降，宜皆用宮懸。其舞人冠服制裁咸同舊式。庶得以光贊鴻功，敷揚大業。」錄尚書事長孫稚已下六十人同議申奏，詔曰：「王者功成作樂，治定製禮，以『成』為號，良無間然。又六代之舞者，以大為名，今可准古為大成也。凡音樂以舞為主，故干戈羽龠，禮亦無別，但依舊為文舞、武舞而已。餘如議。」

樂，音樂也。《易·豫》：「先王以作樂崇德。」古代祭祀、典禮等都用樂，儒家認為是禮的表現，常用「禮樂」指代教化。孔子曰：「興於詩，立於禮，成於樂」。上文中，北魏太常卿祖瑩在廷議中說：「夫樂所以乘靈通化，舞所以象物昭功……」其「乘靈」一詞意為載著靈魂，指音樂固有的效能，而「通化」一詞意為開啟心智、教化民眾，指音樂對外界的作用。「乘靈通化」的意思當為：在音樂的薰陶過程當中，民眾完成自我靈魂淨化，而不是被動的教

▲ 縣城快大茂鎮冬景

化。用音樂淨化靈魂、陶冶情操，使民眾在享受音樂所產生的靈魂撫慰的過程中，受到潛移默化的教育，從而達到「以德化民」，最終接受王朝統治的目的，而不是強行地灌輸禮教和推行王權，使之「通歸王化」。

　　南北朝北魏永熙二年（西元533年），距今已有一千四百八十一年了。可見「通化」一詞並不是清末才創造出來的，光緒三年（1877年）清朝統治者（盛京將軍崇厚奏請）借用《魏書‧樂志》對「樂」的闡述來命名設治在佟佳江畔頭道江的通化縣是用心良苦的，也賦予了通化縣深厚的歷史文化底蘊。

民國元年建起公慶茶園

清朝末年，通化縣建制初期，沒有專業的文化團體和固定的演出場所，只有地方戲散班子撂地演出，或巡迴於沿路的大車店、林區的窩棚、山裡的地戲子。

隨著長白山林業和土特產的開發，吉奉鐵路的修建，集市的興起，貿易繁盛，商賈雲集，城鎮開始修建戲樓。民國元年（1912年）秋，通化縣知事潘德荃主持將縣城老西關的一座關帝廟改建為通化縣第一座戲院——公慶茶園。利用廟內大殿做舞台，城內樓上設包廂，樓下池座，全場可容納觀眾一千餘人。同年冬天，茶園首任班主劉順魁組成京戲班，演出主要劇目有《鍋大缸》《武家坡》《失空斬》等。

▲《鍋大缸》劇照

民國二年（1913年），公慶茶園晝夜開演，票價降低，並嚴禁演出淫戲。這段時間觀眾踴躍，票房頗好。公慶茶園逐漸走向它的黃金時代。

民國七年（1918年），刀馬花旦筱九霄（尹鳳鳴）京劇班於公慶茶園演出《大賣藝》《英傑烈》《盜仙草》《打焦贊》等，深受觀眾歡迎，上座率很高，這是公慶茶園最鼎盛的一年。

此後，以演出京劇為主的公慶茶園也兼演河北梆子和評劇（落子），來園演出的有當時著名的演員周玉春、碧玉花、王少卿、紅牡丹、吳豔霞、葡萄紅

（張鳳樓）等，演出的河北梆子有《轅門斬子》《打金枝》《桑園會》《三娘教子》，演出的評劇（落子）有《打狗勸夫》《劉翠屏哭井》《秦香蓮》等。

一九三一年「九一八」事變以後，東北淪陷，戲班解散，藝人棄行或離走，公慶茶園被迫停業。一年以後，遼寧民眾自衛軍准予公慶茶園開業演出，但一直不景氣。一九三八年秋，公慶茶園夜間起火，被燒燬。

公慶茶園開業二十六年，對戲曲傳播、交流、發展起到了積極的促進作用。

▲ 山水宜居城

創辦紅旗藝術學校

一九五八年二月二十四日，文化部、新聞紀錄電影製片廠、北京電影製片廠、青年藝術劇院等九個單位，派出二百五十八名幹部下放到三棵榆樹公社勞動鍛鍊，帶隊領導唐愷（《光明日報》總編輯）兼任通化縣委副書記。

▲「紅旗藝術學校」副校長李百萬

三月，在下放幹部的積極倡導下，在三棵榆樹鄉下排小學成立通化縣「紅旗藝術學校」，由中央新聞紀錄電影製片廠的王聯和北影李百萬任正副校長。李百萬，著名電影演員，他第一次登上銀幕的影片是《中華兒女》，之後在《呂梁英雄傳》中塑造了雷石柱的形象。一九五〇年他因主演《白毛女》一片中的大春而獲得巨大成功，他以真摯的感情，樸實的表演，成功地塑造了這個淳樸、憨厚的青年農民形象。影片上映後，贏得國內外觀眾的一致好評。此後，他又拍攝了《葡萄熟了的時候》和《無窮的潛力》等影片。一九五五年至一九五七年入北京電影學院表演訓練班深造。畢業後先後主演了《無名島》《紅色郵路》兩部影片。

「紅旗藝術學校」由縣文化館館長任主任，負責在縣內招收學員。第一期共招收學員六十名，課程設置表演、導演、戲劇、音樂、舞蹈及訓練（各種基本功）六門。教員有北京電影製片廠著名的演員、演奏員王雲霞，北京電影製

▲ 李百萬在《呂梁英雄傳》　▲ 李百萬在《無名島》中飾演王永
中飾演雷石柱　　　　　　智

片廠著名演員、北京科教電影製片廠編導李雨農，著名演員齊麗、王培麗，北京電影製片廠高級化妝師邵傑、劉百瑞，中央民族歌舞團舞蹈演員徐素娥，中國青年藝術劇院演員王培，長影樂團指揮尹升山等。經過九個月的培訓，同年十二月，共排演了三十多個節目。

　　一九五八年末，下放幹部返京，經通化縣委宣傳部、文教局批准，從藝校學員中保留四十人，一九五九年一月，在快大茂子公社成立了通化縣文工團。

　　一九七九年一月，文工團改為國營通化縣吉劇團，演職員六十九人，演出了《桃李梅》《燕青賣線》等數十種曲目，其中四個劇目榮獲地以上劇本、導演、作曲等十三個獎項。

　　一九八五年，創作了反映知識分子命運的大型戲曲劇本《痴情》、電視劇《裝在口袋裡的心》；創作了反映楊靖宇將軍壯烈犧牲的大型歌劇《血碑》，該劇本參加了省劇本討論會；創作了大型戲曲劇本《母子心》和小型戲曲劇本《瓜把式偷瓜》《姐妹爭嫁》等等。

　　「紅旗藝術學校」的成立使通化縣戲曲的發展處於一個較高的起點，是通化縣戲曲事業的搖籃。

榮膺「國家衛生縣城」等殊榮

國家衛生縣城　經過六年的精心打造，二〇〇四年十一月經國家評審驗收，通化縣一躍跨入國家衛生縣城行列。這標誌著通化縣縣城建設管理水平和廣大居民的生活質量得到全面提高，整體文明層次取得了歷史性的突破。

早在一九九八年，通化縣就提出了創建衛生縣城的奮鬥目標，成立了縣委書記和縣長擔任組長的創建工作領導小組，四十九個責任單位分別與縣政府簽訂了創建工作目標責任書。同時，通過創新宣傳教育方式，營造全民參與的社會氛圍，使全縣創建熱情空前高漲，為創建工作奠定了堅實的基礎。

按照國家衛生縣城標準和總體規劃，到二〇〇四年十月末，通化縣各項創建任務全部完成。為實現創建「國家級衛生縣城」目標，通化縣實施了大規模的縣城建設和改造。累計投資三點九五億元，進行了城區配水管網改造、供熱改造、平湖工程、街路攤鋪、巷路硬化、環衛市政設施改造、農村標準化廁所

▲ 通化縣榮獲「國家衛生縣城」稱號

改造以及綠化美化等工程。衛生、環保等全面符合國家衛生縣城標準。

　　全國文明縣城　二〇〇九年一月二十日，全國精神文明建設工作表彰大會在北京召開，時任黨和國家領導人中共中央政治局常委、中央文明委主任李長春，中共中央政治局委員、書記處書記、中宣部部長、中央文明委副主任劉雲山，中共中央政治局委員、國務委員、中央文明委副主任劉延東出席大會，中央文明委成員單位，中央各部委領導參加了會議。會上，通化縣被授予首批「全國文明縣城」稱號。

　　為了保持榮譽，繼二〇〇九年獲得全國文明縣城稱號後，通化縣始終將創建全國文明縣城作為一項沒有終點的工程，提出了「天天文明城，年年文明城」的口號，確定了「一年一個變化，三年上一個規模」的總體規劃，把改善民生、提升文明、優化環境、促進和諧、推動發展貫穿於創建全過程。

▲ 通化縣首屆少數民族文化藝術展

▲「國家園林縣城」——通化縣縣城

　　二〇〇九年至今，通化縣相繼完成了城區供熱節能和地下管網改造、管道天然氣、縣醫院、水幕噴泉、河南公園等一大批基礎設施和公共設施工程，繼獲得「國家衛生縣城」「國家園林縣城」等稱號後，又獲得「中國人居環境範例獎」和「吉林省森林城市」等多項榮譽，並成功加入了國際健康城市聯盟。

　　文明創建，讓城市深層次的美麗綻放得更加通透。黨政機關的服務意識、服務能力顯著增強；環保、低碳、全民植綠護綠，生態環境更加良好；規範守信的良好經營秩序逐漸建立；城市的地域特色、文化內涵、時代風貌得到了充分展示。正是由於文明縣城創建，使通化縣的城市功能不斷完善，城市秩序得到規範，城市服務不斷提升，城市品位不斷昇華，一座更具活力、更加進步、更富魅力的新興城市正在崛起！

　　中國最佳生態休閒文化旅遊名縣　二〇一一年六月十六日首屆「二〇一一國際文化旅遊品牌節暨國際旅遊品牌表彰宣傳活動」在北京盛大開幕。在紀念建黨九十週年之際，經國際文化旅遊促進會、中國旅遊品牌協會、中國縣域經濟協會聯合宣傳打造，大會最終隆重揭曉了一批國內旅遊發展比較有品牌影響力的優秀旅遊目的地，以此來推舉和表彰中國旅遊領域優秀品牌、創新力品牌，吉林省通化縣獲中國最佳生態休閒文化旅遊名縣稱號。

通化縣以「生態文明、山水園林、宜居宜遊、休閒度假」的新型節點城市為定位，先後實施了綠化美化亮化、污水處理、「暖房子」建設、蝲蛄河流域生態恢復、淨水等工程，城市面貌發生了翻天覆地的變化。先後實施了茂山公園、南山公園、沿河景觀帶、污水處理等八大重點工程，構建起多結構、多層次、一體化的生態綠化格局。

文明、綠色、生態等文化價值觀已成為通化縣打造人與自然和諧發展的重要內容。「做文明市民告別不文明行為」等一系列文明創建活動，通過各種載體開展生態建設進社區、進校園、進機關、進農村、進企業等活動，大力開展綠色學校、綠色社區、綠色醫院、綠色飯店、綠色家庭等系列創建活動，將生態文明理念通過各種渠道滲透到全縣每一個角落，融入群眾生產、生活的方方面面。二〇〇六年，通化縣開始實行城區內「人走斑馬線，車讓人先行」實踐活動，倡導文明出行，維護文明秩序。二〇〇八年以來，培育以和諧與發展為主題的「通化縣文化」，為創建國家級生態縣奠定良好的思想基礎。

國家園林縣城　在充分調查論證的基礎上，通化縣於二〇〇一年做出了

▲ 趕馬河村和諧廣場景觀

「利用三到五年時間，創建山清水秀園林城市」的決策。此後，採取政府推動、全社會參與的措施，多渠道籌措城市建設資金，實施了大規模的縣城改造。同時加強軟件建設，全方位提高城市管理水平，相繼開展了文明和諧交通行動、文明禮儀教育行動、文明服務創建行動、文明環境建設行動等，不斷提高市民的整體素質。

二〇一二年二月一日，從國家建設部傳來喜訊：通化縣城被命名為「國家園林縣城」，這是全省唯一獲此殊榮的縣城。

全國生態文化村二〇一一年九月二十三日，在第四屆中國生態文化高峰論壇上，通化縣快大茂鎮趕馬河村榮獲「全國生態文化村」稱號，這是全市第一個獲此殊榮的行政村。

二〇一二年九月十八日，以「文化驅動與綠色發展」為主題的第五屆中國生態文化高峰論壇在安徽省合肥市舉行。在本屆論壇上，通化縣東來鄉鹿圈子村被授予「全國生態文化村」稱號，這是繼通化縣趕馬河村後，全市第二個「全國生態文化村」。

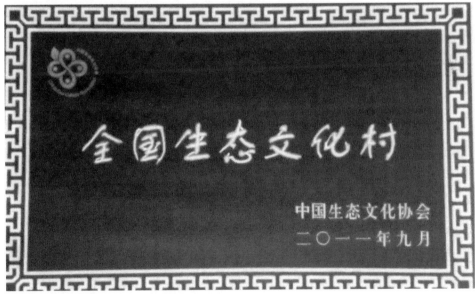

▲ 快大茂鎮趕馬河村榮獲「全國生態文化村」美譽

舉辦青年文化周

二〇一〇年，為紀念五四運動九十一週年，四月二十六日至五月四日，通化縣舉辦了由團縣委主辦，機關黨工委、文體局、教育局、廣電局、城建局、公安局、衛生局等單位協辦的「通化縣青年文化周」活動，文化周以十八歲成人禮、青年公路越野賽、青少年書畫攝影展、青春風采電視專欄、校園文化藝術節、文藝會演等系列活動為載體，全面展示了通化縣青年朝氣蓬勃、健康向上的精神風貌。

▲ 通化縣第七中學首屆校園文化藝術節

四月二十六日，十八歲成人禮暨通化縣青年文化周開幕式上，剛滿十八歲的同學們給大家帶來了豐富多彩的文藝表演。表演結束後，小主持人帶領大家一同舉起右拳，鄭重宣讀成年誓言，參加的學生無不精神振奮。

▲ 十八歲成人禮

▲ 青年公路越野賽

　　四月二十七日，通化縣第二屆青年公路越野賽如期舉行，比賽中，所有運動員都充分發揚不怕苦、不怕累的精神，冒雨頑強地跑完了五公里的賽程，充分展現了廣大團員青年積極向上的精神風貌。

　　四月三十日，在團結廣場舉辦了青少年書畫攝影作品展，共展出了書畫作

▲ 青年文化周書畫攝影展

品三百餘幅，其中國畫二十九幅，水粉畫、油畫等一百零五幅，書法作品三十六幅。既有趙中華、李勇等縣裡知名青年書法家、畫家的作品，也有很多在校學生的作品。畫作風格多樣化，題材大多展示通化縣風貌和青年人的感情、現實生活。

▲ 校園文化藝術節的精彩演出

　　與此同時，文化周在各基層團支部進行得有聲有色。「火紅的五月」校園文化藝術節也吸引了眾多學校的積極參與，通化縣第七中學、通化縣綜合高中等學校組織校園內文藝愛好者編排了豐富多彩的歌舞曲藝節目，上演了一台台讓人耳目一新、富有青年特色的文藝晚會，成為學生高中生涯的一大盛會。團縣委還和縣電視台合作，開通了青春風采電視專欄，通過講故事的形式介紹縣裡的優秀青年，為全縣青少年樹立榜樣。

　　五月四日，青年文化周閉幕式以慶五四文藝會演的形式舉行。閉幕式上，團縣委對文化周中表現突出的單位和個人進行了表彰，參加演出的青年載歌載舞，共慶五四運動九十一週年。

組織豐富多彩的採風研討活動

「酒海溢香」詩會　二〇〇九年七月八日，東北三省一百七十餘名作家、書畫家齊聚通化縣縣城快大茂鎮，應邀參加通化縣舉辦的「酒海溢香」詩會，與會者興致勃勃地參觀了縣城河堤路和團結廣場。當晚，作家們歡聚一堂，開展了聯誼活動。次日，通化縣「酒海溢香」詩會暨縣作協二〇〇九年年會、《森茂詩林》研討會在縣政府四樓會議室召開。會議結束後，縣政協主席劉兆福陪同與會者參觀了大泉源酒業的木製酒海，品嚐了生產線上的酒溜子酒和地下酒海窖藏的大泉源酒。張福有、唐仁舉、劉成海、姚春才以及通化縣書法家柳楊等潑墨揮毫，為大泉源酒業留下墨寶；有的詩人即興賦詩，為通化縣奉獻佳章。與會作家、書畫家們靈感迸發，才思泉湧，揮毫潑墨，令詩會掀起一浪又一浪熱潮。

▲《酒海溢香》詩詞集

詩會結束後，在短短三個月時間共收集詩詞七百二十多首，後篩選五百七十二首結集為《酒海溢香》。

《行吟集》研討會　二〇一〇年五月十八日，通化詩詞學會劉兆福先生《行吟集》研討會在通化縣振國藥業植物園召開。會議由通化詩詞學會名譽會長唐仁舉主持。著名詩人高風清，黑龍江省楹聯家協會理事、通化論壇貴賓甄得如，集安「洞溝五閒」代表高良田，「佟江七子」代表張寶琦，以及金永先、胡玫、劉喜軍、盧海娟、趙金明等做了精彩的研討發言。吉林省詩詞學會副會長、通化詩詞學會名譽主席張吉貴，中華詩詞學會副會長、吉林省詩詞學會常務副會長張福有等對《行吟集》的出版發行給予充分的肯定。劉兆福談了自己的創作體會。最後，通化師範學院教授耿鐵華就詩詞創作問題提出指導性意見，唐仁舉做了會議總結。

參加此次會議的五十多位詩人分別來自吉林省各地以及黑龍江哈爾濱和遼寧省寬甸縣。會後，與會詩人們遊覽了振國藥業總部植物園。與會詩人的作品及發言稿結集成《劉兆福〈行吟集〉評論賀詩集錦》。

「詩人走進通化縣」採風活動　二〇一一年六月十六日，為慶祝中國共產黨建黨九十週年，展示通化縣改革開放三十年的巨大變化，由通化縣政協辦公室、通化縣詩詞學會共同組織舉辦了「詩人走進通化縣」採風活動。

▲ 《劉兆福〈行吟集〉評論賀詩集錦》

來自江蘇省、遼寧省、黑龍江省以及吉林、長春、九台、琿春、磐石、東遼、德惠、白山、通化、梅河口、輝南、柳河、集安、東昌、二道江等地的詩人和本縣詩人近百人雲集於通化縣喜來登大酒店參加了本次盛會。當晚，喜來登酒店三樓宴會廳張燈結綵，高朋滿座，名家薈萃。席間宣讀了張福有、蔣力華的賀詩；文藝工作者為眾詩友演唱了《通化縣可愛的家鄉》《茂山之歌》等歌曲；由縣政協副主席柳萍揚琴伴奏，張傑、梁克弋展示了滿族撕（剪）紙的絕技；縣政協委員徐曉霞表演了富有地方特色的舞蹈「關東老闆」等等，精彩的節目贏得了熱烈的掌聲，詩人們的歡聲笑語響徹大廳。

▲ 「詩人走進通化縣」採風活動

▲ 詩人們參觀東寶集團人胰島素生產線

六月十七日至十九日，詩人們深入到東寶藥業的人胰島素車間、振國藥業長白山植物園、大泉源酒廠、通天酒業、金貢源米業、快大茂鎮趕馬

河村新農村建設及棚膜經濟產業園、大
泉源鄉新設村食用菌種植園區、長白山
藥谷產業園、快大茂鎮中心小學民俗展
覽館、民政局農村社會福利中心等富於
縣域特色的景區進行採風。

▲ 詩人們參觀大泉源鄉新設食用菌大棚

　　採風活動結束後，詩人齊聚「關東
詩陣」和「通化詩詞論壇」，掀起了網
上歌詠通化縣的高潮，到七月二十日截
稿，共收到詩詞近一千四百首。按照
「詩依平水，詞宗正韻」的原則進行了
編輯，最後選取一千三百四十七首編輯
成書，定名《茂山集韻——詩人走進通
化縣》。書中共分六輯，第一輯《賀詩
篇·四海飛鴻》，收錄一百二十四首；

▲ 詩人們參觀金貢源米業生產線

第二輯《工業篇·砥柱雄風》，收錄三百七十五首；第三輯《農業篇·厚土清
吟》，收錄一百七十四首；第四輯《城建風光篇·古邑新姿》，收錄二百一十
首；第五輯《各項事業篇·群芳競彩》，收錄七十四首；第六輯《歷史文化
篇·漢唐遺韻》，收錄三百九十首。

▲《茂山集韻——詩人走進通化縣》

「清皇故里，祈福納祥之地」論證會在通化縣召開

▲ 通化縣「清皇故里，祈福納祥之地」研討會

通化縣歷史悠久、文化厚重，但由於缺乏系統地挖掘、梳理和考證，有許多豐富內涵收藏在博物館、檔案館、圖書館和史學專家學術論文中以及流傳於民間，外界鮮有人知，即使是本土的家鄉人也知之甚少。特有的歷史文化資源對促進旅遊事業和縣域經濟發展的潛在優勢有待進一步開發利用。縣政協九屆委員會抓住推進中華民族文化大繁榮大發展的契機，響應縣委提出打造通化縣特色歷史文化品牌的號召，開闢圍繞中心服務大局新領域，出台創新政協工作新思路、新舉措，於二〇一二年初開始，依據掌握的史料，大膽提出通化縣是「清皇故里、祈福納祥之地」的新課題，並組織有關方面力量進行了為期八個月的深入細緻的挖掘考證工作，取得了令人振奮的階段性成果。

經過精心準備和策劃，於九月中旬召開了「通化縣清皇故里，祈福納祥之地」研討會。通過吉林師範大學東北史地研究中心和鞍山師範學院教授、歷史學博士張士尊，吉林大學民族研究所所長、文學院教授和博士生導師程妮娜，東北師範大學文學古蹟整理研究所所長、博士生導師李德山，通化師範學院高句麗研究所所長、歷史學院教授、東北師大博士生導師耿鐵華，通化市文化保護研究所所長王志敏研究員等國內著名明清史專家、教授進行權威性的論證，還原了通化縣是「清皇故里，祈福納祥之地」的真實面目。各位專家學者從不同的歷史視角，以翔實的史料和多年積累的研究成果，言簡意賅地發表了權威性論述，並就進一步挖掘通化縣歷史文化、古蹟文化、傳統文化、民族文化，豐富通化縣文化寶庫，提出了頗有見地的意見和建議。

▲ 滿族特色──萬字炕及炕琴櫃

　　研討會上，專家們明確了通化縣在明清時期的歷史定位，證實了明朝末年通化縣地域屬滿洲女真建州衛王甲部和額爾敏路；額爾敏台（坐落在二密鎮）是清朝皇帝和大臣遙拜長白山的祈福納祥之地。史學家們認為，通化縣政協提出的研討命題方向正確，把通化縣定位於「清皇故里，祈福納祥之地」，有史可依，有據可查，有物為證。如果再深入挖掘研究相關史料，加大文物考古力度，將會極大地豐富「清皇故里，祈福納祥之地」的歷史文化內涵，對於夯實通化縣的歷史文化底蘊，提升通化縣特有歷史文化的影響力，推進文化產業、旅遊產業發展有著重要的意義。各位專家交流了對通化縣歷史文化研究的觀點，統一了學術上的一些認識，進一步理清了通化縣的歷史發展脈絡，對滄桑巨變中的通化縣如今已擁有多個國字號榮譽和名片於一身而留下美好印象。研討會議認為，今後應通過多種形式向外宣傳推介通化縣是「清皇故里，祈福納祥之地」的名片，以此為平台吸引人流、物流、資金流到通化縣發展，興一方經濟，富一方百姓。

通化縣舉辦系列大型文藝晚會

大泉源酒業大型廠慶晚會 二〇〇五年九月九日晚，大泉源酒業大型廠慶晚會在通鋼體育館舉辦。大泉源酒業在通化的老廠長、全體員工及各界人士三千四百多人觀看了演出。晚會的主持人是楊欣、王明明、王平、蔡明。晚會上網絡歌手楊臣剛演唱了以《老鼠愛大米》為代表的四首歌曲，受到年輕觀眾的歡迎。緊接著東北二人轉演員閆學晶演唱的東北風味的《寧捨一頓飯，不捨二人轉》等歌曲，高亢明快、甜美清新，博得滿場喝采。著名演員蔡明學唱關牧村的《假如你要認識我》等歌曲惟妙惟肖，使人感嘆其模仿功力。最後當紅歌星孫悅出場，她演唱了《大家一起來》等快歌，動感強烈，富有青春氣息和激情，全場掌聲雷動，經久不息。這台晚會，雅俗共賞，老少皆宜，突出宣傳了企業形象，達到了預期的目的。為滿足廣大觀眾直面明星的願望，在九月十日上午十點又演出一場，仍是觀眾爆滿，獲得圓滿成功。

農民文藝比賽頒獎晚會 二〇〇九年六月二十三日晚七點，通化縣廣場上歡歌笑語，來自通化縣各鄉鎮的農民帶著他們自編自演的文藝節目參加建黨八十八週年「歡歌新農村・頌歌獻給黨」農民文藝比賽頒獎晚會。表演唱《逛趕馬河村新面貌》和快板兒《新農村建設傳佳話》，展示了在建設社會主義新農村進程中，農村文化生活的豐富多彩、農民嶄新的精神面貌和建設成果。舞蹈《手鼓舞》的演員年齡最大的七十三歲，最小的六十三歲，老人們自編自演、精心排練，輕柔的舞姿讓台下的觀眾讚歎不已。秧歌舞《大中國》和一台二人轉把演出推向了高潮。

此次比賽經過快大茂、二密、果松、英額布四個賽區、四十八個參賽節目的激烈角逐，最後，二

▲ 閆學晶演唱《寧捨一頓飯，不捨二人轉》

▲ 「歡歌新農村‧頌歌獻給黨」農民文藝比賽頒獎晚會

密鎮選送的配樂詩朗誦《黨旗映紅新農村》等獲一等獎，大安鎮選送的男聲獨唱《雙腳踏上幸福路》等獲二等獎。

▲ 迎新春「青山綠水等你來」春節晚會

▲ 獨唱：我永遠的戀歌

▲ 玖月奇跡組合

迎新春「青山綠水等你來」春節晚會 蛇年開局，通化縣政府、通化縣企業家協會聯合主辦的二〇一三年通化縣迎新春「青山綠水等你來」春節晚會於二〇一三年一月七日在縣體育館隆重舉辦。晚會邀請了李玲玉、玖月奇跡組合、金美兒等眾多知名演員演出。演出現場氣氛熱烈，各種活動展示了山城人民的精神面貌及幸福生活。

金斗朝鮮族滿族鄉建鄉三十週年慶典 二〇一三年六月十四日是通化縣金斗朝鮮族滿族鄉的盛大節日，在喜慶的音樂中，通化縣金斗朝鮮族滿族鄉建鄉三十週年慶典活動拉開了帷幕。慶典活動精彩紛呈，形式多樣，既有長鼓舞、霸王鞭這樣富有少數民族特色的傳統舞蹈，也有展現新時期農民風貌的現代舞蹈，還有配樂詩朗誦和具有東北特色的現代二人轉，充分體現了朝鮮族、滿族文化和新農村面貌，村民更是看得熱情高漲，掌聲不斷。

張傑撕紙藝術走進北京中間美術館

「快樂的美術課——張傑的撕紙藝術」於二〇一三年四月十三日下午在北京中間美術館舉辦。展覽空間設計由著名建築師曾慶豪擔任，他在美術館主展廳佈置了自主學堂，展出張傑近十年的藝術探索，一個民間藝人與國際建築師的對話就此展開。

中間美術館執行館長鄭冬梅女士主持了開幕式，並在現場舉行了「北京西山青少年創意研究中心」掛牌儀式，中間美術館將作為海淀區「北京西山青少年創意研究中心」基地，今後會開展更多的公共教育活動。本次展覽的藝術家張傑被聘任為研究中心的第一位指導老師。

張傑是通化縣快大茂鎮的小學老師，他用撕紙來創作，無論大型敘事性的鴻篇巨製，還是微小的日常場景，萬物生靈，無不惟妙惟肖，生動感人。

▲「快樂的美術課——張傑的撕紙藝術」展室

▲ 張傑北京個展全景圖

▲ 張傑的撕紙作品《四景詩之冬景》

通化縣有剪紙的傳統，並且申請了非物質文化遺產。張傑本身也是剪紙的傳承者，近年來他改用撕紙來創作，表達起來更加自由，他說：「我的手是我的心。」張傑不需要工具也不需要媒介，他的創作工具除了雙手別無其他。如此直接和直覺的方式使想像力超越視覺界限，甚至他把手背到身後也可以創造出同樣生動的形象。他的作品呈現三類面貌，一種是日常生活小景，如村民的勞作、萬物生靈；一種是神話故事，民間傳說；還有一種是歷史題材。他不斷從民間汲取藝術養分，關注傳統的民俗文化和藝術樣式，並運用在自己的創作中。

▲ 張傑的撕紙作品《打麻繩》

中間美術館藝術總監周翊是這次展覽的總策劃，他說，傳統的民間藝術家張傑的創作和國際建築大師曾慶豪在同一空間裡的對話，產生了很神奇的效應，是將啟蒙教育理念與滿族傳統手藝融於專業藝術展覽的一次全新探索與實踐。他希望觀眾從張傑作品中看到的是藝術的創造力和想像力，而不是獵奇。

展覽開幕前，民間藝術家張傑現場開起了「跟大師學手撕畫」的課堂，教現場的小孩子們用撕紙來創作，撕紙帶給了孩子們快樂，更激發了他們的想像力。

▲ 中間美術館展室內

▲ 中間美術館展室內合影（左四為張傑）

從四月十三日開始，到六月十六日結束，此次展覽歷時兩個月，吸引了萬餘人參觀，展出了《薩爾滸之戰》《老把頭墳的傳說》《弟子規》《日記》等一千二百餘件作品，加大了通化縣滿族撕紙藝術的推介力度，提升了通化縣傳統文化知名度。

▲ 部分展出作品

舉辦「長白山講壇·通化縣版」及《義典》學術研討會

　　二〇一四年八月五日，通化縣委宣傳部、通化縣文聯在縣政府三樓會議室組織召開了「長白山講壇·通化縣版」特邀知名學者報告會。全縣共三百四十餘人參加。

▲「長白山講壇·通化縣版」特邀著名社會活動家、教授、作家，素有「南余北卞」之稱的卞毓方做報告

　　第一講由著名社會活動家、教授、作家，素有「南余北卞」之稱的卞毓方先生做題為《一石激起千層浪》的報告；第二講由著名清史專家、國家清史編纂委員會委員李治亭先生做題為《改革開放中的文化反思》的報告。兩位教授運用大量案例，深刻剖析和詳盡闡述傳承國學經典、加強文化強國建設對於一個國家興盛發達至關重要的意義，報告引經據典，闡述深入淺出，邏輯清晰，

▲ 通化縣文聯邀請國家、省、市專家、學者舉辦《義典》學術研討會

扣人心弦，得到了大家的一致好評。

　　通化縣文化局已退休副局長楊佐廷十八年筆耕不輟，窮盡半生心血，獨自編寫了一部全卷共一千多萬字的全義通快索義碼辭典《義典》，現縮編版五卷

▲ 《義典》學術研討會參會人員合影

三百二十餘萬字的《義典》已經出版發行。為進行廣泛宣傳和推介，邀請卞毓方、李治亭先生，通化師範學院中文系教授、縣內作家協會會員、教學一線教師共計四十餘人，舉辦了《義典》學術研討會。研討會上，與會專家學者和代表們踴躍發言，對《義典》創造性地按照詞義進行檢索編排給予充分肯定，對其使用、檢索、完善、推廣等方面提出了中肯的意見和建議，會場氣氛十分熱烈。研討會後，通化縣文聯協助楊佐廷開通建立了新浪微博、騰訊微博，每天更新發表學術觀點和文章，建立與國內同行溝通交流渠道，搭建了一個完善、宣傳、推介《義典》的即時平台。

▲ 全義通快索義碼辭典《義典》

第三章——

文化名人

向我們漫長的來路一一回望，悠久的歷史沉澱成古老的歌謠，時光在往日的風
雲裡策馬而過。當年，玄菟遠戍，英雄誰問？浩浩青史化作風中凋零的黃卷，
這一片大好河山，還須後人巧手畫，用心裁。
人們不會忘記，那一張張熟悉或是陌生的面孔……

西漢著名的儒家學者——五鹿充宗

　　五鹿充宗，氏五鹿，名充宗，衛之五鹿人，以地為氏。西漢著名的儒家學者，受學於弘成子，齊論語和梁丘易的傳人，為人鋒芒畢露，漢元帝誇他「心辨善辭，可使四方」，其代表作《略說三篇》錄入了《漢書·藝文志》中。

　　五鹿充宗是漢文帝的寵臣，先為尚書令，後來官至少府。漢元帝時中書令石顯掌權，其後五鹿充宗即因石顯之力高昇為九卿之一的少府，故《漢書·佞幸傳》又言：「顯與中書僕射牢梁、少府五鹿充宗結為黨友，諸附倚者皆得寵位。」元帝建昭元年癸未（西元前38年）朱雲與五鹿充宗辯《易》，五鹿充宗善梁氏《易》，朱雲曾從白子友受《易》，元帝令諸儒考諸家《易》之異同。

　　漢成帝即位後，石顯失勢，五鹿充宗也因此被貶為玄菟太守。當時流傳著這樣的民謠「伊徙雁，鹿徙菟，去牢與陳實無賈」。這首令人如墜雲霧的漢詩，只有十三個字，展開來，卻是驚心動魄的政治鬥爭。

　　漢元帝劉奭精通書法音律，但性格柔仁，過於倚重宦官石顯，使他趁勢興風作浪，陰殺朝臣，甚至猖狂到逼死元帝老師肖望之的程度，攪得文武大臣如履薄冰。成帝登基，石顯案發，罷歸鄉里。其黨羽伊嘉、五鹿充宗受牽連，盡皆被貶，前者流放雁門關做都尉，後者往玄菟郡任太守，牢梁、陳明等也遭到嚴肅處理。於是，長安百姓做了無頭詩，記下這件事情。

　　五鹿充宗是玄菟郡的第二任太守。玄菟郡，西漢時遼東最高行政管理機構，轄區包括上殷台、西蓋馬等縣。這位著名的儒家學者曾是西漢時期通化縣地區的最高行政長官。

崇文尚武父母官——潘德荃

潘德荃（1869年-1920年），字茂蓀，江蘇省宜興縣人。光緒二十年（1894年）舉人。曾任上海崇明書院教授，上海《申報》主筆，湖南明德學堂監督。受清廷委派，到廣東、四川、湖南、湖北、河北等地視察學務，到江蘇、安徽放賑救濟災民。因體察民情，辦事公正，清政府欽加同知銜花翎，四品頂戴，候補直隸州，後經東三省總督趙爾巽奏請，調奉天（今遼寧）省供職。初任復州知縣，繼會柳河知縣。在任期間，為政清明，深受民眾擁戴，清宣統二年（1910年）二月調任通化縣知縣，任期長達十年，政績突出。

潘德荃在上任前即告知通化縣地方官員，免除知縣到任居民懸燈結綵迎接的舊習。到任不久即改革舊政。鑒於舊社會積弊甚多，窮困百姓負擔過重，如地方鄉約（地方村長）從地賦中剝削農民，敲詐百姓，濫派工役，中飽私囊；各種行頭，無償無定期地迫使同行給縣衙門服役，行頭從中勒索；百姓遭災，官府去調查還索要勘察費。諸如此類弊端，潘到任後均予廢除。

當時，通化境內土匪猖獗。潘到任後，將原有團練改編為警察，設立教練所，選賢任能。購買新式槍枝代替火槍土炮，警察戰鬥力有很大提高。民國三年至民國四年（1914年-1915年），大幫土匪藍六、劉大個子、王登贏、高小霸王等，都曾先後攻陷鄰縣縣城，燒殺搶掠，無惡不作。通化縣城從未被攻陷。土匪首領藍六攻破桓仁縣城後，揚言「小桓仁不如一通化」，並親自率土匪攻通化縣城。潘德荃親臨城頭指揮，軍民共防，藍六終未得逞。有一次，臨江縣（今渾江市）八道江受土匪攻擊，十分危險，潘即令警甲馳往支援，方轉危為安。

為備荒濟貧，潘積極領導，積穀備荒，於民國元年（1912年），在縣城西門裡建四倉，每鄉兩倉。豐年徵收，荒年出貸。至民國七年（1918年），全縣有積穀六十六萬公斤。

民國三年（1914年），經潘德荃籌劃，在縣城西關建立通化縣救貧所（後改為救濟院），凡老而無依無靠和殘廢人均可入所食宿，冬季每人發一套棉衣，死者給予棺木埋葬。為解決貧民就業，設立貧民工廠。並著有《防貧說略》論文印刷成書。

通化縣原有公路北、西、南三條，東無公路。潘到任後修築通往臨江的公路，並開鑿了二道江嶺。為了防水災，多次督修江堤。

中日合辦鴨綠江採木公司，對中國木材商、伐木工人採取種種欺壓手段，恣意掠奪中國財富。潘德荃多次與日方據理力爭，保護了中國木商和伐木工人的利益，深得木商和伐木工人的擁護。

宣統二年（1910年）春，潘德荃到任後，取締私塾，設立小學堂兩處，招生二十八班三千七百人，訓練私塾教師充實師資。將全縣廟產除留僧道口糧外，一律作為校田，收入作為學校辦公費用。

一九一二年，學堂一律改為學校。民國二年（1913年），全縣有初等小學校（四年制）八所，並修建縣立初級中學大樓。辦學經費由鄉村公所籌集和開明紳士捐款、捐地資助。潘德荃的舉措遭到僧道和劣紳的極力反對，紛紛上告。潘德荃絲毫沒有動搖辦學決心，據理力爭。他親自下鄉宣傳教育是治國之本，無教育啟發不了民智，出不了人才，振興不了通化。同時通過開明士紳說服地方守舊派代表人物。

通化地處邊陲，設治開化較晚，生活貧困，適齡兒童大都不願入學。對適齡男兒童不願入學者，動用警察，採取強制手段，對逃學、退學者，採取罰款、動用警察抓回等辦法，強迫入學。為解決招收女學生困難問題，潘德荃勒令勸學所長李鎮華限期辦好職

▲ 潘德荃為縣志作序制

業學校，設縫紉、烹飪學科；施行優惠的招生條件，不要學費，免費供午餐，畢業後有職可就。

　　中學師資缺乏，尤其是數理化、英語、史地方面的師資，就地選不到。潘德荃不惜重金，以優厚待遇從瀋陽請來了三位教師。第一期初級中學學生一律官費，免費供食宿、衣服。潘德荃經常到中學視察，親自指導學生學習。民國九年（1920年），第一期初中畢業學生有三十五名，半數從事教育工作，為通化縣培養不少人才。

　　潘德荃在通化縣從政十年，廉潔奉公，深受民眾愛戴，有口皆碑。因政聲遠播，東邊道尹方大英為其書聯「為國屬宰官寇，有兩漢循吏風」，奉天省公署秘書袁金鎧褒潘「熱心興學，勤政愛民」，北洋政府先後頒給金質單鶴章、三等嘉禾章和三等文虎章各一枚。在任期間，北洋政府總理徐世昌曾召潘任府院秘書，河南省長張風台召任省政務廳長，均因通化父老臥轍攀轅曲意挽留，函電交馳歌功頌德而未就。民國九年（1920年）十二月，正奉令交代調奉天省署另有任用，不幸因積勞成疾，一病不起，竟溘然長逝，終年五十二歲。在靈柩由通化南歸宜興時，男女老幼，慟哭相送。通化縣各界為感其立下的不朽功績，在縣城西部為其泐石建「故通化縣知事潘公茂蓀德政碑」一座，又於民國十一年（1928年）五月，在玉皇山建「潘公祠」以志紀念。

一等教育獎章獲得者——李鎮華

李鎮華（1888年-1961年），字曉峰，出生於瀋陽市一個手工業工人之家。七歲時，其父李海清失業，遂率全家到通化縣投親，以磨麵為生。

▲ 李鎮華

李鎮華十二歲入通化私塾就讀，勤奮好學，孜孜以求，受到教師的讚揚。一九〇七年，考入奉天兩級師範學校本科。一九一二年，以優異成績畢業，應聘赴樺甸中學就職。半年後，通化縣知事潘德荃屢函邀聘，李鎮華關心家鄉教育事業，遂辭職回通化縣，任縣立兩等小學堂正教員兼學監。

一九一四年，通化開辦縣立中學，李鎮華被調任中學國文教員兼學監，並被推選為縣教育會副會長。通化初創中學，起步艱辛，他嘔心瀝血，招考學生，選聘教員，編選教材，設計課程，建立規章制度。施教方法是德才並重，獎懲嚴明，因勢利導，樹立良好校風，故遐邇聞名，臨縣學生多慕名投考，受到社會各界稱讚。

一九一七年，縣知事潘德荃以「品學兼優，素負重望」之讚譽，向省保薦李鎮華為通化縣勸學公所所長。後改為教育公所，仍任所長。

李鎮華自一九一三年在通化縣從事教育工作，在面對諸多困難的情況下，竭盡全力興辦學校。縣城原僅有初小、高等小學堂各一所，學生不足三百人。至一九二六年，縣城已有初小、高小、中學、女校等五所，學生逾一千人；全縣八個區，每區都設有兩級小學，大村有初小。學生五千多人。每所學校都凝

聚著他的心血。

為籌措經費，增建校舍，李鎮華奔走於各區，聯絡鄉長、紳耆捐地、捐款，督建校舍，終於使通化縣形成一個較完整的中小學教育體系。

李鎮華提倡女子上學，動員教師走訪適齡女童家長，宣傳女子受教育的重要性。女生上學不要學費，免費供午餐。他還建議女校放學時學生列隊，由老師護送回家，以解除家長之憂。

為解決師資之亟需，在中學設男生初級師範班，女校設女生初級師範班，培養了一批小學師資。並多年堅持從省城、北京高校畢業歸來的學生中選拔優秀者充實中小學師資隊伍。

李鎮華致力辦學，大膽改革。在中小學廢止「經學」，提倡講授新文化知識。對教學要求嚴格，廢除注入式，提倡啟發式教學法。積極推廣國語拼音，對提高學生識字速度和方言正音起到了推動作用。

李鎮華很重視理化教學實驗。兩次從上海購進儀器和教學標本，建設理化實驗室，使教學與實驗結合，以提高教學質量。他還積極組建圖書館，附設閱覽室。購置了經史古籍、工具書和商務印書館出版的一批新書。

李鎮華兢兢業業為通化縣辦學，培養出許多人才，成績顯著，享有殊榮，受到東邊道尹嘉許、省視學讚譽。

一九二二年，他在全省教育會議上，被授予一等教育獎章。還因其發動師生和社會熱心人士為西北大災義演募捐，被授予三等義賑獎章。

一九二六年，李鎮華三任通化縣教育所長期滿，奉令調省另委。他毅然提出「謝委請辭」。是年，縣知事李春雨一再敦請他任通化縣志編查館館長，他應聘後，親自聘請四名編輯，共同走訪調查，蒐集資料，夜以繼日，堅持編修。他從篇章設計到撰寫條目，字斟句酌，共編纂《通化縣志》四冊。一九三四年至一九三五年，又參與增編《通化縣志》。

李鎮華寫有《憂民愛國發狂歌》等詩詞。抗日名將王鳳閣是李鎮華的得意門生，他鼓勵支持王鳳閣抗日，曾為之出謀劃策。王鳳閣在籌組抗日隊伍時，

奔走於城鄉之間，被日本領事館領事興津良部偵知，陰謀逮捕王鳳閣。李鎮華獲悉後，疾速通知王鳳閣離城，使他脫離了危險。

一九六一年，李鎮華於通化市病逝，終年七十三歲。

▲ 李鎮華墨蹟

跌宕起伏千百味——詩人宮潤章

▲ 第二排右一為宮潤章

　　宮潤章（1898年-1966年），字憲斌，生於山東省萊陽縣一個農民家庭。山東連年災荒，為謀生路，1901年隨父遷居到通化縣青溝子村。1906年初入私塾讀書，1909年2月轉入通化縣惠柳鄉（今二密鎮）立第二初級小學就讀，1916年於通化縣立第一高等小學畢業。1917年2月考入通化縣立初級中學，學習成績優異。中途因家貧欲輟學，幸得知縣潘德荃解囊資助，1920年冬以優異成績中學畢業。

　　1921年初，應聘到通化縣立第一高等小學任教員。同年暑假時辭職，到撫松縣松樹鎮山林警備隊任書記長，專司文案。1923年春辭職，進入北京大學預科讀書，因經濟枯竭，退學回通化。1924年3月，出任通化縣立中學國文、史地教員，1925年秋升任校長。

　　宮潤章擅長詩文，曾撰寫《重修玉皇閣》碑文、《潘公祠》碑文、《易經集解注》《二十四史札記》等。1927年春辭去校長職務，到通化、桓仁、金川、興京、輯安五縣聯隊總指揮部，專司文牘。1929年春，重返通化縣中學，

任專職教員。

▲ 宮潤章的詩

「九一八」事變後，宮潤章毅然組織一部分教師和青年學生參加遼寧民眾自衛軍19路軍，被委任為秘書處長，進行抗日活動。對司令部的布告、函件、告人民書等都親筆起草。在柳河縣孤山子鎮駐防時，由於隊伍在戰鬥中被打散，與王鳳閣失掉連繫，宮潤章回通化縣青溝子家鄉隱居起來。

1933年，宮潤章重返通化縣立中學任教。1935年參與《通化縣志》編纂。1936年12月20日，被駐通化日本憲兵隊以「反滿抗日」「思想犯」等罪名逮捕入獄（即日偽搞的「通化教育事件」），同時被捕的共二十八人。在審訊過程中，宮潤章始終未暴露參與王鳳閣抗日活動。1937年3月，被判處「猶豫刑」五年，監外執行。1938年6月至1945年8月，任通化第一國民高等學校、第二國民高等學校和臨江國民高等學校教員。在課堂上常用杜牧的《泊秦淮》「商女不知亡國恨，隔江猶唱後庭花」詩句，陸游的《長歌行》和《訴衷情》「國仇未報壯士心，匣中寶劍夜有聲。」「胡未滅，鬢先秋，淚空流。」等詩句，啟發學生的愛國心。

1945年至1948年在通化縣東熱水河村種菜為生。1948年11月出任通化中學國文、史地教員。後出任通化市副市長、政協副主席。其間整理撰寫文史資料十幾篇、十餘萬字。經常深入中小學視察，對文化藝術事業的發展盡心儘力，為通化縣文教工做作出了貢獻。

1966年9月去世，終年六十九歲。

照亮民國天空的影星 —— 金焰

　　金焰（1910年-1983年），朝鮮族，上海電影製片廠演員、演員劇團團長。從一九二九年出道，到一九六二年告別影壇，在這三十三年時間裡，他共出演了四十六部影片，主要包括《大地重光》《偉大的起點》《母親》《暴風雨中的雄鷹》等。金焰第一任妻子是王人美，第二任妻子是秦怡。

　　金焰，一九一〇年生於漢城（今首爾），原名金德麟。父親因參加朝鮮民族獨立運動而受通緝，於一九二一年舉家遷至中國，定居通化縣三棵榆樹村，並加入中國國籍。後父親被日本特務毒死，小金德麟輾轉在上海和天津半工半讀，這段成長經歷給他日後的人生留下深刻烙印，使他練就了奮發自強的性格，決心成為有志氣、有作為的人。

　　為鼓勵自己在逆境中自強，金德麟更名金焰。一九二七年初中畢業，金焰離開家人，兜裡僅揣著一元錢，從天津來到上海，這一年他還不到十七歲。他寫了一些小說，基本沒被刊用。由於愛看電影，他被介紹去民新影片公司，照他自己的講法是打雜，做劇務、場記等，還在電影院裡看門，晚上就在一條長板凳上睡。一年後公司破產，金焰生活無著，甚至陷入流浪的窘境。一九二八年金焰加入田漢主辦的南國藝術劇社，生活才稍許有了保障，這也是他真正踏上藝術道路的開端。經過田漢悉心指導和自己刻苦磨煉，金焰在《莎樂美》《卡門》《回春之曲》等話劇中擔任重要角色。

　　一九二九年，金焰在明星影片公司任記錄員時，被導演孫瑜看中，在影片《風流劍客》中扮演角色。

　　一九三〇年，金焰入聯華影業公司當演員，主演影片《野草閒花》，始受

▲ 金焰簽名照片

關注。

　　一九三二年金焰參加左翼戲劇家聯盟，這一階段他陸續在聯華、藝華、新華等影片公司，拍攝了《戀愛與義務》《三個摩登女性》《黃金時代》《母性之光》《大路》《新桃花扇》等近三十部影片，這些角色大都是反抗侵略與壓迫、追求自由和愛情的進步青年，是當時青年一代心中的理想形象，很受歡迎。

　　由於積極投身進步的革命的影劇活動，國民黨反動派視金焰為眼中釘，又警告又恐嚇，還列入通緝名單，終因金焰的社會影響太大，敵人未能貿然下手他才倖免於難。

▲ 電影《大路》海報

　　一九三四年，到美國學習電影的海歸導演孫瑜拍攝的《大路》堪稱國防電影的代表作，也是無聲電影中最成熟的作品之一。金焰和張翼、鄭君裡等當紅男星都赤膊上陣，扮演唱著勞工號子的築路工人，金焰的健美身材加之熱汗淋漓，近景中的視覺效果在影壇極具衝擊力。對於金焰，這也是他銀幕形象的大膽轉變。

　　金焰在選擇劇本時非常謹慎。當時，他傾向於左翼劇作家田漢和《阿Q正傳》的作者魯迅的進步思想，他給自己取的第一個藝名是金迅，就是他對魯迅先生尊崇敬意的直接表達。金焰富有青春活力的氣質與樸實自然的純真表演交織一體，清新迷人，很快擁有大批觀眾，特別是成為青年學生觀眾痴迷的偶像。一九三四年，在一家電影刊物組織的觀眾評選中，金焰獲「電影皇帝」殊榮。

　　抗日戰爭時期，金焰僅參加少數影片的拍攝和舞台劇的演出。

　　中華人民共和國成立後，金焰先後在《大地重光》《偉大的起點》《母親》《暴風雨中的雄鷹》等影片中扮演主要或重要角色。然而，正當他又一次燃起創作的火焰時，無情的疾病嚴重損害了他的健康，使他被迫息影，在與病魔搏鬥近二十年後逝世。

翰墨情注晚霞紅 —— 書法家蔡景興

▲ 蔡景興

蔡景興（1928年-　），曾用名白山下人、老星，室名逸翰齋。通化縣人。出版《蔡景興書法選》專集，在日本富山市朝日公民館舉辦個展，《北日本新聞》給予宣傳報導。書作《詠蓮》獲一九九六年中國「芙蓉杯」大賽佳作獎。一九九六年在北京輕工業學院老教師書法行草班執教一年。一九九七年為中國老年書畫研究會創作研究員。書作入編《百年經典——中國書法全集》《中華人民共和國書畫名家作品集》。

蔡景興在一九八二年離休後才開始集中精力進行書法創作，多年來刻苦鑽研，鍥而不捨，逐步形成了個人的藝術風格。其作品曾參加國內外各類展覽和大賽，如一九九六年參加全國「芙蓉杯」大賽，二○○六年參加「北京—香港—首爾」國際大展等。一九九九年獲「世紀名家創作獎」，二○○○年獲「中國歷代名家名作獎」，二○○三年獲香港舉辦的「王羲之誕辰一千七百週年書畫金獎」「中華魂典藏金獎」和首屆「中國文藝金爵佳獎」。二○○六年書作被北京奧林匹克書畫院選入名家書畫特輯，同時被該書畫院聘為榮譽院長，還被中國老年書畫研究會吸納為創作研究員。他總結多年來的書法實踐，撰寫了一系列經典理論文章，並出版了《蔡景興書法選》一書。

一九九四年，蔡景興偕老伴到北京給女兒看守房子，其間受聘於北京輕工業學院，給離退休的教職員工講授書法。他把書史內容用精闢的詩句寫成了《書史前四千五字訣》，書作：「仰韶六千年，圖畫鍥刻妍。夏代成體系，距今已四千。殷商六百載，甲骨金文現。西周重禮樂，金文並大篆。春戰五百五，

諸國文字全。秦朝統一後，乃是隸和篆。黎民用隸書，官用仍小篆。漢朝四百載，隸楷行草全。九勢筆論邕，《草書勢》崔瑗。楷書王次仲，張芝草聖贊。行書劉德升，邕隸飛白完，章草有杜度，大字師宜官。書史前四千，成熟在東漢。」

同時總結出五言十句駢文《行草五十字歌》：「圓方疾澀並，潤枯拙妍生，形質情性見，點畫使轉中，筆勢忌重複，體勢避平行，穩實求平險，黑白當分明，為書重神采，陰陽天地應。」

《行草五十字歌》及《行草五十字歌書論》很快驚動了中國書壇。中央黨校博士生導師孫錢章教授會同中央新聞文化促進會等部門組成專家委員會審議評定認為：「立意新穎，論述獨到，行文流暢，具有較高的學術理論價值和指導實用價值，完全符合時代的主旋律。」因此把它評為「踐行科學發展觀」徵文最高獎，入編《踐行科學發展觀》一書，並推介到三十七家社團單位簽發。之後有近百家用稿。《行草五十字歌》還榮獲了首屆共和國重大前沿理論成果創新特等獎，中國新聞文化促進會在獲獎通知中說：「勇於創新，不斷探索，在學術理論方面取得突出的成就和重大突破，為國家的發展建設發揮了重大作用，在社會上產生了深遠的影響。」

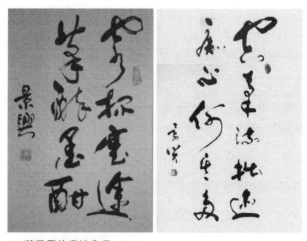

▲ 蔡景興的書法作品

執著堅守的攝影人 ——蘇友貴

▲ 蘇友貴

蘇友貴（1936年至2012年），吉林省通化縣向陽村人（今屬通化市二道江區鴨園鎮），文化館館員職稱。一九五五年在通化市縣文化館（市縣合屬）參加工作，曾到吉林省藝校進修。

剛參加工作時，蘇友貴專門從事美術創作，擅長寫美術字，特別是大字塊和單位牌匾。從二十世紀七〇年代初到九〇年代末，通化縣城到處都可以看到由他書寫刻製的單位牌子，成為縣城裡的一道獨特風景。

一九七〇年以後開始涉足攝影。他工作熱情高，作風嚴謹細緻，而且特別能吃苦。刻苦鑽研攝影技術，努力攀登攝影藝術的高峰。攝影人都知道，當年都是使用膠片相機，為了拍出好的作品，有時拍兩三卷膠片，最後剩下的也不過幾幅稱心的。為了找到最佳拍攝角度，他常常趟大河、登高山，不拍到理想的片子，總不肯停手。

他的攝影作品題材廣泛，幾乎涵蓋了全縣的政治、經濟、政法、文化、工業、教育、農業等各行各業，各個方面都有大量作品展現。二〇〇〇年以後，年過六旬的蘇老師仍常到鄉鎮拍攝農村題材的照片，他經常攀登到柴火垛、泥草房和人參簾子上面。有時，立腳點太小，身子站不穩，一晃一晃的，令同行

▲ 蘇友貴的攝影作品《風景》

的同志不安，勸他下來，可他還是堅持拍攝到理想的照片才肯停下來。

　　蘇友貴為通化縣各行各業拍攝了大量珍貴的歷史照片，他一直堅持分門別類地建立檔案，每幅洗印出來的照片背面黏上底片袋，裝入對應的底片。水電系統、文化系統、建設系統、衛生系統等等，足足裝了二十幾個檔案盒子。

　　為了記錄二十世紀八〇年代後通化縣縣城的變遷，他堅持每年四季積累縣城各個角度的中遠景照片。為後世留下了一筆珍貴的影像資料。二〇一二年通化縣政協編印的《城的記憶——通化縣城變遷》裡的百分之六十的照片都是蘇友貴早年拍攝的。當政協的有關同志找到他徵集縣城的老照片時，他毫不保留地獻了出來。令人遺憾的是，在該畫冊印出前的一個月，他卻永遠地離開了。

　　蘇友貴一生勤勉，孜孜不倦地在攝影的道路上堅守著對藝術的追求，他創作的作品無法計數，但他卻很少參加各類攝影展覽和比賽，只能在他當年申報中級專業職稱的報表中和老同志模糊的記憶中找到些許的記錄：

　　一九八三年參加吉林省文化廳舉辦的「吉林省首屆農民畫展」，攝影作品

▲ 蘇友貴的攝影作品《秋》

《鬧春潮》獲三等獎。

　　一九八五年參加「吉林省少數民族群眾攝影作品展」，作品《金光大道》《冬趣》《爺爺去開會》《咱村的變遷》獲得優秀獎。

　　一九八六年參加中國攝影家協會吉林分會舉辦的「吉林省首屆群眾攝影作品展」，作品《邊陲霧海》《仔鹿出欄》《翠湖銀網》《橫舟待渡》《盛世春光》獲得優秀獎。

　　據通化縣文化館老館長康永泰介紹，二十世紀八〇年代中期，蘇友貴老師的一幅攝影作品還發表在《民族畫報》上，獲得獎勵，為此專門去北京參加了頒獎會。

　　蘇友貴老師在省市縣攝影業界有很多好朋友，他雖然離開了，但卻給通化縣人民留下了大量珍貴的圖片資料，也留下了他對家鄉的無限熱愛和眷戀，更留下了他熱愛藝術、追求完美的精神品格。

滿族剪紙的「活化石」—— 老藝術家倪友芝

▲ 倪友芝

倪友芝（1939年-　），女，滿族，通化縣富江鄉人。中國剪紙協會會員，當代農民書畫研究會理事，一九九三年被吉林省文化廳命名為「吉林省民間藝術家」。現為吉林省民間文藝家協會剪紙藝術委員會名譽會長。

在中國剪紙界有一個響噹噹的名號 —— 滿族剪紙的「活化石」，說的就是滿族剪紙老藝術家倪友芝。

倪友芝只有小學六年文化，曾做過臨時工，年輕時還在通化縣塑料廠和飲食服務公司當過工人，一九八八年退休。倪友芝生長在一個母女傳承的滿族剪紙世家，從六歲起就跟母親學剪紙。據她說，母親是跟姥姥學的，而姥姥又是跟太姥姥學的……

她從小就隨著母親剪些小貓、小狗、小老虎等小動物，還剪嬤嬤人。母親剪得精細，神似形似，倪友芝就照著母親的樣子剪。九歲時因家境貧苦，她不得不給人放豬，剪紙就停了下來。新中國成立後，十歲入學堂，小學畢業後務農，剪紙也就擱下來了。

一九八三年，通化縣文化館搞了一次畫展，布展中一個牆角還有空白處。時任館長的丈夫佟萬友勸倪友芝剪幾幅剪紙堵堵空白。倪友芝操起剪刀不大一會兒工夫就剪出龜、蛙、嬤嬤人和回脖鹿四幅傳統滿族剪紙作品來，貼在牆角空白處。觀展的人流不斷，但對這四幅剪紙都不屑一顧，唯有當時的通化市群

眾藝術館副館長，後為通化師範學院美術系主任的王純信教授停住了腳步，像發現了寶貝似的盯住這四幅剪紙，發出由衷的感嘆：「圖騰氣息濃烈，剪紙風格獨特，粗獷逼真，是其他民族剪紙藝術不可比的。」經王純信教授的推薦，吉林省專家認定倪友芝的剪紙正是原汁原味的滿族剪紙。它像陳年老窖似的韻味純正，形態神靈，從長久湮沒中終於重新浮出。從此，倪友芝也成為王純信教授挖掘發現的滿族剪紙第一人。

王教授慧眼識珠，推薦她參加了一九八五年在北京舉辦的滿族剪紙展覽並現場表演，感動了到會的所有藝術家。著名藝術家靳之林還攜妻帶子專程到東北倪友芝家裡來拜訪。當他看到擺豬頭、燒香的剪紙作品後，拍案叫絕：「這不和考古發現的文物一模一樣嗎？太有研究價值了！」從此倪友芝就有了滿族剪紙的「活化石」的稱呼了。

▲ 倪友芝剪紙作品《嬤嬤人》

此後，倪友芝陸續參加了國內外許多美術和剪紙展覽，三十多年來，共創作滿族剪紙作品三千餘件，獲得許多榮譽。一九八七年四月，她參加中國剪紙大賽，「滿族人物」獲得獎勵。一九九二年一月，參加中國民間文藝家協會舉辦的中國民間藝術展送往瑞典瑪爾摩市展出的「人參故事」獲出國藝術展覽「入選證」。二○○四年四月，倪友芝的生平介紹入選由中央美術學院和聯合國教科文組織駐京代表處聯合舉辦的「走進母親河——中國民間剪紙天才繼承者之生活和藝術」大型展覽。還有許多作品被美國、匈牙利等國收藏，日本剪紙專家高柳常榮還登門收購了《薩滿人物》等剪紙作品。她創作的《罕王出世》系列剪紙作品被中國藝術館收藏。

從長白山走上文壇的作家——辛實

　　辛實（1939年-　），原名叢湘智、叢象滋，字基平，號基美。通化縣作家協會顧問，通化市作家協會名譽主席、顧問，吉林省作家協會文學創作中心聘任作家，中國作家協會會員，國家一級編劇、作家。曾被評為吉林省十佳文藝工作者。

▲ 辛實

　　辛實少年時代遷居吉林省磐石縣明城區，中專畢業後分配到通化市，一九七八年調入通化縣吉劇團當編劇，後入縣戲劇創作室。他虛心好學，師從省作家協會原主席、吉劇創始人之一的王肯先生，很快創作了一批大型劇本。其中吉劇《但願人心美》、歌劇《白山黑水將軍魂》分別獲吉林省劇本創作二等獎。

　　他愛讀書，每年讀書上千萬字。古今中外名著、雜書、書報、刊物、野史、唱本，俱愛不釋手。讀中學時把買褲子錢買書，結果原來的褲腿不夠長，慈母只好用舊布接了一塊，被班級同學恥笑。辛實坦然，不臉紅。

　　讀中學時，一年暑假，同學李文波為了救一個朝鮮族小孩自己淹死了。他把這件事寫成作文，題目就叫《我的同學李文波》，受到了語文老師的表揚。學生作文比賽還得了獎，獎品是兩本定價九分錢的小冊子。那時候他沒有作家夢。後來讀專業學校，又在作文比賽中獲了獎，這回獎品是一本沉甸甸的《靜靜的頓河》。他崇拜作者肖洛霍夫，喜歡頓河大草原的風光，喜歡主人公葛利高里和阿柯西妮亞。

　　一九九二年夏，他把中篇處女作《步入輝煌》投給了《中國作家》雜誌，

當即被作為五期頭題加評發表。接著被譯成英文、法文版。時任中國作協黨組書記、文藝理論家唐達成為譯本寫了前言，接下來西安電影製片廠又把這部小說拍成電影，搬上了銀幕。

吉林省作家協會的夏季號《文壇風景線》卷首語說：作家辛實近幾年開始了小說創作，他的中篇小說《步入輝煌》發表在《中國作家》雜誌上，立刻引起了國內外關注。根據小說改編的同名電影獲華表獎、「五個一工程」獎……

辛實不敢自滿，又扎入基層，寫出了被稱為長白山出產的短篇、中篇和長篇小說。

一九九五年十二月長篇小說《雪殤》出版，次年再版。一九九六年三月二十九日《雪殤》北京研討會召開。研討會由中國文學出版社、吉林省作家協會、通化市、通化縣聯合召開。在京的文學理論家和學者到會五十餘人，研討會氣氛熱烈、真誠、嚴謹，給予《雪殤》這部書以很高的評價，充分肯定作者創新探索的巨大努力和藝術才華。

辛實的文學創作贏得了榮譽。獲得的主要獎項有《中國作家》優秀中篇小說獎、政府華表獎、「五個一工程」獎、東北文學獎、吉林省人民政府最高文藝獎——長白山文藝獎。

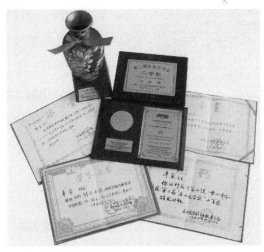

▲ 辛實獲得的各種證書

民間文學「小寶庫」——老作家劉仲元

劉仲元（1940年至2007年），筆名仲源、劉列、何遠、馮季宮等，通化縣富江鄉生人，曾任廣播電台記者、文化館創作輔導員等職務。生前為吉林省作家協會會員、吉林省民間文藝家協會會員、吉林省民俗學會會員。

翻開人民教育出版社、教育科學出版社、西南師範大學出版社、河北教育出版社等多家編輯出版的小學《語文》教科書，就會讀到《我要的是葫蘆》這篇故事。這篇課文收錄進教科書長達三十多年，教育和啟迪了一代又一代的中國少年兒童。這篇課文的作者就是劉仲元先生。

因從小受到擅長表演大鼓書的祖父的影響，初中讀書時，劉仲元便可即興填詞演唱。十七歲時在遼寧省《大眾演唱》上發表了處女作《千里荒山變寶山》，從此，他開始對民間的各種曲藝形式進行潛心研究，創作的作品陸續見諸報端。

在廣播電台工作期間，他參加了「日寇血洗白家堡子慘案」等大型展覽活動的籌備布展工作，收集整理了大量珍貴的資料、歌謠、照片和實物，還親身採訪了大屠殺的倖存者李忠昌和郭漢臣。一九七一年九月十六日，他以「林宇」的筆名在《前進報》刊發了題為《白家堡子人民的反抗》的通訊。他發表在一九七三年第八期日文版《人民中國》上的《關東軍是殺人不眨眼的強盜》長篇通訊，集中揭露了日本強盜血洗白家堡子的罪惡行徑。

在縣文化館創編部從事文學創作輔導工作期間，他創辦了《山花》文學雜誌和

▲ 劉仲元

14　我要的是葫芦

从前，有个人种了一棵葫芦。细长的葫芦藤上长满了绿叶，开出了几朵雪白的小花。花谢以后，藤上挂了几个小葫芦。多么可爱的小葫芦哇！那个人每天都要去看几次。

有一天，他看见叶子上爬着一些蚜虫，心里想，有几个虫子怕什么！他盯着小葫芦自言

葫　芦　藤　哇　盯

本文根据刘仲元作品改写。

▲ 收錄在小學語文課本中的《我要的是葫蘆》

《花野》報。《花野》每期兩萬多字，印數五百份，共出了六十四期，總字數達到一百零二萬多字，為廣大文學愛好者提供了一個可以施展才華的天地。這期間經他輔導和推薦，許多文學愛好者走上了文學創作之路，有的還走到地區，走向省城。

他在《光明日報》《吉林日報》《上海新詞》《北京兒童》《天津歌聲》《吉林青年》《吉林民間文學叢刊》《故事報》《遼寧群眾文藝》等數十種報刊上發表各類文學作品一百多篇（首）。他的創作尤以兒歌見長，《扎紅燈》《小彩筆》《好醫生》等多首兒歌選入人民文學出版社、遼寧人民出版社、廣東人民出版社的兒歌集中。《扎紅燈》在中央人民廣播電台和各地電台播出。多首兒歌被上海、廣東、甘肅、天津、重慶的作曲家譜成曲子。多首兒歌收錄在遼寧少年兒童出版社出版的《中國兒歌大系》一書中。

二十世紀七〇年代末，國家文化部組織全國各地廣泛蒐集整理流傳在當地的民歌。劉仲元不辭辛苦跑遍通化縣各個鄉鎮村屯，同民間藝人、喜說擅唱的老人促膝攀談，記錄下來的連詞帶曲的民歌資料成了日後編輯「歌謠集成」的最寶貴的基礎素材。數十首民歌被收進通化市文聯和市文化局編輯的《通化地區民歌選》。有五首民歌最終收錄進文化部編輯、上海文藝出版社出版的《中國民歌》一書中。這些民歌資料是後期省市「歌謠集成」的基礎材料，也是非物質文化遺產的申報項目。這段時間蒐集整理的民間故事《老牛哞雀》《燕子和麻雀》發表在《參花》《吉林民間文學》上，後又被收入《東北動物故事選》和《長白山花鳥禽獸故事選》等書中。民間故事《渾江的傳說》獲得長白山民間文學獎。一九八二年劉仲元由於文學創作工作的突出業績被省文化廳授予「吉林省業餘創作積極分子」稱號，又因其文學輔導工作業績突出，在全省文化表彰大會上，他做了題為《始終堅持一股勁，輔導創作一起抓》的經驗介紹發言，發言稿刊發在《吉林省文化工作研究》刊物上。

　　他還參加了通化地區民間文學「三套集成」的整理和編輯工作，並任「諺語集成卷」組長。他把從學生時代以來幾十年來蒐集和採錄下的民間故事、歌謠、諺語等全部奉獻出來。一九八八年四月，因在吉林省民間文學「三套集成」工作中成績顯著，他獲得吉林省文化廳、省民族事務委員會和中國民間文藝家協會頒發的「三等獎」證書；他在完成藝術學科國家重點研究項目的民間文學「三套集成」市、

▲ 劉仲元輔導業餘文學愛好者

縣卷的編纂工作中，成績顯著，於一九八九年十二月榮獲通化市文化局、市文聯和市民委頒發的「蒐集整理作品一等獎」證書，同時還獲得「優秀編輯獎」證書。一九九一年十二月，他又獲得省文化廳、省民間文藝家協會、省民族事務委員會和省民間文學三套集成編委會頒發的獎勵證書；一九九八年三月，因在國家重點研究項目《中國民間歌曲集成・吉林卷》編纂工作中取得顯著成績，他獲得《中國民間歌謠集成・吉林卷》編輯部頒發的編纂成果「二等獎」證書。

二〇〇五年，他主編出版了《長白山抗日童謠》一書。時任吉林省文聯主席、吉林省作家協會主席張笑天專門題寫了書名，吉林省作家協會常務副主席朱晶撰寫了序文，指出「這本書明快好讀，寄意殊深，值得珍視。集中以『抗日童謠』命題的，可能這是第一部」。吉林電視台、《吉林日報》等十多家媒體對此書的出版予以報導。何書森撰寫的文學評論《口傳實錄 字字珠璣》寫道「一首首童謠結構嚴謹，題旨鮮明，寓意深遠，尺幅千里。語言精巧凝練，妙語迭出，字字珠璣，極具歷史特徵。」吉林省文化廳原廳長吳景春得知此書的出版消息後，抑制不住激動的心情給劉仲元寫來了賀信，說「……看出你花費不少心血。抗日，在東北很有特色，面對異民族的侵略，連孩子也知道反抗。如果我們不把它蒐集保存下來，以後隨著時間的流逝，再集中成冊就更難了。」

相繼地，他在山西省委《黨史文匯》《通化日報・山城週末》《長白山》文學雜誌以及《吉林日報・東北風》《延邊日報》發表了《老龍崗・赤鱗魚》《高高的燈籠桿》和《溝溝岔岔蝲蛄河》《關東地頭競技》《巧布黑熊陣》和《軍歌引我入抗聯》等多篇散文和故事。在教育部、團中央、全國少工委聯合主辦的全國「新童謠、兒童詩歌、兒童歌曲」徵文活動中，他的兒歌《跳繩》獲得二等獎，並收入中國少年兒童出版社出版的《新童謠》一書中。

把時代美韻注入音符的作曲家——康永泰

康永泰（1943年-　　），朝鮮族。現為中國音樂家協會、中國音樂著作權協會、吉林省音樂家協會會員，通化市音樂家協會顧問，《長白山詞林》歌曲編審。

其譽，灑滿長白山；其名，入編《中國音樂家詞典》《中國音樂家名錄》；其作品，除在省刊《輕音樂》《長白歌聲》上發表若干首外，還在《歌曲》《解放軍文藝天地》《音樂人》《電腦音樂》等全國頂級音樂刊物上發表十三首，先後獲省級獎項十餘個，全國金、銀、銅牌及優秀獎十八個。累計各種音樂作品近千件，包括歌曲、舞曲、器樂曲等。

他自幼受到良好的文化薰陶，尤愛音樂。一九五六年小學畢業時已識簡譜，同年入通化朝鮮族中學後參加銅管樂隊學吹小號，一九六〇年考入通化地區文工團，之後在臨江林業局文工團、臨江林業局第二中學、通化縣文工團、通化縣文化館工作。在吉林省藝術學院進修時師承著名作家尚德義和王寧一，一九八〇年又在省音樂學院學習，兩次學習豐富了康永泰的音樂理論和音樂創作知識，為他的歌曲創作插上了翅膀。

康永泰的處女作創作於一九六六年，兩首合唱歌曲在各種場合演唱時引起轟動，讚美聲不絕於耳。從此一發不可收，僅在文化館工作期間就創

▲ 康永泰

作了兩百多首音樂作品，包括歌曲、舞曲、器樂曲等，其中有的作品在電視台播放，有十五件作品獲省、市級獎項。獲獎的花腔女高音獨唱作品《布穀鳥從大地上飛過》，產生了不小的影響，同仁們常在走路時也「布穀布穀」地哼唱。

民族民間歌曲是他創作的主流，他的大部分作品具有東北、陝北、朝鮮族特色。這些歌曲具有強烈的時代感，把時代的美韻注入於音符，讓聽眾感奮於音樂美。一九九八年他從縣文化館館長位置上退休後，已創作各種曲譜四百餘首，幾乎每年都參加全國性的大獎賽並獲獎，《黑眼睛的姑娘》《偉大的軍隊英雄的兵》《軍中百靈》等高質量高品位的歌曲，則見之於全國一流音樂雜誌上。《中南海住著咱貼心人》還收入中國音樂出版社出版發行的磁帶上，並由全國青年歌手大獎賽二等獎獲得者王喆演唱。

他創作歌曲時特別入迷，吃飯、走路、睡覺時心中也流動著音樂的旋律，常常夢中醒來抓筆記譜，很怕靈感轉瞬即逝，甚至早期癌症手術後躺在病床上心中也沒有停止過音符的起伏跳蕩，早把音樂置於生命之上。

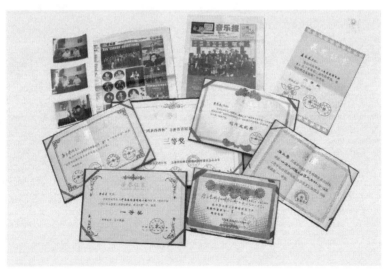

▲ 康永泰的獲獎證書

康永泰對音樂的貢獻不但體現在歌曲的創作上，在樂器和聲樂方面取得的成就也不可小視。還在通化地區文工團時，全體演員上北京學習，他師承新影樂團的小號演奏家王頤榮等老師和中央民族歌舞團的王英謙老師，之後熟練地掌握了手風琴、大提琴、鍵盤樂器的演奏技巧，因此在通化縣文工團擔任音樂隊長時器樂合奏具備了相當的水平。一九八九年他參加了國家重點研究項目《中國民間器樂曲集·吉林卷》的編纂工作，因成果顯著榮獲了一等獎。他還具備了極強的識譜能力，不管什麼新歌曲不用練習拿過來就能唱，每次通化地區舉行歌曲創作比賽都由他來試唱，爾後評定。二〇一三年他在吉林省「老年好聲音」演唱比賽時，一首《夕陽紅》驚動觀眾，三千多參賽者中他躍入前六位，榮獲三等獎。

▲ 康永泰在廣場文化活動中演唱歌曲

長白山民俗專家——孫樹發

孫樹發（1945年至2012年），國家二級編劇，中國民間文學家協會會員，吉林省作家協會會員，吉林省民俗學會會員，曾任通化市民間文藝家協會主席，通化縣作家協會主席。

孫樹發的名字與民俗離不開，這是他畢生的情愫，其主要的文化貢獻也在於此，他留給後人的民間文學遺產頗厚。

▲ 孫樹發

一九四五年，他出生於通化縣快大茂鎮一個貧苦的石匠家庭，幼年喪母，自幼受到民歌民俗的濡染。一九六二年畢業於快大茂農中，並開始從事業餘文學創作。他當過農民，當過公社團委書記，當過縣新聞幹事，當過文化館館長，當過戲劇創作室主任，二〇〇五年退休。

他起家於詩歌。二十世紀六〇年代，他在生產隊勞動時邊種地邊寫詩，在田間地頭寫出大量的詩歌登在板報上，登在《吉林日報》《紅色社員報》等省內外刊物上，吸引眾多讀者的眼球，聲名鵲起。一九六五年，他以農民詩人的身分出席「全國業餘文學創作積極分子代表大會」，是通化地區唯一的農民作者代表。他的詩沾滿了泥土香，散發濃濃的鄉土氣息，傳承民歌特點，淺顯、直白，多是順口溜式，服務於工農大眾。

此外，他寫過故事，寫過戲曲，寫過文史資料。

但最沉實最有價值的當屬對長白山民俗的研究，他對文化的最大貢獻也在於此。他是典型的「田野派」民俗專家，傾盡心力挖掘整理關東民俗，數十年深入民間採挖，常在街頭巷尾與民間藝人談嘮，甚至請來鄰省、鄰縣的老藝人徹夜長談，從而收集到了很多第一手珍貴史料。晚年，因厚積而多發，專著接

踵。一九九九年出版《採參風情》，二〇〇五年出版《北方民族狩獵風情》（合著），二〇〇七年出版《關東山藝匠民俗風情》（合著），二〇〇九年吉林省地方志編纂委員會編纂《長白山民俗叢書》出版了《狩獵風俗》《長白山民俗百怪》《民間兒童遊戲》三本專著。

孫樹發先生一直執著筆耕，晚年抱病伏案疾書，著作文字總量達二百萬字。二〇一二年離世時，案頭上仍擺放有《長白山花子討要歌》《長白山商業招幌》等未及出版的文稿。

▲ 孫樹發的部分作品

以漢文享譽文壇的朝鮮族作家——朴尚春

朴尚春（1949年-　），朝鮮族，曾任通化市朝鮮族作家協會主席。作品被延邊大學納入重點研究課題。入「中國文藝家辭典」。

與漢字結緣，是因為家境貧寒，一九六二年朝小畢業後，朴尚春未上通化朝中唸書，而就讀於鄉村漢小。文學夢，則蒙於恩師鞠永枋的澤被，就在三棵榆樹農中求學之時，課餘，他日啃夜嚼恩師家中藏書，藝芽在他心田裡悄然破土。

一九六八年他棄學從武。服役三年後回通化縣，先後在文化、新聞、交通、司法、林業、政協等部門工作。崗位雖多變，筆耕卻不輟，夜夜爬格子。

朴尚春初露鋒芒於二十世紀八〇年代中後期，其作品不斷見諸報紙雜誌，從此一發不可收。他鍾情於草根創作，走深山進茅屋，筆立腳下黑土地，情繫草民之寒暖，口吮民之豐乳，掘史品今，縱情書寫鴨渾兩江風韻。作品大多反映朝鮮族民生況味，純樸中見真粹。二十世紀八〇年代後期，朴尚春加入省作家協會、中國少數民族作家協會及林業文藝家協會。

小說《深山燒炭人》二十世紀九〇年代初在《民族文學》發表後，北大某教授下評語：「力透紙背，閃耀著人性的光輝。」而《淘金灘上的童話》，則譯成朝鮮文在韓國《民族魂》上轉載。

散文《天池魂》一書出版。其中多篇載入《中外散文精粹》等集子裡。《母親與鐮刀》納入中學三年級閱讀課文，另一篇則作為吉林省朝鮮族高三學生的高考模擬題。其散文曾獲「吉林人參杯」一等獎等獎項。

《松花石硯重放光輝三十年》出版，揭開松花硯古今之謎。朴尚春還在《民族文化辭典》《尋根》等雜誌上發表多篇學術論文，其中《朝鮮族婦女端午打鞦韆

▲ 朴尚春

的由來》一篇獲西部開發研究院特等獎。二〇一一年被中國民族文化研究會聘為終身研究員和終身榮譽理事。

朴尚春的多數小說在朝鮮文《長白山》雜誌上翻譯發表。散文集《天池魂》，由延大文學系禹尚烈教授撰寫長篇評論發表於《延邊文藝》。二〇〇九年，他從通化縣政協退休後，致力於朝鮮民族文化的研究，除發表學術性論文外，於二〇一四年出版《朝鮮族風俗流痕》一書，為深入瞭解中國朝鮮族打開了一扇窗。

▲ 朴尚春獲得的各種證書

滿族農民剪紙藝人 —— 侯玉梅

　　侯玉梅（1952年-　），女，滿族。她運用手中的剪刀，剪出一萬多幅反映滿族人民生活的精美作品，多次應邀到國外向藝術界人士講課、當場獻藝。她的作品先後被國內外各大博物館收藏。一九九五年九月，這位普通的鄉村婦女被聯合國教科文組織授予「民間工藝美術家」的稱號；二〇〇〇年九月，在北京舉行的中國民間藝術表演賽上獲得了一等獎；二〇〇一年一月，她又應美國民間藝術協會邀請，赴舊金山、洛杉磯參加藝術表演。

　　侯玉梅從小就喜歡跟著母親剪紙花，並把自己剪好的紙花當成玩具送給村裡的小夥伴。見她對剪紙有興趣，母親就手把手教她，剪放牛的山娃，剪喂雞的農婦，剪高山和大樹等等，並一一貼在自己家的茅草屋裡。

　　一九八〇年夏天，內心充滿對藝術無限追求的侯玉梅要到通化市藝術館學習美術。丈夫知道了這件事，便百般阻攔，說什麼也不讓她去，可她還是去了。她把自己的剪紙融進對藝術的追求之中。一九八四年，她以驚人的毅力考

▲ 侯玉梅

入了通化師範學院美術系。

　　通化距離侯玉梅所在的金斗鄉三十多公里，為了不耽誤家務，她天天騎自行車往返。同時，為維持生活，從入學的第一天夜晚開始，她就揀起了編簸箕的手藝，靠賣簸箕維持生活。

　　儘管她得不到丈夫的支持，得不到村民的理解，這位三十二歲已有兩個孩子的母親還是頑強堅持了下去。課堂上，她認真聽取老師講解的每一個問題，回到家在編簸箕的同時，每天還要擠出一小時剪紙。

　　一九八六年一月，通化山區寒風凜冽，侯玉梅家的茅草屋裡卻是熱氣騰騰。這正是她畢業前夕的最後一個寒假，她在家裡辦起了個人剪紙展覽。家裡狹窄破落，沒有足夠的房間，也沒有展台，她把自己已剪好的四百多幅作品貼在牆上。展出當天，有三百多人湧進她的小院，這其中有省、市、縣文化藝術界的領導，有藝術家，有新聞記者……這使她的名字和作品很快就在長白山區傳揚開來。

　　她所在的鄉有個朝鮮族村，朝鮮族人的生活豐富多彩。有一次，她去觀看朝鮮族農民舉行的盛大宴會，當晚就創作了《朝鮮族生活》，這幅作品於一九

▲ 侯玉梅的剪紙作品《人參夢》

八九年獲中國剪紙一等獎。

侯玉梅在本省出了名，她並不滿足現有的藝術水平，在畢業後的三年中，她剪出了一千多幅作品。一九八九年，在武漢，由中國剪紙協會和武漢鋼鐵公司聯合舉辦了「侯玉梅剪紙專展」。從此，侯玉梅的名氣越來越大，吉林省內許多大中院校紛紛請她去講課。

侯玉梅以滿族生活為源泉，不停地創新。她剪的《愛新覺羅》把滿族祖先愛新覺羅誕生的神話傳說藝術而又形象地展現出來，在藝術界引起了強烈的反響。繼這幅作品之後，她又剪了《人參故事系列》《人參娃娃》《狗大伯和貓弟妹》等剪紙連環畫五十四幅，先後被吉林藝術學院、吉林省民間藝術學會、中國文聯、中國民間藝術協會、中國美術博物館等單位收藏。

侯玉梅的作品在國內產生了巨大影響，也吸引了國外藝人。一九九二年一月二十四日，侯玉梅的《滿族小院》等二百幅作品在瑞典馬爾默市展出時，她走上了講台，為瑞典的小朋友和剪紙愛好者講課。

一九九三年三月，她的《挖參祖師爺》等作品又先後在德國、日本、奧地利等九個國家展出，並多次為這些國家的藝術愛好者們授課表演。德國的博物館還收藏了她的兩套最珍貴的剪紙作品，一套是《愛新覺羅・布庫里雍順》共五十八幅，另一套是《努爾哈赤的故事》共三十幅；奧地利奧中友好協會收藏了她的《參娃出世》《參娃巧鬥老東家》《棒槌姑娘》等七幅作品。一九九五年，德國東亞研究所出版了她的《人參娃娃》《小罕王挖參》剪紙專輯，她的名字被收在《中國名人藝術家專輯》《中國名人辭典》和德國出版的《世界藝術家辭典》中。

侯玉梅在不斷進取。一九九七年，她用剪紙形式完成了動畫片劇本《水鬼》。一九九八年十月，侯玉梅加入了美國藝術家協會。她的上萬幅作品，每一幅都是構思簡潔，立意新穎，突出主題，追求意韻。在中華民族剪紙的藝苑裡，成為一支獨特的奇葩。

長白山樵──畫家張世新

張世新（1953年-　），字子良，號長白山樵，別署鐵風堂。曾供職於吉林省通化縣文化館，吉林省通化地區群眾藝術館，山東威海海洋畫院，山東威海職業學院，吉林省通化縣書畫院。國家友好畫院院士，吉林省中國畫學會理事，吉林省道教書畫院副院長，吉林省民盟書畫院副院長，山東省膠東畫院副院長，吉林省通化市政協畫院副院長，吉林省通化縣書畫院院長，國家一級美術師。

一九七五年，作品《春節》參加中國美協獨家舉辦的全國年畫展，作品由中國美術館收藏。一九九〇年，作品《鬧正月》參加中國美協獨家舉辦的「中國四季畫展」，獲銅牌獎。一九九三年，作品《銀裝素裹》參加「紀念毛主席誕辰一百週年」全國美展，獲銅牌獎。一九九五年，作品《迎親圖》參加「全國鴻運杯書畫大獎賽」，獲鴻運大獎。一九九六年，作品《送姑娘》參加「全國天馬杯書畫大賽」獲銀牌獎。共三十九幅作品參加全國美展。出版《張世新長白山風土民情水墨畫作品集》《張世新中國人物畫小品集》《怎樣畫水墨人物畫》《古裝人物畫技法》《怎樣畫魚蝦》等十餘部專著。在北京、深圳、日本、新加坡、韓國舉辦過個人畫展，《美術》雜誌，《國畫家》《美術觀察》《中國書畫報》《美術報》等全國重要學術刊物專題發表。曾組織中國美協高研班五彩風畫家組全國巡展，組織吉林省通化地區農民畫、滿族民間剪紙、少年兒童畫進京展大型活動。獲得過省級優秀輔導員稱號，十佳

▲ 張世新

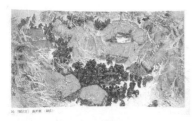

▲ 張世新的作品《鬧正月》

美術新人稱號，業餘創作積極分子稱號。

　　張世新出生於工人家庭，靠父親的微薄工資養活九口之家，窘境可想而知。種地、砍柴、採蘑菇，大自然的繽紛色彩、萬千儀態也給他帶來了無窮的樂趣，一顆藝術的種子開始在心靈中生根、發芽，他拾木劃沙，信手塗鴉，若能得到些廢棄的包裝紙，是兒時最高興的事，他趕快把活幹完，趕快畫畫，一畫就到了凌晨。因為常要點燈熬油，母親嫌「浪費」就責罵他，把紙筆扔了好幾次。

　　高中畢業下鄉，在通化縣大泉源鄉和勝村，每當幹活休息時，就趕緊拿出本子畫速寫，把他對大自然的熱愛、對生命的理解和詮釋付諸筆端。一九七五年，一幅題為《春節》的中國畫參加了全國年畫展。因其特長，他被特招到通化縣文化館工作。從知青到專業美術工作者，他得以筆墨當歌，快樂丹青，實

▲ 張世新的作品《濟公》

現了兒時的憧憬，走進了夢想的天堂。《春節》的成功嘗試，使張世新進一步確立了自己的立足點和主攻方向。關東這片黑土地所蘊含的原始強悍的精神和自然生命力深深地感召著他的創作慾望。《鬧正月》《送姑娘》《農閒時節》《長白山魂》等一批帶有濃郁地方特色的畫作相繼問世。

這期間，他開始拜訪石魯、何海霞、王子武、李世南、古元、力群、劉國輝等著名畫家，聆聽他們的教誨，組建長白山國畫研究會，開始了對長白山風情畫的研究工作。一九八五年張世新在通化市群眾藝術館舉辦了「張世新長白山風土民情水墨畫展」。為了在繪畫上進一步得到提高，山東威海海洋畫院面向全國招聘畫家，他前去應試一舉成功。那些年，他不斷地努力創作，貪婪地汲取著文化的營養，不斷地豐富自己的學識，豐滿著畫家的羽翼。先後有三十九幅作品在全國展出。客居他鄉人思鄉，他的作品仍然是以長白山為題材的主題創作，除此還表現在對家鄉文化事業的發展上。他應通化市政協書畫院之邀出任副院長，在長白山國畫會兼任秘書長。

他的作品大致分四類：關東風情人物畫、長白山山水畫、佛教文化和古代文人仕女小品畫。

張世新不菲成績的取得，源自於他感恩關東這片厚重的黑土地，源自於他別有深情一萬重。

▲ 張世新的作品《馬到成功》

在歌聲中尋找生命的意義──柳楊

▲ 柳楊在創作

柳楊（1956年-　），國家一級作曲，吉林省書法家協會會員，通化縣博物館館長。

從那個年代在校園的角落裡偷偷哼唱《紅梅花兒開》《喀秋莎》《莫斯科郊外的晚上》《我的祖國》……到走上工作崗位，成為一名基層群眾文化工作者，三十多個春秋苦樂耕耘，柳楊曾經無數次地做過成為藝術家的夢，並且至今一直在追夢的路上，為著心中的目標默默地前行。

因為喜歡音樂，喜歡歌唱，自年輕時從一位獸醫那裡學會了識譜開始，就萌發了自己寫歌的慾望，買來樂理書籍自修自悟，在內心體會著多個聲部的交響。拿來唐詩宋詞，如痴如醉地訓練自己的旋律感覺，也不知記下多少自認為好聽的小曲。直到有一天他寫的歌在晚會上被歌手深情歌唱，柳楊的理想真的插上了音樂的翅膀在夜空裡翱翔，那一刻的自豪讓他更加堅定了追求的方向：要為生活歌唱，要為創造歌唱；要為人生歌唱，要為祖國歌唱。

再後來，柳楊被調到創作室從事專業創作，有了很好的創作條件，也獲得了出去交流的機會，柳楊的原創音樂作品也不斷地在各報刊上發表，被專業的歌手們演唱。其中《黃河最美是壺口》獲得了中國大眾音樂協會「2006原創音樂大賽」作曲一等獎，並被國家級音樂類核心期刊《廣播歌選》轉載於二〇一〇第三期；創作軍旅隊列歌曲《熱血男兒來當兵》發表於總政綜藝期刊《軍營

▲ 柳楊的行書作品《赤壁賦》

▲ 柳楊與詞壇泰斗喬羽在北京

文化天地》二〇〇九第二期，同年由瀋陽軍區前進文工團男生合唱隊錄製並在部隊傳唱，受到官兵的歡迎；原創歌曲《重回桃花盛開的地方》經常被前進文工團歌手下部隊演唱；《父親，你不要再老了》由二〇一三年度金鐘獎金獎得主黃訓國演唱，已完成錄音；原創歌曲《我永遠的戀歌》，被評為吉林省二〇一三年度優秀文藝作品。此外，柳楊還為本縣創作了《大泉源酒業之歌》《我理想出發的地方》（第七高級中學校歌）《林業工人之歌》（男聲多聲部無伴奏合唱）等行業歌曲。

近年來，發表音樂文學作品《中華國泰民安》《溫暖我和你》（獲2008年中國音樂文學學會作詞一等獎），發表詩歌《肝膽相照鑄華章》《灑滿和諧陽光的地方》等，在各級音樂雜誌、電視媒體和各類晚會上發表原創歌曲三十多首。

柳楊於音樂創作之餘，亦頗好翰墨，就在學會識譜的同一年，他還得到了一本老舊的《柳公權玄秘塔》帖，因為自己也姓柳，所以對此帖更有一份特殊的情感。後來又轉學《聖教序》，繼而再學東坡墨寶，手摹心追，終於進得吉林省書法家協會殿堂的門檻。柳楊於二〇〇六年發起成立了通化縣書法家協會，其後每年都組織會員舉辦臨帖和主題展覽，現已發展會員一百多人。

▲ 柳楊與著名詞作家鄔大為合影

南長白山文化探路人 —— 劉兆福

▲ 劉兆福

劉兆福（1957年- ），網名茂山愚人。中國作家協會會員，中華詩詞學會會員，中國民間藝術家協會會員，吉林省作家協會會員，吉林省詩詞學會會員，吉林省攝影家協會會員，吉林省書法家協會會員，通化市作協名譽主席，通化詩詞學會名譽會長，通化縣作協名譽主席，通化縣詩詞學會名譽會長。

多年來致力於宣傳通化縣經濟建設，打造通化縣文化品牌。將通化縣古體詩詞愛好者組織起來，結成「茂山九友」，近年來，「茂山九友」引領其他詩詞作者在關東詩陣、通化詩詞論壇發表了大量詩詞作品，在省內外引起廣泛關注，產生了極大的影響，通化縣詩詞作者先後有十四人被吸納為中華詩詞學會會員。組建了由古體詩與新體詩合璧的「通化縣森茂詩社」。二〇〇九年七月組織召開了由東北三省詩人參加的「酒海溢香」詩會。二〇一一年六月，為慶祝中國共產黨建黨九十週年，展示通化縣改革開放三十年的巨大變化，組織邀請了全國各地一百多位名人，開展了「詩人走進通化縣」大型採風活動。活動結束後，由他主編，分別出版了作品集《酒海溢香》和《茂山集韻——詩人走進通化縣》詩集。

他是南長白山文化的發掘者和探路人，他付出大量業餘時間收集、整理並編著了富有地域特色的《南長白山民俗》《南長白山歇後語》《南長白山老故事》，主編了《通化縣風土人情》《通化縣紅色史蹟》《通化縣地名考》《通化縣文物古蹟名錄》《通化縣文史資料》（13-17集）等書籍。

▲ 劉兆福在鄉下

▲ 編著及主編的作品

二〇一二年初開始，依據掌握的史料，他大膽提出通化縣是「清皇故里、祈福納祥之地」的新課題，並組織有關方面力量進行了為期八個月深入細緻的挖掘考證工作，取得了令人振奮的階段性成果。在此基礎上，經過精心準備和策劃，於九月中旬邀請了吉林師範大學東北史地研究中心教授、歷史學博士、鞍山師範學院教授張士尊，吉林大學民族研究所所長、文學院教授、博士生導師程妮娜，東北師範大學文學院古籍整理研究所所長、博士生導師李德山，通化師範學院高句麗研究所所長、歷史學院教授、東北師範大學博士生導師耿鐵華，通化市文物研究所所長、研究員王志敏等國內明清史學、文物古籍專家參加了「通化縣清皇故里，祈福納祥之地」研討會。這一課題的提出對於夯實通化縣的歷史文化底蘊，提升通化縣特有歷史文化的影響力，推進文化產業、旅遊產業發展有著重要的意義。

著有《行吟集・格律詩卷》《行吟集・自由詩卷》《絮語閒言》《笑吧》《微信二〇一四》；與胡玫合著《關東酒王——關寶樹》；主編《大泉源印象》《品味大泉源》《城的記憶》《蝲蛄河》影集；主編《森茂詩林》《茂山九友詩詞選萃》《作家檔案》《通化縣政協志》《英額布傳奇》《清皇故里・祈福納祥之地》《鄉村漫步》《通化縣創業菁英傳略》《提案工作資料彙編》《通化縣大事記》等書籍。

吉林黑土地油畫家——徐濤

徐濤（1957年-　），吉林省美術家協會會員，吉林省黑土地油畫院理事，通化市美術家協會副主席，通化縣美術家協會主席。一九九七年至二〇一一年任通化縣文化館館長，現為文化館研究館員。

徐濤早年師承油畫家張忠信先生，其間創作出了《高麗鹹菜》《吉祥端午》《少女》等散發著濃郁鄉土氣息和詩化情懷的油畫作品，引起廣泛關注。

此後，作品《大壩》《北方‧紅山牆》《東渡》《鋼琴前的牛牛》《逝去的歌》七件油畫作品相繼參加了吉林省「菁英美術、攝影作品展」、紀念反法西斯抗戰勝利五十週年美展、文化部「群星杯」吉林省美術作品展等省級美展，獲一等獎六次、二等獎一次。

油畫《萬物之靈》能在二十世紀八〇年代獲得省級美展最高獎項，不是偶然的，相繼面世的其他美術作品和職業作為也證明了作者的藝術修養和所具有的綜合表現力。

徐濤注重汲取民族民間藝術養分。他參與了縣域滿族剪紙的早期挖掘、整理、傳承工作，邀請了國內頂級權威學者，中央美院靳之林、呂勝中教授對通化縣滿族剪紙創作給予指導、考證、界定。寫有論文《倪友芝剪紙藝術沿革》；

▲ 徐濤

▲ 徐濤的油畫作品《白夜》

創作的剪紙作品《老小兩口》獲全國剪紙作品邀請展優秀作品獎;《金玉滿堂》《六合同春》《以文載道》等九幅作品獲吉林省「迎新春剪紙、書法、掛簽大賽」一等獎。一九八七年進京參加通化地區滿族刺繡、剪紙藝術作品展佈展工作;與遼寧、黑龍江、山西開展了廣泛的剪紙藝術交流活動;二〇〇八年撰寫了萬餘字文稿和圖片報文化部,完成了通化縣「中國民間文化藝術之鄉」申報工作並獲批。

館長任中,開展了十一屆大型廣場系列文化活動;承辦了全省農村文化工作先進典型現場會;承辦了吉林省電視台「鄉村大舞台」石湖農民演出專場;承辦了特色農村文化大院建設等高端綜藝公共文化活動,被省文化廳評為省級優秀文化館長、先進文化工作者、農村文化工作先進個人;文化館連續兩次被國家文化部評為國家一級館。

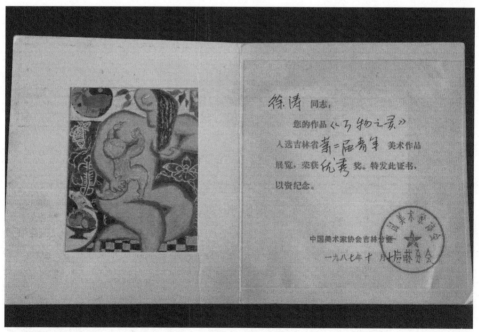

▲ 徐濤的獲獎證書

▲ 徐濤的油畫作品《向日葵》

　　近年來為柳河飛機場創作了大型油畫作品《清新的晨曦》；為通化市高志航紀念館創作油畫作品《遠逝的鷹》；為振國藥業集團英額布壹號莊園創作油畫作品《如歌的季節》《晴雪》《灣灣川遠眺》《狼鳴夜色》；為市國稅局創作大型壁畫《香荷雅韻》、浮雕作品《藍色的音符》；有國畫、油畫和其他藝術作品十餘件散刊於人民美術出版社、遼寧美術出版社、香港漢唐國際美術出版社出版的專業畫集；其名被納入《中國當代美術家人名辭典》和多部專業典籍。

詩意人生綠成蔭──胡玫

▲ 胡玫

胡玫（1959年-　），女，中華詩詞學會會員，吉林省作家協會會員，吉林省詩詞學會理事，通化市作家協會副主席，通化市楹聯學會副主席，通化縣作家協會主席，通化縣詩詞學會會長。通化縣文化館研究館員。

縣作家協會於一九九八年十一月成立，她先後擔任秘書長、常務副主席。二〇〇三年七月換屆任第二屆縣作家協會主席至今。這期間組織會員積極創作，並想方設法為會員尋找和提供發表作品的園地。於二〇〇〇年編輯出版了綜合文集《通化縣文學作品集》，二〇〇二年編輯出版了散文集《生命滋味》，二〇〇四年編輯出版了《長白山‧通化縣專號》，二〇〇五年編輯出版了綜合文集《情繫關東》。並於二〇〇六年五月十九日在縣文體局的支持下召開了「《情繫關東》等九本新書研討會」，邀請時任省委宣傳部副部長張福有等嘉賓參加了會議。主編縣文化館文學輔導報《芳草園》十餘期。

二〇〇七年六月二十日，在縣政協的支持下成立了通化縣詩詞詩歌組織「森茂詩社」，於二〇〇八年出版的《森茂詩林》中任執行主編。

從事創作以來，她先後在全國各級報紙雜誌發表了大量的詩詞、詩歌、散文等作品。有些作品被收入《中國當代詩詞選萃》《長白山志》《中華詩詞文庫》《90全國詩歌報刊集萃》等書中。《七律‧初訪羅通山》被刻入通化玉皇山公園《長白山碑林》中。散文《厚土》獲一九九五年吉林省文學輔導幹部創作一等獎，散文《失去的權力》被選入中學生輔導教材二〇〇三年中考版《金牌閱讀》一書中。童話微戲劇《烏鴉和狐狸的子孫們》獲二〇一三年「第八屆全國

戲劇文化獎・小型劇本銅獎」。根據劉兆福《南長白山民俗》中「過小年」的故事改編的微電影《灶王爺的傳說》由通化縣廣播電視台、通化縣文廣新局聯合攝製，通化縣電視台預計在二〇一五年二月首次播出。

她不只是自己埋頭創作，還進行文學培訓。除個別的一對一輔導外，在通化市甲骨文學會、縣政協、縣委黨校、縣文化館等單位多次進行文學講座。帶動了一大批文學愛好者走進創作隊伍。目前，通化縣中華詩詞學會會員已由最初的她一人增加到現在的十四人。

二〇〇九年與家人合集出版詩文集《門內集》，二〇一一年與劉兆福合著長篇報告文學《關東酒王——關寶樹》，二〇一三年出版散文集《夜雨如歌》，詩詞集《胡玫詩詞》。

她與古詩詞結緣最深，春風秋雨、人間滄桑皆可入詩。因此，被詩詞界的「通化八拙」和「茂山九友」納入其中。她的詩：家住關東佟水旁，門前常有野蒿香。痴心每向吟壇醉，笑對人生寫短長。是她心靈最真實的寫照。

▲ 胡玫主編及編著的作品

民俗攝影家——王國霖

▲ 王國霖

王國霖（1961年-　），中國民俗攝影協會會員、吉林省攝影家協會會員。通化縣攝影家協會秘書長。

快大茂是通化縣城所在地，在這個美麗的小城裡，說起攝影，人們總能想到一個人，他常常身背相機走街串巷，勤奮地進行拍照，他的攝影作品以視角獨特，極具震撼感和衝擊力而見長，縣裡的各項大型活動都少不了他的身影，他就是大家喜歡的攝影師王國霖。

孩提時的他，就對攝影痴痴入迷，總感覺相機很神奇，始終就想知道其中的奧妙。從那時候開始，他總是情不自禁地去接近相機，直到一九八〇年參加工作後他才有機會接觸照相機。那時候，他的主要工作就是頻繁地出現場，拍攝現場圖片，記錄犯罪分子的蛛絲馬跡，十年多的刑警工作，雖然練就了他細緻精準的技術本領，但不安分的他不甘心僅限於現場物證勘察的拍攝工作，為了使自己在反映鮮活、燦爛、生動的現實生活上有更深的造詣，把自己的攝影愛好昇華為社會服務，他幾乎把所有的業餘時間全都用在了攝影上，一有空閒就出去拍照，回來便自己動手沖卷和洗放照片。

一九八六年，剛剛有些積蓄的王國霖就花了六百八十元購買了第一台理光-5單反相機和一隻隨機配備的五十毫米焦距標準鏡頭。這款相機具備光圈優先自動曝光和手控曝光兩種曝光模式，還有曝光記憶鎖鈕，可進行多次反覆曝光。這樣就不用再憑經驗去手動設定光圈和速度了，曝光精確度有了質的飛躍。

當年，進口彩色膠卷剛剛進入國內，一個膠卷加上沖擴費用幾乎要一個月

的工資。為了掌握沖印技術，他經常買五塊多錢一卷的國產樂凱彩卷。為了節省支出，他堅持用散裝的黑白膠片，苦練技術，為此配備了許多的暗盒。在如此艱苦的條件下，他對攝影的熱情絲毫不減。

王國霖拍攝的第一張作品是一九八八年反映家鄉大茂山的黑白膠片作品《雪樹銀花》，獲得全國鄉鎮企業杯攝影大賽銀獎，這也是王國霖藝術攝影的處女作。

隨著生活條件的改善，二〇〇〇年，他購置了第一台數碼單反相機尼康D200，由於這款相機是數字存儲方式，因而拍起照來，就不再用吝惜按拍照的次數，還可以隨時比照觀看拍照效果，拍攝起來更加得心應手。由於數碼相機是數字存儲，還要通過電腦進行後期製作，他那時操作電腦還不太熟練，要使用photoshop軟件進行後期製作，操作有一定的難度，他就拜師求教，刻苦鑽研，認真學習，終於掌握了這一軟件的基本操作技能。

從事攝影三十多年來，他創作出眾多的紀實、民俗、靜物、人像和風光等類作品。一路走來，他用辛勤的汗水贏得了許多榮譽：

▲ 王國霖的攝影作品《風光》

▲ 王國霖的攝影作品《構成》

二〇〇五年十一月，榮獲吉林省公安廳舉辦的全省公安系統第四屆「金盾文化工程」金盾藝術獎。

二〇一二年四月，作品《勤勞幸福的一家子》在吉林省攝影家協會舉辦的「山焱數碼杯——留下你的笑臉」網絡攝影賽中榮獲三等獎。

二〇一三年四月，作品《加油》在由國家文化部全國公共文化發展中心、中國藝術攝影協會和中國群眾文化學會聯合舉辦的「文化剪影幸福共享」第一屆「文化共享杯」全國群眾攝影藝術作品徵集大展中，榮獲優秀獎。

他傾注全部心血徜徉於藝術攝影領域，逐漸走出淺薄單調，走向成熟與自信。近幾年，又進一步確立了以民俗與紀實相結合的藝術攝影定位，進一步明確了攝影的主攻方向。

在長白山區這塊熱土上，王國霖是一位執著的藝術攝影師，他運用影像藝術謳歌家鄉的大好河山，風土人情，把對家鄉的一片摯愛熔鑄到他的作品中，為縣域經濟發展和社會進步做出了突出貢獻。

二〇一〇年通化縣遭遇了百年不遇的特大洪水，他積極響應縣委、縣政府的號召，連夜組織攝影骨幹深入到重災區採訪，拍攝了大量震撼心靈的好作品。短暫的三天時間便完成了由四百餘幅攝影作品組成的《眾志成城戰洪

▲ 王國霖的攝影作品《靜物》

魔——通化縣7・31抗洪救災攝影紀實》展覽。

王國霖酷愛攝影藝術，尤其喜歡參與社會實踐活動，他用自己獨特的視角去觀察事物、記錄現實、反映生活，讓他的攝影作品更加鮮活生動，極富衝擊力與感染力。

年逾五十的王國霖，始終有一種「戀家」的情結。家鄉的一草一木，在他的眼裡都如詩如畫，令其如醉如痴。每當拿起相機的時候，總是默默地在想怎麼才能把家鄉每一個細微的變化都用影像記錄下來。他始終堅定一個信念——以弘揚家鄉文化為己任，努力拍好身邊人、身邊事、身邊景，因而，在他的每一幅作品中，都把對家鄉的無限熱愛體現得淋漓盡致。三十年來，他踏遍了家鄉的青山綠水，苦苦地追尋著龍崗山的神韻和蝲蛄河的精髓，記錄著家鄉的滄桑巨變。

王國霖常說，通化縣的大地養育了我，我就是要用手中的鏡頭，為家鄉留史存照，利益後人。

滿族剪紙打頭人 —— 梁克弋

▲ 梁克弋

梁克弋（1962年- ），中國民間藝術家協會會員，吉林省民間藝術家協會剪紙藝術委員會副秘書長，通化市民間藝術家協會副主席，通化縣滿族剪紙研究會會長。

能把通化縣的剪紙藝術家們組織起來，並不斷發展壯大，在全省乃至全國打出名氣，成功為家鄉通化縣申辦文化部命名的「中國民間藝術（剪紙）之鄉」，不得不提到梁克弋。

他熱衷於學習和研究滿族民間剪紙，在倪友芝、張傑、邱英傑和蔣國林等剪紙藝術家的支持下，二〇〇七年組織成立了通化縣滿族剪紙研究會，編輯出版剪紙專輯《通化縣滿族民間剪紙》。並與縣殘聯等單位聯合辦學，培養了一大批剪紙藝術人才。

梁克弋繼承了純正滿族民間剪紙的藝術特色，研究開發出「人參故事」「滿族歷史人物」和「滿族秧歌」等系列滿族剪紙，受到專家和商家的好評。他根據長白山採參風俗創作的人參故事系列滿族剪紙《參幫端鍋人》《見面分一半》等共有幾十幅之多。他創作的滿族剪紙作品被通化市和通化縣政府作為指定文化禮品，隨招商訪問活動，贈送到東南亞和歐美等地區。

梁克弋任通化縣文聯專職副主席（2009年至2011年）期間多次組織通化縣的剪紙展覽，拉近了民眾與剪紙藝術的距離，推動了通化縣剪紙藝術的發展。近幾年來，他致力於通化縣的滿族剪紙藝術的推廣和提高，努力爭取縣領導和各部門的支持。通化縣教育局和通化師範學院聯合創辦了長白山滿族剪紙培訓學院，對全縣中小學美術教師連續進行為期三年的剪紙培訓，全縣小學美術教師人人會剪紙、能教剪紙，促進了小學滿族剪紙藝術的普及和推廣，進而在全

縣鄉村湧現出一大批剪紙愛好者。以張傑和張焰為骨幹的美術教師隊伍通過教學的方式將滿族剪紙文化傳承下去，通化縣快大茂鎮中心小學作為滿族剪紙教學基地，培養了一代又一代剪紙愛好者，為滿族剪紙的傳承和發展做出了重要貢獻。

梁克弋堅持「通化縣剪紙要以滿族剪紙風格為主，而每個人又要各有特色」的發展理念，規劃發展路線，把握整體藝術風格與個人創作風格的大同與小我關係；採取各種方式向領導和各界人士重點宣傳推介張傑、張焰等年輕剪紙藝術家，將張傑推介為縣、市兩級政協委員，通過縣委宣傳部和縣文聯推介張傑、張焰參加中央電視台國際頻道「《遠方的家》——『江河萬里行』通化縣專輯」的節目錄製。他關心幫助倪友芝、侯玉梅等老一代藝術家，經常與她們溝通，聽取意見，幫助解決實際困難。他還利用通化市文聯、通化市民間藝術家協會等展覽評獎平台，大力推出新人、新作品，為通化縣剪紙藝術人才的脫穎而出創造良好的條件。

▲ 梁克弋的剪紙作品《採參窩棚》

▲ 梁克弋的剪紙作品
《滿族人物》

▲ 梁克弋的剪紙作品
《人參故事參幫端鍋人》

關東舞蹈創編人 —— 許曉霞

▲ 許曉霞

許曉霞（1963年- ），女，中國舞蹈家協會會員，吉林省舞蹈家協會理事，通化市舞蹈家協會副主席，通化縣舞蹈家協會主席，現為通化縣文化館館長，研究館員。

許曉霞於一九七九年由前郭爾羅斯民族歌舞團調入通化縣文化館，從事群眾文化工作。此後，總會把不同形式的驚喜奉獻於人們面前。她主持策劃了吉林省電視台《鄉村大舞台》欄目石湖鎮農民演出專場；創編、領舞了通化市「人參節」「葡萄酒節」百人開場舞；被邀為遼寧省第三屆民俗節創編大型開場舞蹈；策劃了十一屆廣場系列文化活動等大型綜藝文化活動項目二十餘次；一九九三年隨通化市政府代表團赴俄羅斯進行文化交流演出；二〇〇八年、二〇一三年組織少兒藝校兩次赴香港參加「華夏之星」才藝交流展示，並獲優秀編導獎和表演金獎；二〇一一年應邀帶領朝鮮族中老年藝術團參加韓國華城民俗節交流演出，延伸了小城文化觸角，放大了小城外域知名度。

二十餘年間，她堅持不間斷地為社區、基層、農村業餘文藝團隊輔導服務，這些業餘團隊多次代表縣、市參加各級演出，獲省級金、銀獎，一、二等獎二十餘項，組織實施了縣城自來水改造、創建文明縣城等綜藝文化公益惠民活動三十餘項；累計輔導多達二十餘萬人次。

撰寫的《讜論舞蹈藝術的綜合性》《對舞、舞隊、群舞》分別發表於中國現代社區文化建設文庫，中國期刊網獲一等獎和優秀獎；《霸王鞭》《腰鈴》《三

▲ 許曉霞舞蹈《關東老蒯》

節棍》《太平鼓》等七項研究課題被納入《中國民族民間舞蹈集成卷》獲國家
重點文化科研成果一等獎，受到國家民委、文化部、民政部嘉獎表彰；《朝鮮
族巫舞》《大刀會過場舞》《朝鮮族民間舞蹈生態沿革》獲省級科研成果一等
獎，被納入《吉林省民族民間舞蹈集成卷》。

《現代舞——愛你》《吉祥孔雀》《動感早晨》《小小兵》《扎西德勒》等十
六個舞蹈獲國家級優秀編導獎；《舉手發言》《找朋友》等十四個舞蹈獲省級
創編一等獎；表演的舞蹈《關東老蒯》獲省級表演一等獎、中國第九屆藝術
節、第二屆新農村文藝展演優秀作品獎。

任館長後，文化館被文化部評為國家一級館；二〇一二年被評為吉林省
「館、站、院」培訓工程業績突出單位；二〇一三年被評為吉林省農村群眾文
化活動先進單位。

通化市有線電視台拍攝了文藝專題片《舞者——許曉霞》，她本人先後四次被省文化廳評為優秀群眾文化輔導幹部，受到市委宣傳部、市文聯多次表彰嘉獎。

▲ 許曉霞教學員跳舞

醉心翰墨志不移——書法家遲平

遲平（1965年-　　），吉林省書法家協會會員，吉林省攝影家協會會員，通化市書法家協會副主席，通化縣書法家協會主席。

在通化市及通化縣的書法界，遲平出道很早。早在二十世紀八〇年代，書法展上就時常可見遲平那帶有書卷氣的書法作品。多年來，遲平仍醉心翰墨，矢志不移，憑著對書法藝術的執著與熱愛，穩步前行，取得了可喜的成績。

遲平自幼習書，幾十年臨池不輟。參加工作後，他把有限的業餘時間都用在讀書習字、研讀書法經典上。先後臨習了柳公權、歐陽詢、褚遂良等楷書大

▲ 遲平（右）與吉林省書協副主席蘇延軍先生合影

▲ 遲平在全國稅務系統書畫展展室與謝旭人等合影

家的碑帖，臨習了王羲之、米芾、蘇軾等古代名家的行草墨跡，他沉浸於書法
藝術的海洋，細心揣摩，深切領悟。在大量的書法碑帖中，王羲之《聖教序》
是他最愛的碑帖，在多年的臨習過程中，他注重汲取其疏朗飄逸、秀麗典雅、
雋永靈動的書風，領會其風神，汲取其精華，師古而不泥古，力求形神兼備。
同道們評價遲平的書法，都認為他學書的路子正，有內涵、有韻味，這除了他
自身特有的靈氣及謙虛好學的品質外，更重要的是他有一種鍥而不捨的精神，
能夠在浩瀚的書法海洋中取其精華為我所用，另闢蹊徑塑造自我。多年來，遲
平還不斷拜訪名家，虛心請教，先後得到了叢文俊、蘇延軍、於學仁等諸名師
的指點，漸行漸悟，書藝精進，在全國各類書法展賽中屢有收穫。他的作品先
後入展吉林省世紀書法大展、中日書法名作展、「龍崗杯」國際書法大賽《書
法導報》第一屆年展暨推新人三百家作品展等，先後獲得中央部委書法聯展二

▲ 遲平參加全國稅務系統書畫邀請展與會領導嘉賓合影

等獎、「時代潮」杯全國黨政幹部書法大賽銀獎、全國稅務系統首屆書法繪畫攝影大賽金獎，受到書壇的廣泛關注和好評。

多年來，遲平在精研書法的同時，十分注重字外功的修練，他不僅重學習、愛讀書，而且愛好廣泛。他的攝影作品也多次在全國及省市影展中有所斬獲。《修築通天路》榮獲「建築·工業」全國攝影大賽一等獎，《豐收的喜悅》榮獲省攝協網絡影展三等獎。

千年蛞水人茶路

胡政咏通化縣诗句

百里青山壮士屏

甲午中秋遲平书

▲ 遲平的書法作品

碩果纍纍的音樂人 —— 董梅

▲ 董梅

董梅（1966年-　），女，中國音樂家協會會員、吉林省音樂家協會理事、通化市音樂家協會副秘書長。國家一級演奏員，國家級二胡專業評委。先後在撫松縣評劇團、通化縣戲劇創編室、通化縣文化館工作。

二胡演奏曾在一九八二年獲吉林省專業劇團伴奏一等獎；一九八九年獲吉林省專業劇團戲曲調演演奏一等獎；一九九九年全省中青年評比演出獲專業組一等獎；一九九九年獲全省專業劇團器樂演奏一等獎；二〇〇〇年獲全省「星海杯」器樂大賽一等獎。

創作的歌曲《蝲蛄河，我的故鄉》獲吉林省環保歌曲一等獎；《把時鐘獻給母校》獲吉林省教育廳校園歌曲作曲一等獎；為「吉林銀行杯」廉政歌曲演唱暨創作大獎賽創作的歌曲《紀檢之歌》獲通化賽區詞曲十佳獎；歌曲《華夏華彩》獲「2006全國原創歌詞歌曲暨演唱大賽」二等獎；歌曲《青春方陣》獲全國原創歌詞歌曲評選活動作曲一等獎。歌曲專輯《紅梅禮讚》於二〇一一年出版發行。

論文《音樂與文學》獲吉林省群眾文化系列論文一等獎；《小康文化運作目標考析》獲吉林省群文評比論文一等獎。

輔導的學生馬、王陽參加了全國少兒器樂大賽分獲全國十佳；馬、張澤參加了團中央和教育部聯合舉辦的全國中小學生藝術展演，獲國家級三等獎、吉林省一等獎。

二〇〇一年、二〇〇二年連續兩年被評為全國音樂考級優秀指導教師；二〇〇三年在吉林省文化廳舉辦的第十一屆「新苗杯」大賽中，被評為優秀指導

▲ 董梅與喬羽先生在北京

教師；二〇〇四年獲全省專業劇團評比演奏一等獎；二〇〇五年被評為全國音樂考級優秀指導教師，第十屆全國推新人大賽優秀指導教師，在吉林省文化廳舉辦的第十三屆吉林省藝術系列大賽中獲優秀輔導教師獎；二〇〇六年吉林省文化廳舉辦的第十四屆器樂大賽中被評為優秀指導教師，第十一屆全國推新人大賽中獲優秀指導教師，在吉林省「公爵杯」音樂大賽中被評為優秀指導教師，同年還獲全國音樂考級優秀指導教師獎、優秀組織獎，全省十二屆文化英華杯藝術大賽獲演奏一等獎；二〇〇七年被評為吉林省音樂大賽優秀指導教師，全國音樂考級成績突出獲「特殊貢獻獎」，在吉林省文化廳舉辦第十五屆吉林省藝術系列大賽獲優秀輔導教師獎；二〇一〇、二〇一一、二〇一二連續獲全國音樂考級優秀園丁獎；二〇一二年獲全國音樂考級優秀組織獎，在奧地利中國文化部文化藝術基金會中國中央電視台央視傳媒奧地利中外文化交流中心舉辦的「多瑙河國際藝術節大賽」上獲優秀指導教師；二〇一三年獲全國音樂考級優秀指導教師獎；二〇一四年在文化部中外文化交流中心舉辦的「2014中外民樂交流大會——二胡比賽」國際總決賽中榮獲文化部頒發的「優秀指導教師」。

堅守純淨的詩歌淨土——詩人秀枝

　　秀枝（1968年-　　），女，本名金秀芝，曾用筆名金鷗、秀枝，一九八七年在《詩神》發表詩作，一九九五年加入吉林省作家協會。先後在《詩神》《詩人》《詩林》《詩潮》《綠風詩刊》《詩探索》《中國詩歌》等國內詩歌報刊發表作品。學生時代詩作入選《少男少女抒情詩》，後來陸續有詩作入選《五十六顆星座》《中國詩典》（1978-2008）《二〇一二中國年度詩歌》《二〇一三中國年度詩歌》《中國詩歌二十一世紀精品選編》《吉林文學作品年選》（2009年、2010年）等詩歌選本。

▲ 秀枝

在中國喧囂的詩壇上，秀枝的名字也許不被更多人知曉。她是偏於一隅卻堅持寫作的詩人，堅守純淨的寫作淨土，置身詩歌的圈外，有些人評價她是吉林省最優秀的女詩人之一。

秀枝早年的詩作對前途的迷茫占據了情緒的主體，帶有濃厚的感傷，她試圖通過寫詩擺脫某些平庸，以獲得心靈上的慰藉，並用它支撐內心的脆弱。一九九六年至二〇〇五年曾一度擱筆，二〇〇六年回歸之後，她的詩趨於成熟，能夠「保持寧靜而慈祥的心靈姿態」，使自己在與現實世界的連繫中保持一份相對安然的姿態。

秀枝的詩少用表現的張力，慎用撕裂的語言，以平靜的詞語表達獨特的生命狀態和心理體驗，這已成為她符合自身的寫作習慣或寫作特點。她的樸素詞彙和日常意象，並不影響感知她的苦樂、迷惘、掙扎、期許、激盪和悲憫的情懷，反而在閱讀中更容易引發心中的共鳴。她虔誠地愛著自己的故鄉，把本真生活作為寫作的原點，這種根性的寫作姿態使她的詩從來沒有形而上的高蹈與倨傲，而是洋溢著草木清香、人間煙火和世俗關懷，處處散發著母性柔軟的人性光芒。

二〇〇九年，秀枝出版個人詩集《雨中的向日葵》，同年，榮獲冰心兒童文學新作獎。

秀枝生活在山城通化，漫長的冬季似乎更能給她無邊的想像，近年寫出大量恣意的有關雪的詩篇，表達生命裡的空曠、安寧、寒冷、迷惘、堅忍、渴望……深受讀者喜愛。「唯有這雪將夜晚照亮／唯有這雪無處不在，讓胸中／寒冷的風暴和刻骨思念得以平息／我這顆一貫驚慌失措的心／似乎也已被微微照耀。」（《唯有這雪》）「在漫長的

▲ 秀枝的個人詩集《雨中的向日葵》

冬天裡／我只有與雪相隨的生活／那麼寂靜，那麼空／那麼輕，那麼凌亂，往復／那麼淺，那麼平淡／那麼虛弱，啞默，杳無音訊／那麼緩慢，遲疑，欲言又止／那麼無助，忍郁，逆來順受／那麼沒有水草，花朵和枝杈／那麼沒有方向，歸宿和未來／那麼沒有歌聲……」（《雪》）。

　　秀枝是個能夠忘掉詩人身分的人，她寫詩較早，卻一直低調，並不刻意向外界表現自己。她有自己與世界「相遇」的方式，用一種寧靜的心靈與世界對話或者對抗。「她因為詩歌，生命深邃而開闊，生活多彩而陽光，心靈寧靜而通透，這遠遠比虛幻的名聲更有意義。」

▲ 秀枝（後排右一）與張洪波、朱雷等詩人合影

把寫作當成一種修行 —— 盧海娟

▲ 盧海娟

盧海娟（1969年-　），女，曾用筆名綠蟻。二〇〇九年開始散文隨筆創作，因文字優美，內容雋永，深受報紙雜誌喜愛，幾年來在《光明日報》《工人日報》《揚子晚報》以及《中國鐵路文藝》《青春》《讀者鄉土人文版》《意林原創版》《知識窗》《當代青年》《風流一代》等國家、省、市級數百家報紙雜誌發表散文隨筆、小說故事四百餘篇，計一百餘萬字；作品多被《青年文摘》《格言》《思維與智慧》《特別關注》等雜誌轉載，或被收入教輔材料及學生讀本；是《格言》《特別關注》以及湖南文藝出版社「心靈雞湯」簽約作家。散文《像孩子那樣生活》獲中國散文學會主辦的「二〇一一年全國散文作家論壇徵文大賽」一等獎；散文集《微風輕拂》獲第二屆「振國青年文學獎」。

二〇一四年與著名作家雪小禪等十五人應邀參加河北報業集團在大連舉辦的《思維與智慧》雜誌社第八屆筆會。

一個人，只有修練成一顆舍利，才能沉到水裡，沉到土裡，沉到萬物的深處，沉到我們動盪飄搖的內心。

因此，真正的寫作就是一場修行，要沉到生命的深處，沉到智慧的深處。修得慈悲心腸，筆端就有眾生，就有愛、有情；修得人生智慧，文字就成了度牒，成了地獄與天堂的苦海慈航。

不嗔、不怨、不驚、不怒——在遙遠的長白山南麓，在那個被冰雪覆蓋幾乎達半年之久的北國，有一位堅守於文字方陣的女子，像虔誠的修行者，她專

▲ 盧海娟（前排右三）與著名作家雪小禪等十五人應邀參加
《思維與智慧》雜誌社第八屆筆會

注、執著，傾情散文寫作，一支妙筆盡寫東北風情。

她的文章，一花一葉皆有訴不盡的衷情，一雪泥、一鴻爪全是說不完的妙趣。一個女子，筆底自可以婉約，自可以清麗，自可以帶上晦暗和小感傷……她卻把這小女子的姿態棄之不顧。相對於凡俗的生活，她站得更高，看得更遠，每當有風翻起她心中的經卷，憨態可掬、妙趣橫生的文字便會鏗鏘一地。

盧海娟，這是個知魚懂果、惜物識人的女子，所有被忽略的瑣事幾乎都可以在她的筆下活躍起來，激情重現。平凡的生活一經她潤色，立刻從容回到最初的原貌。讀她的文章，是從《漬在酸菜裡的冬天》開始的，精彩的生活細節讓人忍不住要大聲喝采——原來東北人的日子過得這樣冰爽、有趣，等到讀到文章結尾，「一棵大白菜走過屬於它的時光之旅，慢慢地、慢慢地演繹、變化，最終發酵成味美可口、醇香綿長的酸菜，就像窖藏在記憶深處的，從容安逸的老東北的慢生活。」不覺中又被她帶入深深的懷念，不知不覺中，已淚泫於睫。

此後便是《雪裡挖年貨》《俺們東北不飲茶》《東北人：你可真有意思》……《工人日報》《甘肅日報》《內蒙古日報》《大眾日報》等報紙雜誌紛紛登載這些文章，許多人願意透過她的文字來看東北。如果說，從遲子建的小說中認識的是有些沉重的東北，那麼，從盧海娟的散文中，我們又會看到東北的另一個層面：平淡中的真味，簡易裡的精緻，清素下的高貴。

寫民俗散文，很容易流於粗糙，流於低俗，流於淺薄。她卻把民俗寫得詩

意盎然，飽蘸生命的清芬。「如今冬天又來了，我仍然會去肉案那裡逡巡，默默地緬懷那些不斷把美味從雪裡挖出來的日子，真希望能把溫馨寧靜的北方生活從雪裡挖出來。」就是這樣，大面積詼諧幽默的敘述，生動有趣的解說，剛剛還是忍俊不禁，筆鋒一轉，只一句話，讀者卻忍不住要淚流滿面——詩意的語言，魅力大概就在於此。

作為一個有責任心的作家，她的筆下是那個漸行漸遠的東北，是沒有被同化的東北，因此，這些文字也是一種拯救，一種挽留，肩負另外一種責任。

一個女子，也許她瘦弱的肩膀捐不起太多的沉重，她只能這樣，拾掇往事的碎片，祈望以此連綴成一個完整的東北。就讓我們透過她打開的這一扇窗，透過長白山南麓的皚皚冰雪，向東北引頸翹望吧。

▲ 盧海娟的獲獎證書及獎盃

吉林省滿族撕紙傳承人 —— 張傑

張傑（1973年- ），滿族撕紙傳承人。

二〇一三年四月至七月，在北京市海淀區杏石口路的中間藝術館，一場別開生面的撕紙藝術展——「快樂的美術課」如期進行著。走進展示大廳，牆上、地上、桌面上，到處鋪滿了五顏六色、形態各異的撕紙作品。

▲ 張傑

有巴掌大小的電腦、鑰匙、鍋碗瓢盆等日用品，有活靈活現的魚、鳥、兔等飛禽走獸；有文字工整的《弟子規》，有線條流暢的《葬花吟》；還有蓋過整面牆的鎮中心小學教學樓，畫面上露出孩子們一張張笑臉……無一不拙中藏巧，惟妙惟肖。這些撕紙作品的作者，是吉林省通化縣快大茂鎮中心小學的一位美術教師——張傑。

張傑的家鄉，是通化縣金斗朝鮮族滿族鄉，那裡除漢族外，朝鮮族、滿族的居民很多。小時候，張傑住的是簡陋的茅草房。他還清晰地記得，那時候，他睡在北炕，正南的窗櫺上有一個蛇洞。常常是早上一爬起來，就能看到一個蛇頭在窗櫺上轉來轉去。

一九九五年，張傑中等師範學校畢業，被分配到砬縫小學，當了三年班主任。一九九八年調到新安小學教體育和美術。體育還好教，無非是帶著孩子們跑跑步、踢踢球，可美術怎麼教？他看到美術教材中有剪紙，就覺得自己能夠學會這種藝術。為了保證教學效果，張傑四處打聽，找到了當地的滿族剪紙研究者、通化師範學院美術系教授——王純信先生，拜師學習剪紙。

在師從王純信先生學習的過程中，張傑才發現，原來剪紙也是分地域的：

滿族剪紙和中原地區的剪紙，在風格、技法上是有很多區別的。比如對人物的表現，滿族剪紙特有的「嬤嬤人」形象特色十分鮮明——男人們的辮子是立在頭上的，女人們都戴著大頭翅，他們的五官是陰刻的，鼻子一般都剪成三角形。由於童年時的生活，張傑對這些具有濃郁滿族風情的剪紙一見如故，很快就熟練掌握。

他一邊學，一邊教，孩子們一開始也挺喜歡學。但兩個月後，小傢伙們就開始不耐煩了。原因很簡單：製作剪紙的工具是刻紙刀，要一直坐在那裡捏著一把小刻刀，全神貫注地刻，實在是太費勁了。張傑發現，這樣的教學不符合兒童的天性，於是把「刻刀」換成了「剪子」。這樣使用起來，比刻刀要靈活自由一些，受到了孩子們的喜愛。在他的帶領下，孩子們剪出了很多栩栩如生的作品，並多次參加全國剪紙展，以濃郁的鄉土氣息、民族風格受到好評。

一天，課堂上兩個男孩一個拿著刻刀，一個拿著剪子互相嬉鬧。看到這種情況，張傑覺得有危險，就沒收了他倆的工具，還要求他們按時完成課堂作業。「沒有工具怎麼完成？」兩個男孩還有點不服氣。「用手撕！」張傑隨口佈置。

沒想到，下課的時候，他們倆還真把手撕的作品交上來了。和其他孩子剪出來的作品不同，這兩幅「小東西」，雖帶著毛茬兒、形狀拙樸、歪歪扭扭，卻別有一番稚趣。看著這樣的作品，張傑突然發現——「撕」，不也是一種創作方式嗎？不僅避免了孩子使用利器的危險，而且，手指比其他工具都要自由、靈活！

從那開始，張傑開始引導孩子們用「撕」來創作作品。後來，張傑瞭解到，在非物質文化遺產「滿族剪紙」中，「撕紙」也是剪紙的一種技法。「滿族剪紙不拘泥於形式，不是非得用剪刀，還可

▲ 張傑（中）撕紙表演

▲ 張傑的獲獎證書

以用刀刻、用手撕、用香火燒，哪怕剪的不是紙，就是樹皮和玉米葉子也行。」

在早期的創作中，張傑選定的題材，大都比較傳統，如《努爾哈赤的傳說》《長白山人參故事》《民間傳說》等，很多都是他小時候經歷過的事情，像下河摸魚、種地、上山採摘野菜等，他的作品中，大量地出現幔帳、冰車、魚叉等生活器用。張傑還注重新元素的加入，比如文字。他特別注意文字的「造型」——「比如象形文字，是根據實物形象演化出來的，所以我現在把它再演化回去，把一個方形的字還原成它原來的形狀。」在創作文字作品的過程中，他又發現，在篇幅較大的作品中以文字作為背景，效果更好。由於文字對視覺的衝擊力較弱，這就形成了一個美術學上統稱的「灰色地帶」，起到了一種烘托的作用。在他後來的《弟子規》《詩詞》等一系列作品中，都有像這樣大量的文字元素的使用。

漸漸地，張傑「撕」得越來越得心應手，很多時候創作根本不用草稿，完全就是想到什麼撕什麼。他的創作工具除了雙手別無其他，甚至他把手背到身後也可以創造出同樣生動的形象。

張傑參與的「十五規劃」國家重點課題「中國民間和鄉土文化資源與美術教育研究」子課題和「蒲公英行動」少兒美術教育專項課題子課題通過鑑定驗

▲ 張傑（右）與吉林省滿族剪紙研究會會長王純信先生合影

收，並在此基礎上獲首屆「全國少兒美術教育學術展」最佳輔導教師獎。他編寫的《少兒滿族剪紙讀本》一書獲吉林省第六屆教育科學優秀成果獎。2011年張傑作為主要參與者的《基於地域資源的校本課程建設》被教育廳評為第三屆省級基礎教育教學成果一等獎。自2009年始，他多次受邀到通化師範學院、清華大學、中央美術學院、中國人民大學做「撕紙藝術的演示與講解及民族文化在當代的傳承」方面的講座。同年他的美術課《泥巴變變變》獲省中小學音樂、美術教學優秀錄像課一等獎。自2008年始到2012年止，張傑協助學校，在校園內建立「通化縣民俗器用陳列館」，成為傳承民間傳統文化的一種創新教育方式。他所在學校成為「全國少兒滿族剪紙教學基地」。

張傑先後多次參加國際、國內剪紙大賽，成績斐然。2009年在第五屆國際剪紙藝術展中獲金獎；2010年作品《滿族婚俗》獲中國婚俗剪紙大賽二等獎；2011年作品《薩爾滸之戰》在第二屆中國剪紙藝術節中獲金獎；2012年作品《四知堂》獲第二屆全國廉政剪紙藝術大賽一等獎；2013年作品《逝去的八旗》獲第四屆中國民俗剪紙大賽銀獎。

2013年《快樂的美術課——張傑撕紙藝術展》在北京中間藝術館展出，展期三個月。此次個人藝術展的成功舉辦，標誌著張傑撕紙藝術進入了當代藝術界的前列。其作品先後被中國農業博物館、中央民族大學博物館、齊齊哈爾市博物館、華夏剪紙藝術博物館等展館及個人收藏。作品多次在日本、德國等藝術館展出。

張傑多次以民間藝術家的身分出訪朝鮮、韓國、印度尼西亞等國家和台灣地區。在韓國的首爾、大田和印度尼西亞的雅加達、棉蘭、萬隆、泗水等六座城市及朝鮮的平壤等地進行了十餘場「命題」撕紙表演，受到廣泛好評。印尼國家領導人親自到現場觀看表演並向張傑等團員贈送禮物。2014年在朝鮮的表演還受到了中國駐朝鮮民主主義人民共和國大使館的書面表揚。

張傑先後主持編寫了《藝術的荷塘》《少兒滿族剪紙讀本》《快樂的美術課——張傑撕紙藝術展》等著作。2007年被評為吉林省優秀民間藝術家，2009年被評為通化市十大傑出青年。2010年參加了在人民大會堂舉辦的紀念毛澤東誕辰一百一十七週年活動並被授予「弘揚紅色文化優秀書畫家」稱號。2011年被命名為吉林省第二批省級非物質文化遺產項目代表性傳承人。2013年被評為吉林省工藝美術優秀人才，2014年榮獲「第三屆吉林省優秀志願者」榮譽稱號。連續多年被評為通化市「文學藝術活動先進工作者」。

▲ 張傑的撕紙作品《美麗的校園》

吉林巧姐——撕紙藝術家張焰

▲ 張焰

張焰（1973年- ），女，中華民族文化促進會剪紙藝術委員會會員，吉林省民間藝術家協會剪紙藝術委員會理事，被授予「吉林省工藝美術優秀人才」榮譽稱號。

張焰擅長撕紙，其精湛的撕紙技藝受到各界人士好評。經常應邀做講座及剪紙技能培訓工作，推動了滿族撕紙藝術的傳承與發展。

二〇一二年七月，吉林省婦聯組織的「吉林巧姐」手工藝品製作大賽上，張焰即興創作了撕紙作品《陋室銘》。現場構思，不用打稿，徒手撕成的形式，引得人們紛紛圍觀。評委們甚至不相信這幅作品是現場創作的，要求她再撕一個，引得各媒體紛紛報導。一時間，「吉林巧姐」成了張焰的代名詞。

張焰自幼喜歡美術，學生時代，張焰就舉辦過個人中國畫畫展。一九九三年，張焰畢業於吉林省通化幼兒師範學校，在農村任教。二〇〇八年在通化縣快大茂鎮中心小學擔任美術教師，從事滿族撕紙教學。自二〇〇四年以來多次參加國內外各項剪紙大賽及展覽，多次榮獲各種獎項。

張焰深入研究美術課程標準。課標指出：美術教育要使學生「自由抒發情感，表達個性和創意」，要「培養具有人文精神、創新能力、審美品位和美術素養的現代公民」。而滿族撕紙作為學校校本課程，如何在傳承和發展方面培養學生的創新能力呢？這也正是她教學中面臨的重要課題。在教學中，張焰不斷探索和實踐，尋求更適合孩子的教學方法。希望通過撕紙課傳承傳統文化的同時，培養學生的創新思維和創作能力。在教學實踐中，她勇敢地否定自己過

▲ 張焰2013年獲第四屆全國剪紙藝術節金獎

去陳舊的教學方法，不斷產生新的思路、新的方法。現在，她的撕紙課已經脫離傳統的教學模式，努力解放學習經驗對學生思想的束縛，以鼓勵性評價為主來培養學生的創新意識和創作慾望，學生在她的撕紙課上也經常冒出新的創作方法，撕出令人驚喜的作品，展現他們的可愛、童真和善良。撕紙課堂上，孩子們盡情享受自由創作的快樂，張焰的撕紙課已經成為孩子們最喜歡上的課，張焰也成了最受孩子們喜愛的老師之一。她的撕紙教學既傳承了滿族剪紙文化，又培養了創新型人才。就像王純信教授說的，這就是在進行民間傳統文化的教育傳承。

在常規的教學之外，她還常常組織學生參加社會活動。帶學生到通化師範學院美術系進行撕紙表演，和大學生一起交流。讓他們參加市文聯舉辦的非物

▲ 張焰的獲獎證書

質文化展示，孩子們在活動中主動指導參觀的小朋友撕紙，讓家長讚不絕口。學校的撕紙引來了中央電視台芝麻開門欄目組，孩子們創作的芝麻人像和芝麻開門作品，讓人興奮不已。張焰還多次組織師生參加市縣級的春晚演出。

張焰指導的學生也多次在全國各級大賽中獲獎。二〇一二年和二〇一四年，張焰指導學生創作的大批撕紙作品參加了全國兒童剪紙大賽，得到了全國剪紙界權威專家陳竟教授的高度評價。多名學生在大賽中獲獎，其中，紀元星同學的作品榮獲全國一等獎。張焰榮獲全國優秀指導教師獎。

張焰利用課餘時間不斷進行撕紙創作。一投入創作，她總是廢寢忘食。

二〇一一年，張焰為了要完成一幅大型撕紙作品，正月初四就到學校上班了，歷時兩個多月終於完成了四點八米長，一點四米寬的作品《收穫》。二〇

▲ 張焰的剪紙作品《冬獵》

一三年七月份，張焰帶著這件作品代表吉林省參加了在河北省舉辦的第四屆中國剪紙藝術節，獲得了本次活動的最高獎項——金獎。

二〇一三年八月，張焰又參加了在長春舉辦的第八屆中國民間藝術博覽會，作品展示和現場表演引起眾多媒體的關注。

以小楷見長——書法家趙中華

▲ 趙中華

趙中華（1975年- ），書法作品榮獲第三屆中國民間書畫大賽金獎，第三屆中日議員公務員書法展佳作獎，全國首屆和諧社區書法篆刻展二等獎，「中國夢·翰墨朝陽」首屆全國書法展三等獎，吉林省第四屆臨帖展二等獎，吉林省首屆書法教師正書展二等獎，第十一屆中國興化鄭板橋藝術節書畫展優秀獎，入展第七屆「中國·臨沂書法節」「百年西泠·翰墨春秋」西泠印社詩書畫印大展，第二屆北蘭亭書法電視大賽，第三屆全國安全生產書畫展，第三屆全國宋璟碑顏體書法展，「迎六五」全國環保書畫大賽等全國各類書法展賽六十餘次，入編作品集五十餘部。作品散見於《書法報》《書法導報》等專業性刊物，並被國內外多家博物館、藝術館收藏。現為中國硬筆書法協會會員，中國教育學會書法教育專業委員會委員，吉林省書法家協會會員，通化市書法家協會理事，通化縣書法家協會副主席。

書法究竟是什麼？這是一個非常深奧的問題，有人說是藝術，有人說是文化，但最起碼的，其實就是寫字，寫字需要一種態度，或者說修養。在書法中，有兩種字最難為，一種是小楷，難於精微；一種是榜書，難於豪放。東坡居士云：「大字難於結密而無間，小字難於寬綽有餘。」所以，要想寫好毛筆小楷，除了天賦，不肯下功夫肯定不靈。

趙中華就是這樣一位肯下功夫的人。他是典型的山東人，外表樸實憨厚但內心沉靜。近幾年他專心主攻小楷，其進步速度之快在圈內成為美談。在別人眼中認為「枯燥無味」的藝術殿堂中，每夜陪著一盞孤燈勤學苦練數年如一日

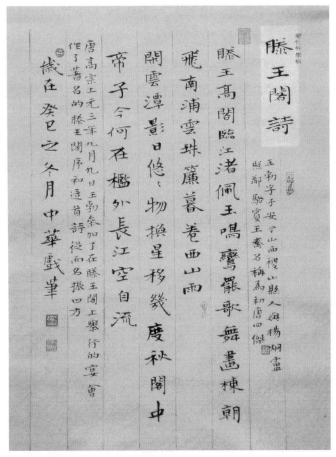

▲ 趙中華的書法作品《滕王閣詩》

的人，確實不多，但趙中華做到了。憑著山東人特有的韌勁和毅力，他孜孜不倦，刻苦臨帖、練習，用心揣摩，參悟小楷的奧妙和禪機，經常苦練到半夜，手指上都起了老繭。

在古代，小楷的實用性很大，作為日常抄寫的主要用途，科考、抄經、奏章、聖旨等等正兒八經的場合都用這種書體。寫小楷，不僅要有很深厚的書寫功底，具有非常好的駕馭毛筆的能力，同時小楷書寫者還要有一個最過硬的工夫就是——心態。沒有一個安靜平穩的心態，是很難書寫幾百字甚至上萬字

的，寫小楷是一種堅守，更是一種修行。守不住這份寂寞與安靜的人，只能放棄。尖細的筆鋒在紙上輕輕地舞蹈，差之毫釐，就會謬以千里。這要求書者一定要付出大量的練習，才能心手合一，運用自如。這方面，趙中華是值得同行學習的。他虛心向前輩請教，把理論和實際經驗如老牛反芻般細細咀嚼，他選擇古老的鐘繇書法作為主攻方向，又以渾樸率性的魏晉作為風格追求；以豐富筆法，精緻點畫，以散懷抒情，明心見性；他選錄歷代經典文賦，以陶冶文心，儒雅書卷；他採用古香古色的暗淡色紙書寫，以渲染和營造久遠的歷史陳跡觀感和視覺想像。他遵從古法、遙契前賢的悉心領悟、深入思考和勤勉探尋，遠勝於那些機械臨帖、盲目臨帖甚至下筆無由的任性塗抹者，這就是他長足進步、事半功倍的關鍵所在。

生活總不會虧待勤奮的人，憑著一手精到的小楷，近幾年，趙中華在全國各類書法展賽中成績斐然，大小展獲獎入展百餘次，作品先後入展了文化部、中國書協、西泠印社等權威部門組織的展賽，一幅《臨鐘繇三表》讓第一次參加省展的他就獲得吉林省第四屆臨帖展二等獎，九米長幅小楷全篇《道德經》更是讓他榮獲第三屆中國民間書畫大賽唯一金獎。

拉丁舞新秀——李銘

李銘（1985年- ），二〇〇九年畢業於吉林體育學院體育舞蹈專業，獲ISDA世界華人體育舞蹈協會國家級拉丁舞A級教師。現為吉林省舞蹈家協會會員、通化市舞蹈家協會理事、通化縣舞蹈家協會秘書長、通化縣文化館群文調研部主任。

二〇〇八年為吉林小姐總決賽伴

▲ 李銘

舞，二〇〇九年參加吉林之星年度總決賽，二〇〇九年成為藍夢集團舞林大會特約嘉賓……經過諸多重大體育舞蹈大賽活動的歷練，一路走來，李銘成長為優秀拉丁舞舞者和具有國家級資質的社會體育指導員。

▲ 李銘在舞臺上

李銘表演的拉丁舞於二〇〇九年獲「劍橋杯」第五屆國際標準舞體育舞蹈國際公開賽拉丁舞新秀組冠軍；中國北方友好城市體育舞蹈公開賽拉丁舞師生組冠軍；二〇一二年獲「IMV」創業中國杯全國國際標準舞公開賽拉丁舞青年組冠軍；二〇一三年獲東北地區國際標準舞公開賽拉丁舞職業新星組冠軍；二〇一四年獲吉林省「體彩杯」全民健身特色項目社會體育指導員技能交流展示大會個人項目比賽一等獎等榮譽。

李銘懂得，只有通過廣泛的社會實踐才

▲ 李銘在訓練場上

能提升自身綜合素質。因此幾年來相繼在九台市藝飛舞蹈學校、遼源市鶯曼拉丁舞學校、五中體育館、少年宮、龍山實驗小學、長春市李豔梅明星藝術學校、無極健身俱樂部、愛爾舞蹈會館、作生拉丁舞學校等多家專業場所擔任拉丁舞主課教師，得到了同道和學員們的愛戴，許多學員就是在他的輔導下考入全國各大專業院校和被專業表演團體錄用。他也在教學實踐中不斷提高自己，使自身得到了長足的進步。

二〇一〇年任職文化館以來，作為社會體育指導員，李銘著力於在縣域內把開展普及體育舞蹈項目和提高國民素質結合起來，舉辦了多期輔導培訓班，在社會上形成了較有規模的拉丁舞愛好者隊伍。

▲ 李銘的獲獎證書

第四章
———

文化景址

歷史的塵沙湮沒了上股台曾經的輝煌，但唯一不變的是這塊土地的詩情畫意。
茂山巍峨，蛄水滔滔，樹木織成密密的林帳，山石瓦礫藏著過往。雲嵐掩映
間，珍藏了多少風情和故事。
青山不墨，卻是千秋一畫；碧水無弦，常彈萬古之琴。

▌通化縣漢長城

　　通化縣漢長城包括長城關堡一座、烽燧十二處、相關遺存一處。遺存主要分布在吉林省東南部地區的通化縣境內，遂稱為通化縣漢長城。通化縣地處長白山渾江中游（鴨綠江水系），東與白山市交界，西與遼寧省新賓縣和桓仁縣毗鄰，南與集安市接壤，北與柳河縣相連。通化縣長城西起三棵榆樹鎮沿江村

▲ 三棵榆樹南臺子古城址

狍圈溝南山烽燧，東至快大茂鎮赤柏松古城，全長蜿蜒五十一點八公里。沿線行經三棵榆樹鎮、英額布鎮、金斗鄉、快大茂鎮，沿江村、下排村、南台村、歡喜嶺村、慶生村、山頭村、砬縫村、河夾信村、三合堡村等。沿線經過的河流有富爾江、依木樹河、蝲蛄河等。

▲ 赤柏松古城遠景

赤柏松古城址

　　赤柏松漢代古城位於通化縣快大茂鎮西南約二點五公里的低矮二級台地上。西距遼寧新賓永陵南城址約六十公里。經勘測、發掘，該城城郭布局主要依靠自然山險，台地斷崖或陡坡之處即為城郭邊緣、緩坡之處人工築牆，以形成內高外低，易守難攻之勢。

　　在古城內還出土了大量的具有漢代風格的繩紋板瓦和筒瓦等建築構件，以及大量鐵器，包括：鐵、鐵鍤、鐵鐮等生產工具，鐵矛、鐵鏃、鐵甲片等兵器，馬銜、車等車馬具和日常生活所用的鐵權、鐵環、鐵釘等。日用陶器有兩種風格，其一為當地土著所用的素面夾砂紅褐陶，可見平底、柱形環耳等；其二為施以菱形紋、繩紋、弦紋的漢式風格的泥質灰褐陶，可見陶甗、陶壺、陶盆、陶豆等器型。漢昭帝始元五年（西元前82年），玄菟郡從朝鮮半島北部西遷至今遼寧省新賓縣，通化縣地域便成為玄菟郡所轄上殷台縣的統治範圍，考古界普遍認為赤柏松古城就是上殷台縣的治所。

▲ 赤柏松古城出土的泥製灰陶甗

▎龍崗遺址群

　　龍崗遺址群包括下龍頭龍崗遺址、龍泉龍崗遺址、土珠子祭祀遺址、江沿村漁營屯前崗遺址。

　　下龍頭龍崗遺址為戰國至漢代遺址。2007年5月31日被吉林省人民政府公布為第六批省級文物保護單位，2013年3月5日被國務院公布為第七批國家級文物保護單位。龍崗遺址隔江與通化市金廠鄉江沿五隊相望，西北兩面是起伏的山巒，東臨南去的渾江，南眺下龍頭村開闊的平地，地理形勢十分優越。從自然剖面觀察，基岩為風化岩，地表耕土層為黑褐色腐殖土，內含較多的河卵石塊。該遺址地勢平坦，南窄北寬，地表面覆蓋較多的河卵石，現已用於農民耕地。遺址東北側臨江，高出水平面約30米。遺址東西寬320米、南北寬600米，分布面積約1.88公頃。遺址東南角文物分布較密集。地表採集的遺物主要有亞腰形石鎬、石網墜等。

▲ 龍崗遺址群

　　龍泉龍崗遺址位於通化縣快大茂鎮龍泉村北側20米的台地上，海拔375.76米。東南方向為集安市葦沙河村。2007年5月31日被吉林省人民政府公布為第六批省級文物保護單位，2013年3月5日被國務院公布為第七批國家級文物保護單位。戰國至漢代遺址。遺址所處山脈為東西向，較為平坦，西側與群山相連，分布面積約4.2公頃。遺址現已退耕還林，地表遺物較少，東距土珠子遺址200

米左右。早在20世紀50年代末，吉林省博物館就在此處發現少量石器和陶片，1985年6月文物普查隊在龍崗南端耕地中採集到較多的石器和一些陶片，進一步確認了這一處古代遺址的年代和價值。

土珠子遺址位於通化縣快大茂鎮龍泉村東側200米，海拔高程382米。2007年5月31日被吉林省人民政府公布為第六批省級文物保護單位，2013年3月5日被國務院公布為第七批國家級文物保護單位。戰國至漢代遺址。遺址坐落在龍泉村1公里處一片平坦的江川地上，為突出的一座土石堆，高8米，頂端是40多平方米的平台。土層1米多厚，占地面積100多平方米。因遺址三面環山，一面靠水，山清水秀，當地稱它為「土珠子」。1982年11月，吉林省、通化市、通化縣文物考古工作者對土珠子進行了踏查。土珠子向陽的一面已被開荒種地，山頂已被挖掘過，在深1米的土層斷面發現：上層為耕土層，黑色腐殖土厚0.1米，下為黃褐色風化砂石土層與河卵石混擾，四周壁面可見有風化砂岩，黃色花崗岩和青色花崗岩等。

江沿村漁營屯前崗遺址位於通化縣快大茂鎮江沿村南側50米。海拔高程333米。2007年5月31日被吉林省人民政府公布為第六批省級文物保護單位，2013年3月5日被國務院公布為第七批國家級文物保護單位。戰國至漢代遺址。遺址坐落在下龍頭村、江沿村南的一處海拔約400米的台地上。分布面積約2.6公頃，東隔渾江與集安縣頭道鄉長崗村相望，西邊是高麗墓子河谷灘地，遺址所處山岡呈南北走向，南北長約1250米，東西寬約350米，分布面積約2.6公頃。遺址內分布有成片的河卵石，屬於當時的居住址。

▲ 土珠子遺址

江沿墓群

江沿墓群也叫下龍頭古墓群，位於通化縣快大茂鎮下龍頭村村北150米，海拔高程358.2米。2007年5月31日被吉林省人民政府公布為第六批省級文物保護單位，2013年3月5日被國務院公布為第七批國家級文物保護單位。江沿墓群的年代為漢代至唐代，墓群分布面積約2.9萬平方米，現存墓葬四十六座，分為東西兩個墓區。東區距渾江200米，墓群東有一條通往任家街的水泥路把墓葬群分為二區，而大多數古墓分布於鄉路西側。墓葬大小不一，形制各異，大致可分為方壇階梯石室墓、方壇階梯壙室墓和積石串墓三種。

江沿墓群遺跡對卒本扶餘初居地——卒本川的考證與研究等重大學術問題的研究，有著重要的價值和意義。

▲ 江沿墓群

二密台遺址

二密台遺址，位於二密鎮東北一點五公里處，滿語稱為額爾敏台。

經考證：明末通化縣地域為明朝建州衛女真額爾敏路和王甲部，是以今天的遼寧新賓縣永陵鎮為中心的建州衛女真部不可分割的重要組成部分。特別是坐落在二密鎮東北一點五公里處的二密台遺址，滿語稱為額爾敏台，後經漢化轉音，今俗稱為二密台。清朝時額爾敏台為旺清門外第一台站，是大清皇帝委派內務府大臣及都統赴長白山代為祭祀長白山的地方。

▲ 二密台遺址

寶泉湧酒坊

位於通化縣大泉源鄉大泉源村，遺址在通化縣快大茂西南二十公里，距通化市三十八公里，鶴大公路穿境而過。

二〇〇七年五月三十一日被吉林省人民政府公布為第六批省級文物保護單位，二〇一三年三月五日被國務院公布為第七批國家級文物保護單位。

寶泉湧酒坊為清代遺址，現存千年古井一口，古發酵窖池一座，探明而未發掘的古發酵窖池近百座，古甑鍋灶台一座，木製酒海五十三個（其中國家一級文物四個、國家三級文物四十九個），地下水泥酒海（日偽時期）二十個。

明末清初的寶泉湧酒坊屬近現代重要的工業史蹟，遺存的古井、古發酵窖池、古甑鍋灶台、木製及水泥製酒海群是國內為數不多的完整體現古代釀酒工藝流程的文化遺存之一。該遺存對研究東北地區傳統的釀酒工藝及歷史文化有重要的價值和意義，是中國古代釀酒工藝的活化石。

▲ 木製酒海

▲ 寶泉湧

　「大泉源」古井，聞名遐邇的「關東第一泉」，又稱「寶泉」。當年女真部落發現此泉並鑿泉為井，以此井水釀出傳世美酒。「大泉源」古井於二〇〇七年發掘出土，下部是用圓木剗成、中部以石塊壘成、上部套落兩節水泥管，可見明末、清初和民國三個不同時代的修繕特點。這口古井水清澈透明，在井沿上就可看到井底有一股泉眼噴湧不息。民國二十八年（1939年），在當地村民的強烈要求下，村、鄉正式將這口寶泉古井定名為「大泉源」。

　　古發酵窖池具有關東滿族釀造工藝中崇尚木質器具的特點，古窖池四壁和底部皆鑲嵌木板，窖內殘留的酒料已碳化變黑，可見年代的久遠。其特點是與土、磚等隔離，使酒無異味；木板有保溫隔涼性能，利於麴種和原料發酵；木板表面不易黏料，便於取料和清掃。經考古探測，廠區內還分布不同時期（清至民國）建造的古發酵窖池二百餘個，因生產需要不能全部發掘出土。

　　古甑鍋灶台是古代酒坊蒸餾出酒的地方。灶台為石砌、方形，南面為灶

▲ 古甑鍋灶台

門，東側前有一石墩，為接酒時放置酒簍所用，灶坑裡有很厚的柴炭灰，邊牆被熏成黑色，令人不難想像到古人釀酒的艱辛與智慧。

▲ 清寶泉湧酒坊牌樓

▌散落各處的歷史遺存

　　江口遺址，位於大泉源鄉南二十公里，江口村東五百米處陽坡上，經考證為新石器時代人類生活遺址。

　　西江遺址群，包括位於江甸子鄉的小龍頭山遺址和金珠遺址。

　　英額布遺址群，包括英額布後山遺址，窯上遺址，小都嶺石頭范出土遺址。

　　金斗遺址群，包括金斗後山遺址、西崗遺址、小南溝遺址。

　　快大茂遺址群，包括黎明區域的黎明四隊遺址，黎明六隊遺址。

▲ 西江貢米產區

茂山公園

　　茂山公園位於縣城北側，依山而建。公園內山形獨特，山高海拔五百多米，山上針葉樹闊葉樹生長繁茂，林蔭小路風光旖旎，是天然的森林氧吧，原有涼亭三座供遊人休憩。山頂建有電視插轉台，山中建有烈士紀念塔、盤山道、登山石階、涼亭等設施，綠樹成蔭，曲徑通幽，是縣城居民和遊客晨練、休閒、遊玩的好去處。

　　茂山上有保存完好的松、楊、椴、柞、榆、槭、楸、曲柳等百餘個樹種。樹的絢麗體現最完美的是秋天。茂山之秋，白的是樺，黃的是柞，紅的是楓，墨綠的是美人松，把生命斑駁的光輝渲染得淋漓盡致，蕩氣迴腸。而林下，有松樹傘、榆黃蘑、趙子蘑、凍蘑、榛蘑、小黃蘑、黏糰子。運氣好的，還可以撿到猴頭蘑，那可是純粹的山珍呢。果子呢，有梨、李子、葡萄、糖李子，元棗子又叫長白山獼猴桃，是果中的珍品。堅果類的有榛子、橡子、核桃，松塔剛打下來的時候像青菠蘿，香味極濃。中藥材也很多，常見的有五味子、三枝九葉草、細辛、黃蓍、黨參、穿龍骨、田七等等。放山季節還可以挖到野山參。這幾年由於環境保護做得好，茂山上野生動物也多了，成群的麻雀、山雞和野鴨子隨處可見，松鼠和灰鼠在樹枝間隨意覓食，野兔、花鼠子則悠閒地在小路上散步，並不怎麼怕人。

▲ 最適宜人居的園林縣城——快大茂

▲ 茂山公園一角

▲ 四通八達的交通網絡

升級改造中的茂山公園計劃修建
南門入口廣場、東門入口廣場、車行
道、烈士陵園、聚仙亭景區、柳樹平
台景區、金鼎廣場景區、西門入口、
木棧道、山頂休息廣場、山頂健身
區、匯仙亭景區、健身廣場、天仙亭
景區、兒童樂園、配套建設園林小品
及景區照明等；從東入口至電視塔的
路旁修建文化牆，牆上題刻詩詞歌
賦，護坡上飾浮雕。烈士陵園為敞開
式，周邊可放置碑石，題刻紀念烈士
的詩詞。

▲ 秋到茂山

團結廣場

　　團結廣場是縣城快大茂最大的廣場，也是通化縣的地標。被團結路、同德路、濱河路分成了四個部分。

　　由北向南，第一塊廣場是政府廣場，以國旗為中心，四圍是開放性的花壇和綠化樹，表達了民主政府政通人和、不設藩籬的意思。重大節慶日，通化縣各大班子領導和各局機關及直屬單位都要在這裡舉行莊嚴的升旗和宣誓活動。這是小城的心臟，是小城各環節正常運轉的保證。

　　團結路以南是一期廣場，以「崛起」標誌、中央噴泉和舞池為核心，是人們休閒健身的好去處。一年四季，不論早晚，都會在一期廣場上看到三五成群

▲　團結廣場

或是整齊列隊的鍛鍊者，廣場活動與健身運動成為他們生活中不可或缺的組成部分。人氣火爆的集體舞、行雲流水的太極拳、青春動感的輪滑、鍛鍊巧勁的柔力球……一期廣場已經成了一個獨具特色的文化廣場。穿梭於健身的人群中，你會自然而然地融入濃郁的文化氛圍之中。

同德路以南是二期廣場，以體育場、中央林帶和人工湖為中心，是競技和散步的好地方。自二期廣場建成以來，越來越多的市民參與到健康運動中，兩個排球場和四個籃球場是青年男女的天下，場地中央專門為輪滑愛好者設計了運動場。除了各種體育協會自由活動外，還舉行各種大型晚會，利用廣場大屏幕直播中央新聞節目、綜藝節目和體育節目，並專門為老年人用細沙鋪就了兩個門球場。喜歡文藝的人們則在中央林帶下吹拉彈唱。人工湖有暗河相通，湖心島按通化縣地形設計，假山石上巧妙地設計了流水和瀑布，四面以半圓式的搭橋與湖畔相連，湖光山色，流泉飛瀑，相映成趣，是攝影師們最喜歡的地方。

當天邊被紅霞砌滿的時候，廣場上的燈海便映入眼簾。有的如江上琵琶

▲ 政府廣場

▲ 快大茂夜色

女，要千呼萬喚；有的如沂畔詠歌人，才漸入佳境；有的如牡丹花開，落落大方，耀眼奪目；有的如米蘭盛放，花朵別緻，香氣鬱郁。雕塑「崛起」標誌，遠望如熊熊火焰燃燒，象徵通化三大產業興旺發達；運動場上的蓮花燈，氣派堂皇；人工湖畔的三寶變色燈，五光十色；路邊鼓燈，七彩變幻；高樓造型燈，宏偉壯美；蝴蝶展翅燈，風姿翩翩……只要有燈，廣場的繁華就永遠上演；只要有燈，歌聲和笑聲就不會停歇；只要有燈，溫馨和浪漫就不會退隱；只要有燈，和諧和寧靜就不會消散。

濱河路以南隔了蝲蛄河，是三期廣場，以噴泉群和網球場為中心，每週的音樂噴泉表演和每年的焰火表演都在這裡舉行。廣場南側有一面石牆，三十餘米長，兩米多高。中間有一樹墩形建築。有大片的網球場。

通化縣以文化廣場為載體，積極開展群眾性文化活動，從而促進人們生活更加積極健康、社會秩序更加和諧文明。

噴泉坐落在蝲蛄河二期平湖百米方圓的湖面上。爭相噴射的數控噴泉在不同色綵燈光和激光的映襯下，似五線譜旋律飛揚，似蛟龍出水奔騰，似百花爭相開放。特別是水幕電影的播放，將電影中的人物融於水中，映入人們眼簾的是人在水中歌舞，水在人周圍流淌，好一派奇妙的景象。讓居民們在感受快樂的同時，也感受到了高科技帶來的神奇。「水之舞」大型音樂數控噴泉工程在設計方面，突出了「善水納福、諧順四方」這一主題，通過安裝音樂噴泉、激

光燈和高端電腦燈光組群，構成了多元聯動的表演系統，以開放、融合的意態展現了小城海納百川、兼容並蓄的胸襟和經濟社會蓬勃發展的強大生命圖譜。龐大恢宏的氣勢和震撼奪目的藝術效果不僅豐富了百姓的業餘生活，也進一步提高了縣城的城市品位。

　　廣場上的奇石都是來自北方的山川河流，沒有經過任何加工，自然真切。大塊的松花石，以綠色和紫色為主，寓意是青山綠水，紫氣東來，政通人和，民間也認為是吉祥如意的象徵。最大的兩塊，安靜地端坐在團結廣場的草坪花叢中，代表了廣場奇石的大氣和安寧。松花奇石在中國觀賞石界還屬於年輕一族，具有獨特的形態、色澤、質地和紋理，具有天然性、奇特性、稀有性、藝術性、區域性、特殊商品性等特點。賞石、藏石、玩石、愛石之風日漸興盛，是人們既大眾化又高雅的文化活動，家家戶戶差不多都有幾件自己喜歡的收藏品。

▲ 縣城一角

松花石老坑——別古東

出大安鎮區，翻過王脖嶺來到湖上村地界，途經電站小水壩，右前方不遠處有一淌石溝，沿溝往上六五〇米，便是遠近聞名的松花石老坑——別古東。松花石是大安鎮一張地理標誌性名片，它是一種埋藏於地下歷經三點五億年沉積而成的石灰岩，用其石料加工製成的硯台稱為松花硯，曾是清廷皇家御用石硯，因其石質細膩，溫潤剛柔，色澤純正，被康熙帝親封為御硯。

一九七九年在通化市工藝美術廠及吉林省地礦局有關專家的努力下，終於在這裡發現了松花石礦床及老採石坑，經專家審定，其石質與北京故宮博物院館藏松花硯完全吻合，由此證明大安松花石就是御用石硯的原產地。一九九七年七月一日，為慶祝香港回歸，吉林省人民政府贈送給香港特別行政區的大型松花石作品的石料就採自大安別古東。

早年因此地有一石洞，洞內常有燕蝙蝠，故稱蝙蝠洞，當地人音轉為別古東。松花石板礦脈就在洞內及兩側的山坡上，主要礦產品有松花石板和松花奇

▲ 採自大安別古東的松花石

石兩種。石板分布於溝南老採礦坑附近，呈層積分布，平均厚度三十至五十釐米，質地細密，色澤翠綠，是工藝美術廠加工製作松花硯的理想原料。奇石是埋藏於地下歷經長期侵蝕磨化而成的獨立松花石塊，因其奇形怪狀故稱松花奇石。大安的奇石有的像山川，有的似鳥獸，有的像揚帆遠航的帆船，形狀各異，栩栩如生，是文人墨客的愛物。

▲ 湖上村小圍子屯小臭松溝別古東松花石老坑舊址

紅星生態園

　　紅星生態園坐落在東來歡樂谷的河南村，占地約兩萬畝，這裡可以欣賞到蓮花台景區的萬畝林下參、千畝紅松幹果林、千畝白樺樹、高山濕地、高山雲海等特色景點，同時還可以品嚐到純天然、綠色、風味獨特的營養美食。

　　紅星生態園的大門是一根彎曲如弓形的古老、蒼勁的大樹。樹根部虯根粗大古老，朽爛出樹洞。大樹粗壯，需要五六人合圍，樹幹彎彎曲曲，一個個樹瘤突起，有少許綠枝嫩葉點綴其上；整個樹幹古老蒼勁，橫搭在另一側的假山石上。紅星生態園的門前有一條小河，一道攔水壩把山泉蓄起來，水深九米多，水面呈現翡翠般的綠色，依山而佇，嫻靜美麗。水邊樹木茂盛，順山勢而上，多種闊葉林交織在一起，茂密的青枝綠葉封閉了林子間的空隙。林子裡涼風習習少見陽光，土地濕潤肥沃，一些細辛、林下參、矮棵植物覆蓋其中。

▲ 紅星生態園的大門

走進生態園，首先映入眼簾的是一尊紫檀木雕刻大件，雕刻的是彌勒大佛，民間傳說的布袋和尚，足有兩米長。只見他斜躺在那兒笑口大開，神態怡然，風趣詼諧，笑望眾生。身旁邊有胖娃娃逗弄他笑，那笑裡充滿了安然、祥和、富貴、美滿。

大堂兩邊擺放的是玉雕大件，每件都有上百斤重，玉的品種產地也不一樣，有半透明的碧綠軟玉，有不透明的白中有紅的鋼玉，雕刻的是「金蟾送寶」「魚躍龍門」「荷葉田田」，牆上有玉雕壁畫，色彩斑斕。

樓梯扶手是碧玉打磨拋光的，光滑細膩。每層樓的大廳裡都鑲嵌有玉石壁畫，三樓大廳裡正面牆上的一幅玉石鑲嵌的壁畫題名「江山多嬌」。整幅畫面由一大塊伊朗產的玉石板打磨拋光而成，畫面全是自然紋理，以淺綠和淡白為主調，構成一幅「沁園春‧雪」的圖景。

生態園內建有五十多畝綠色蔬菜大棚和家禽養殖場，為就餐者提供純綠色、原生態、無公害的健康飲食。這裡有豐富的大眾菜餚，製作的菜品以「綠

▲ 紅星生態園的建築

色」為核心，以「養生」為製作之道，給您清新、返璞的感覺。

　　順著生態園修建的整齊平坦的盤山道路走進山谷森林中，山林層層疊疊，道路彎彎曲曲。森林樹種呈現多樣性，有落葉松，油松，樟子松，紅松，有柞樹，楸子，色樹，楊樹，椴樹。大樹有一抱多粗，直插雲天，小樹有碗口粗，生氣勃勃。白樺林往往是成片生長，幾十棵幾百棵，銀白色的樹幹，挺直的樹身，輕輕搖曳著葉子。蒼黛一片的紅松，挺拔沉穩，給大山增加了厚重和內涵。

　　高山峽谷中，有一大塊平坦的坡地從山頂向下百米處順山勢而下，平坦平靜，緩緩如一小片草原，足有幾百米，其中沒有一棵樹，綠油油一片。這片濕地下邊的河，天再旱河水也不乾。

　　這片高山濕地，方圓數百里沒有第二個，它長年濕潤，不長樹木只長蘆葦，年復一年，向一方百姓提供著源源不斷的蘆根、蘆芽、蘆花、蘆葦。

▲ 紅星生態園一角

蓮花台是一個近似圓形、高百米的石頭砬子，周圍森林鬱鬱蔥蔥，這座石頭砬子在林中拔地而起，高高聳立於林海之上，在四周環抱的群山中鶴立雞群，格外顯眼。砬子上有著松綠樹，很像佛祖座下的蓮花台，因此得名。

城牆砬子千仞石壁陡峭光滑，沒有一根草，長約幾十米，砬子上平坦，有松樹覆蓋，遠遠看去真像一座石壁長城。

企鵝石是山巒中突兀而起的一塊灰白色巨石，「企鵝」的頭、身子、嘴都很清楚，真像一隻可愛的小企鵝在那裡睡覺，等待媽媽歸來。

金蟾望月是一道橫在面前的山梁。山梁線條柔和，在天幕上畫出了金蟾弓形的背，努起的嘴，微微抬起的頭，望著藍天白雲。

銀象吸水這座酷似銀象的大石砬子，正面看側面看都像一隻灰白色的大象站在水邊，伸長鼻子喝水。河水一漲起來那隻長鼻子就完全浸在水裡了。

著名的景點還有：「濟公觀海」「亂石松柏」「銀蛇探路」「母子石林」等等。

園區內部裝修使用中外名玉和高檔天然石材，清新靚麗，無輻射無污染，對人體具有良好的保健養生功能，被美譽為「鈺宮」。

園區內所有水源全部是純天然弱鹼山泉水，有益健康。這裡的洗浴設施有兒童噴淋、衝浪浴、氣泡浴、韓式汗蒸等。

鈺宮外部風景秀美，擁有十八處景點。怡人的環境，先進的設施，返璞歸真的清雅——紅星生態園確是修身養性健康休閒的好去處。

關東民俗村

關東民俗村位於東來鄉鹿圈村，占地面積二點七公頃，建築面積一千五百平方米，收有民俗展品一千五百餘件，有房間三十間，其中包括朝鮮族風情屋、滿族風情園等八套院落。

走進關東民俗村可以感受到古老的滿族民俗風情。這裡有石磨、石碾子、古井、轆轤，室內有南北大炕，煙囪建在山牆外。民俗村最大的特點是建有各種風格的東北傳統民居，如地窨子，馬架子房，小戶人家的泥草房，大戶人家的青磚瓦房，還有展現長白山區文化的木楞楞子房，展現長白山區的朝鮮族風格的民居等等。關東民俗村是集中展現滿族、朝鮮族風情的活態村落，是集中展現滿族民間文化民俗器物的一個陳列館，是美術寫生、攝影愛好者的樂園。

▲ 民俗村一角

▲ 鞦韆和馬架子房

▲ 滿族民居灶台及火炕

▲ 院落

這裡的農家菜餚，綠色食品，特別是滿族八大碗、特色朝鮮族飯菜都讓人回味無限。

　　走進民風民俗樂園，就好像回到了二十世紀五〇年代的農村。在嘩嘩響著的溪水中，走過一個獨木橋，走進了一個院子。這裡的一戶民居是草房，花格子窗，用石頭砌起黃泥抹的圓不圓、方不方的煙囪在山牆外豎起，像一個大尾巴。屋門是對開舊板門，屋簷下是幾塊大石板，屋門口通向院門鋪的是幾塊平滑的大卵石。柴火杖子，院子外有一口轆轤深水井，井繩深垂井中。空場地上有一石碾盤，上面有一石碾子，石磨和石碾子在那個沒有機器磨米的年代，是主要的磨米磨麵工具。院子邊立著一個燈籠桿子，上面掛有一個舊燈籠，苞米倉子旁邊有一架木輪鑲鐵瓦老牛車，房簷下掛著乾辣椒串、紅菇串。木頭夾的倉房邊有木製獨輪車，古老的方斗，一雙古老的牛皮靰鞡掛在柱子的釘上。還有趕大車的紅纓鞭子，播種用的點種葫蘆。一進屋子是廚房，兩邊是灶，上面是大鐵鍋，一盤石磨靜靜停在中間，東西兩邊是臥室，對面炕，炕梢擺放著鑲

嵌著瓷磚、畫有花鳥圖案的炕琴櫃，炕中間有炕桌，上面有煙笸籮，長煙袋。拐炕上有板櫃，炕下邊有長條桌，長條凳，正面牆上掛著鏡框，裡面鑲嵌著老照片，報紙糊的牆，有斑駁的痕跡。

民俗村每個房子都不重樣，有漢族的，有朝鮮族的，有滿族的，占地一平方公里。二〇一二年被評為全國民俗文化第一村。通化師院、吉林藝術學院等都把這裡作為教學實驗基地。拍電影的、拍電視劇的也紛至沓來。《上陣父子兵》電視劇組在這裡拍了好多鏡頭，著名演員范偉、張桐、閆學晶、黃小娟都在民俗村裡拍過戲。每年都有數百名吉林藝術學院和通化師範學院藝術系的大學生們來這裡寫生作畫，感受這裡的風土人情，山川地貌，省內外各界人士也紛紛慕名前來這裡參觀遊覽。

人參之路和老把頭墳

「人參之路」是指通化縣快大茂鎮灣灣川村八組老把頭墳沿蝲蛄河逆行至英額布水庫棒槌山這一段。

清順治定都燕京後，將長白山一帶視為祖先的發祥地而予以封禁。灣灣川是當時出入長白山的咽喉，設台兵巡邊把守，嚴禁百姓進山採擷、遊獵、打柴和放牧。康熙四十八年（1709年），實行參票採參制後，從額爾敏和哈爾敏兩條官採人參之路，卡住了偷採人參的窮苦人。當時關東山（長白山）民間有句諺語：「一年跑關東，三年吃不窮。」關東山人參強烈地吸引著沒有生計的貧苦百姓鋌而走險闖關東，他們越邊牆，奔新賓，沿蝲蛄河，逆渾江到長白山裡去採人參。沿這條路進去長白山採參的日漸增多，清政府怎樣封禁也封禁不住，怎樣稽查也稽查不了，只好漸漸弛禁。

▲ 人參之路

清末弛禁以後，這條路成為公開的人參之路。窮人源源而來，踏著這條路，到長白山裡採參，再踏著這條路到營口、沙河（丹東）去賣人參。

據《通化縣志》記載：「老把頭墳在城西南信禾鄉，把頭不知何許人，亦不詳其姓氏，父老流傳清初時代台兵稽查嚴，人跡罕至，獨老把頭冒險深入採掘人參，人服其膽，老把頭歿，為留此墓。歐美多探險家，老把頭殆其流亞歟。」

傳說很早以前，山東萊陽遭了災荒，百姓餓死無數。為求生路，孫良告別妻兒老小，揮淚闖關東。想進關東山，就得拿命換。孫良憑著自己的膽量，硬是闖過了道道官兵把守的台站，歷盡艱險來到長白山。沒有住的，自己搭個餓子；為防蚊蟲和山牲口，晚上打起了火堆。他一連放了許多天山，也沒有開眼。一天，突然聽到有人說話：「深山密林，向陽背陰，欲要見我，椴樹下尋。」一連說了三次，有聲不見人。孫良第二天放山，在向陽背陰的椴樹下，見到一個叫張祿的放山人。二人依山用三塊石頭搭了個小廟，插草稈為香，拾

▲ 棒槌山

樹葉當紙，取泉水做酒，結拜為共生死的異姓兄弟。

　　張祿和孫良一起去放山，兩個人好幾天沒開眼。張祿說：「明天咱倆分頭去放山，每三天回餼子裡見一面，無論什麼情況，也要回來，不見不散。」

　　孫良和張祿分頭去放山。頭兩天孫良沒開眼，直到第三天傍晚，他才發現了人參，孫良不由得高興地大喊了一聲「棒槌！」隨即急忙把妻子給的紅線繩拴在人參枝葉上。剛要抬參，突然想起今天是和張祿見面的日子，看看天色已晚，他急忙回到餼子，卻不見張祿回來，孫良在餼子裡苦苦等了一夜。

　　第二天，孫良去尋找兄弟張祿。一連三天，不知翻了幾座山，不知趟了幾條河，不知穿了幾片林，嗓子喊出了血，也沒找到張祿。實在走不動了，就順著蝲蛄河往下爬；爬不動了，捉了一個蝲蛄吃了。用盡了最後的一點力氣，在大臥牛石下用咬破的手指血寫下了絕命詩：「家住萊陽本姓孫，漂洋過海來挖參。路上丟了親兄弟，沿著蝲蛄河往上尋。三天吃了個蝲蝲蛄，找不到兄弟不甘心。」

▲ 臥牛石和絕命詩

孫良死了，他那顆忠於兄弟的心沒死，他的靈魂還在尋找結義兄弟張祿，從蝲蛄河盡頭一直找到棒槌山。剛到棒槌山下，颳起狂風，一隻猛虎撲向孫良。孫良為了尋找張祿，和猛虎搏鬥起來。打退了攔路虎，來到棒槌山前的轉水湖，被七個姑娘攔住，叫孫良和她們七個結婚，孫良為找張祿，百般不依。七個姑娘見他心誠，放他上了棒槌山。棒槌山上全是人參，一片連一片，全都結了人參籽。孫良也不挖，繼續去找張祿，被一棵特大的人參枝刮住了，怎麼也走不過去。孫良說：「我不是來挖你的，我是找不到兄弟不甘心啊。人都說人參有靈氣，你就告訴我，我的兄弟張祿在哪裡，讓我快快找到他。」那棵大人參搖了搖不見了，張祿突然出現在孫良的面前。

　　張祿原來是長白山裡的人參王，是千年棒槌精，他變成了人，就是為了尋

▲ 孫良墓（老把頭墳）

找長白山的守護神。他見孫良不怕艱險，對友赤誠，不為猛虎所懼，不為美女所誘，不為財寶所動，決意要引渡他成山神，掌管長白山。

張祿告訴孫良，受了皇封才能當上山神爺老把頭。

不知過了幾年，康熙皇帝到長白山巡視邊牆封禁之事，進到山裡就迷了路，找來一位白鬍子老人做嚮導。白鬍子老人把他們領出麻魂圈子（迷路之地），康熙皇帝視察了邊牆，來到佟佳江（渾江）邊。康熙見老人對山裡太熟了，怕他拉旗造反奪江山，就叫人把他殺了。奇怪的是，老人屍體挺立，一直不倒，康熙心裡害怕了，有大臣說：「他向你討封呢！」這時有人報告皇帝，江邊臥牛石上有血詩。

▲ 採參第一人——孫良

康熙唸完血詩，知他是第一位進山挖參的孫良，就說：「朕念他是勇敢忠義之人，封他為山神爺老把頭，管理龍興之地長白山。」孫良屍體還是不倒。康熙皇帝說：「今天是三月十六，讓山裡人都為你過生日。」可孫良的屍體還是不倒。聰明的康熙，命人在樹下砍去一塊皮，掛上紅布，領眾臣跪拜：「這是山神爺老把頭的府第，請入府落座。」拜完，孫良坐在樹下一個樹墩上。從此，孫良成了長白山的守護神，受到世代採參人的尊崇。

「人參之路」充滿神祕色彩，曾引起國際國內各界人士、新聞媒體的高度重視，在國內外久負盛名。《中國旅遊報》《吉林日報》等海內外十八家新聞媒體用不同的宣傳形式對通化縣「人參之路」做了宣傳報導，台灣大陸風光攝製組、台灣三立電視台先後來「人參之路」拍攝專題片。

▲ 人參

　　通化縣政府已於一九九三年將「老把頭墳」遺址公布為縣級文物保護單位。二〇〇七年吉林省人民政府將此公布為省級文物保護單位。目前「人參之路」的總體建設規劃已完成。「人參之路」正在申報國家級非物質文化遺產。

大安溶洞群

　　通化縣大安溶洞群是全國罕見的溶洞，是間距較近數量較多的溶洞群。其中二號洞（也稱北山南洞），發現了大量古人類居住的遺跡和實物證據。專家考證為舊石器時代人類活動遺址。二○○七年五月，吉林省人民政府將其公布為文物保護單位。二○○七年十月九日，中央電視台《新聞聯播》對這一發現做了宣傳報導。

　　大安溶洞群的六個溶洞，按照距北線公路的遠近依次排列了序號。離北線公路最近的一號洞（也稱西北天溶洞），地處高山之巔，洞口周邊是大片的果林。該洞目前遊客能達到的深度為五百米左右。由於沒有進行專業探險，還不知道洞底有多深。洞內鐘乳石形態各異，高低相間，寬敞處如洞中見天，景台梯次下延。狹窄處才通一人，曲曲折折，幽深蜿蜒。

▲ 大安洞穴遺址

▲ 大安溶洞內的鐘乳石

二號洞（也稱北山南洞），是當地農民採石發現的。此洞發現了大量人類加工過的各種動物骨化石和用火痕跡。經專家考證，屬舊石器時代遺址，這一發現把長白山地區早期人類居住的時間向前推進了二十萬年。

三號洞（北山北洞），洞口在峭崖之上，洞口離緩坡兩米（人步行就能上去緩坡），用梯子可以輕易進入洞口。洞內十分寬敞，側洞接二連三，主洞西走三百米，突見豎井。有人用繩子繫住身體下探8米左右，又見一番新的天地。此洞也沒有探到底部究竟在哪裡。吉林省非物質文化遺產保護工程專家組組長曹保明教授到此洞探險後說，此洞具有探險旅遊價值。

四號洞（又稱水洞），洞前有巨大瀑泉，水旺季節洞內可以划船，目前不知洞內到底有多深。

五號洞（又稱老虎洞），據當地曾進入此洞的人說，洞內很長，也很寬敞。近幾年，洞口神祕地被土石封住，從土方量來看，人力很難做到，周邊又沒有挖土的痕跡，這給洞中有寶的傳說披上了更加神祕的色彩。

六號洞（又稱水泉洞），與四號洞直線對稱，有人猜測此洞可能與四號洞連為一體，也有人猜測，這六個洞，是互通的，如果真的是那樣，這將是罕見的大溶洞。通化市考古專家王志敏教授勘查了二號、三號、四號、五號洞，分別發現了代表不同時期的古物。

▲ 大安洞穴

石湖國家森林公園

　　石湖國家森林公園地處長白山南麓的老嶺山脈，在通化縣石湖鎮南部，森林公園林地面積2243.52公頃，森林覆蓋率達到96％。這裡山勢高大雄偉，層巒疊嶂，最高山峰老禿頂子海拔1589米，是吉林省境內的第二座高峰。森林公園內森林資源豐富，地帶性森林植被為溫帶針闊混交林和闊葉次生林。森林公園較少受人為干擾，森林植被的自然屬性強，並保存有較大面積的原始林。森林資源規模較大，物種豐富，突出自然屬性以及色彩斑斕的季相變化，是公園森林景觀最大的特點。巨大的森林規模，營造出林海莽莽、松濤轟轟的森林景觀，盡顯森林的茂密幽深。遊人置身其中，既能體會到大面積森林的波瀾壯闊，又能享受到森林環境的清涼幽靜，真正實現回歸自然、貼近自然的願望。森林公園內植被類型豐富，林相完整，整個林區氣勢宏偉，季相景觀鮮明，具有多種觀賞價值很高的植物，又有許多極富科研開發價值的珍稀植物。公園有

▲ 十四道溝瀑布

▲ 豐富多樣的植被

數片大面積保存完好的次生白樺林，大約375.05公頃。另外，紅松、冷杉和白樺、水曲柳等針闊混交林1127.05公頃，深淺交錯，相得益彰；漆樹、櫟類和椴樹的落葉林517.08公頃，季相豐富，絢麗多姿。

豐富多樣的生物物種。森林公園良好的生態環境孕育了豐富的動植物資源。公園內孕育著紅松、杉松、紫椴、黃檗、水曲柳等植物，幾乎囊括了長白山山系87%的植物物種；有野生動物如梅花鹿、狍子、野豬等，共計有三百二十多種。森林公園孕育的豐富物種資源，不僅增添了森林公園的趣味性，體現自然的親和力，而且可將森林公園作為進行自然宣教的重要課堂，提高廣大遊客自然保護意識。

原始自然的森林風貌。森林公園僅有部分地塊在五六十年前被擇伐過，植被保存良好，鮮受人為干擾。原始林面積一〇一公頃，森林中枯死木較多，林木異齡化現象突出，全部森林均表現為混交林林相，多樹種混交，結構層次分明，天然林特徵顯著。遊人可徜徉在純自然的林海中，或遊憩，或散步，不僅可享受到公園裡良好的生態環境，而且可感受到純自然環境的別樣風光。特別是在十四道溝裡，紅豆杉、天女木蘭等珍稀樹種隨處可見，至今未被採伐破壞

過，未受人為干擾破壞，是長白山山系保存不多的具有一定規模的原始林區。

層次複雜的林相結構。森林公園是由四周山脊線圍繞而成，包含數條小溝的大山谷。谷地海拔不足三百米，相對高差較大，植被垂直帶譜明顯。海拔五百米以下，主要植被有紅松、落葉松、樟子松等針葉樹和多種闊葉樹，伴生有亞喬、灌木、蒿、草等一千一百多種植物。海拔五百至九百米為山地針闊葉混交林帶，主要植被有紅松、沙冷杉、千金榆林、紫椴、風樺林等。海拔九百至一五〇〇米，為山地寒溫帶針葉林帶，主要植被有紅松、榆鱗雲杉、紅皮雲杉、臭冷杉林等。海拔一五〇〇米以上，為亞高山矮曲林帶，主要植被為岳樺（偃松）矮曲林。不同的植被帶，呈現不同的森林景觀。層次複雜的林相結構，是體現森林群落自然屬性的重要方面，也是體現森林之美的關鍵元素之一。

森林公園上層喬木樹種有：紅松、沙松、雲杉、黃檗、椴樹、胡桃楸及雜木等；中層灌木有：胡枝子、珍珠梅、繡線菊、刺五加等；下層地被為莎草、苔草、蒿類、木賊、蕨類等。還有串地龍、五味子、桔梗、細辛等中草藥幾十種。山葡萄、獼猴桃、山裡紅等十多種山野果。上層喬木散生，樹冠傘形、擴展、不連續，分枝多而稠密，以闊葉種類占優勢。下層小喬木及灌木多呈叢生狀，枝幹彎曲，多節有刺，以落葉樹種為主。

特色鮮明的植物季相變化。豐富的森林季相景觀是森林公園的一大特色。每年五月中旬到八月上旬是森林公園最美的季節。高山深谷堆綠聳翠，林間崖畔山花怒放，是覽綠看花的最佳時期。秋季是公園森林色彩最為豐富的季節。在公園內，滿山遍野的是紅燦燦的槭樹、黃亮亮的白樺林、墨綠綠的冷杉樹，好一派層林盡染、色彩斑斕的秋季景色。冬天是公園森林景觀最純情更深沉的季節。繽紛的千山萬壑變成了純然一色的銀色世界。株株樹枝上掛滿了大小不一、色澤各異的雪淞、冰掛，晶亮瑩白，風過叮咚，鈴聲盈耳。特別是白樺樹好似銀色的玲瓏寶塔筆直地矗立於山巒之間，與高山白雪相映成趣，煞是好看。

在森林公園十四道溝內有大小兩個瀑布及眾多的疊水。較大的瀑布在十四道溝的深處，距離溝口約四公里，瀑布落差十三米。在豐水季節，瀑布區水聲隆隆，水流沿著近九十度的石壁飛流而下，瀑布下形成十平方米左右的水潭，略加整治後可形成近三十平方米水面。距離大瀑布約一百米處，有一個較小的瀑布，落差約五米，寬近四米，水流沿著布滿青苔的巨石潺潺而下。大小瀑布及眾多的疊水均水質清澈晶瑩，周邊怪石或聚或散，分布自然和諧，好似江南園林一般精巧雅緻。

老禿頂海拔一五八九米，為長白山系老嶺山脈第一高峰。森林公園有一條盤山小路可達山頂。在登頂過程，自海拔一二○○米以上，視野已非常開闊，在不同的海拔位置，不同的氣象條件，均能觀察到不同特色的天象景觀。觀察天象景觀最佳的位置在老禿頂瞭望台上和海拔一五○○米處。主要的天象景觀有霞光、日出以及多姿多彩、變幻無常的雲朵。

石湖森林公園由於周邊沒有太高的山巒阻擋，因而天象景觀視點非常好。拂曉，老禿頂子上的瞭望塔是最好的日出觀景台，在這裡可以觀看山頂霞光。

從老禿頂瞭望塔向下約七十米，在高山草甸與森林交界處，有一塊巨石略微凸出，形成一個約三至四平方米的平台。是天然的觀景台，能觀看霧起雲湧。

英額布養生谷旅遊度假區

通化振國集團養生谷壹號莊園位於通化縣英額布鎮，距通化縣城二十公里。壹號莊園總占地面積約一三三四公頃，主要建築有：度假酒店、風情古堡、度假別墅、森林木屋、濱水餐廳和努爾哈赤密營等。

一邁進養生谷的大門，眼前是錯落有致的一棟棟地中海風格小別墅，各種花草樹木點綴其間，這裡湖波蕩漾，山豔水美，如同仙境。

向前直行就是高大典雅的度假酒店，也是典型的地中海式建築風格，看起來閒適、浪漫而不失寧靜和含蓄。

沿著水岸向西行去，山光水色令人心曠神怡。度假別墅群依山傍水而建，它們在簡約樸素中不失高貴雅緻的風韻。度假別墅共有七棟，每棟為封閉式獨立管理，可供家庭週末度假。

繼續沿著小路向西邊的湖畔轉去，你就可尋找到被綠樹鮮花掩蔽的森林木屋。森林木屋非常別緻，全用木材建成，不塗任何色彩，全為木頭的本色。它南面有高腳伸入湖中，後壁嵌於茂密的柞樹林中。夏秋到此，可盡享沁人肺腑的清新空氣和自然舒服的陰涼。清晨提著魚竿來到林邊的湖畔，享受輕霧的吹

▲ 壹號莊園如同仙境

▲ 春到養生穀

拂，聆聽林雀的晨歌，確是個療養休閒的好去處。

　　來到森林木屋湖邊的小碼頭，登上電動遊船在湖面上馳騁，船後劃出的波瀾會一直伸向遠方，擊打在岸邊會發出一陣陣「嘩啦嘩啦」的清脆聲音。

　　英額布水庫呈S型，下游窄而上游寬，最窄處不足五百米，最寬處有一千多米，整個水道自上而下共約五千米。兩岸都是不高的小山岡，長滿堅硬的鋼柞樹，它們與山坡面的切線垂直，好像在展示著南長白山人的堅毅與倔強性格。

　　遊船行駛到中途，舉目遠眺，只見遠處山岡上有一處金光燦燦的五層琉璃佛塔倒映在水中，中秋至此您會觀賞到層林盡染、碧水藍天伴佛塔的美麗景色。

　　遊船繼續前行就會來到水庫的最上游——大倒木。大倒木村因溝而得名，「倒木」滿語意思為駝峰，是因村北的山形似駝峰的樣子。大、小倒木村原來是一個村子，分開後以大小加以區別，這也是明末清初伐木的木把們留下的歷史記憶。

　　轉水湖到了大倒木就一下子開闊起來，一眼望去是兩三千米的大草甸子，一股清流從北面蜊蛄河上游的四棚鄉款款而來。遊船從大倒木轉回，行駛中緊

貼著南岸，讓你能近距離地觀賞湖畔的風景。伸向水面的灌木，倒在水下的沉木，露出水面的水草和默默守望的釣者，寧靜中不乏神祕的意境，讓人浮想聯翩。

努爾哈赤密營建在群山環繞的幽谷之間，密營建有長生泉、野人谷、情人谷等。努爾哈赤密營再現了四百年前的人文歷史，帶你走進清朝皇家禁地。

一登上浮動的木排碼頭，就有一座高大的原木山門。大門上有一副對聯，橫額為：「一代天驕」，上聯是：「攻城略地飲馬中原夯大清三百年基業」，下聯是：「金戈鐵馬備軍密營展後金二十載宏圖」。沿著平緩的大車道，幾個回轉之後就在一里遠的森林中閃現出一個窩風朝陽的十幾畝大空地，大門處有一個吊橋，近百米見方的前院兩側是一排排的拴馬樁，主房是一排富於滿族特色的大草房，牆面抹有黃泥，有九個糊著白色窗戶紙的高大窗戶。草房矗立在較高的台地上，背靠著山林，與開闊的前廣場相稱，顯得格外明快與大氣。主屋的西側十幾米遠的林邊還有一架木製卯榫結構加柳編的老式倉房和茅廁。

推開對開的木扇板門，就進入了一個通開間的大廳室，屋棚並沒有棚面，直露著檁子和房梁。右面吊掛著八面滿軍八旗的各色旗幟，左側則是一鋪通長的大炕，能住上十幾號人。地中央還有個兵器木架子，插掛著各種兵器和盾

▲ 內掛滿軍八旗的努爾哈赤密營

▲ 轉水湖秋色

牌。後牆留有一個對開的小門，順著山根可向東西兩邊撤退。在密營中心的周圍還建有許多的地窖子暗哨和樹屋子明哨。由此上下可到轉水湖畔，其他三個方向可順山或翻山而去，可進可退，確是一個最合適的密營選址。

乘船繼續往回行駛，就會轉回到水庫的主碼頭了。遠遠地向東望去，只見緊鎖的閘門和筆直的攔水大壩。舉目北面碼頭方向，山頂上那座尖頂教堂式的西洋建築格外引人注目，它就是「風情古堡」，給壹號莊園增添了許多的神祕和凝重氣氛。

靠上大碼頭，小心翼翼地踏過跳板，登上浮動碼頭。浮動碼頭是由幾百隻或藍或黃的方形塑料浮筒拼接而成，既現代大方又安全平穩，很是舒服愜意。若從這個地方向壹號莊園望去，前有水面，後有山巒，金黃的地中海建築群掩映其中，顯得極為壯觀。

沿著山路向風情古堡走去，可以看到沿古堡山上流淌下來的瀑布在山腳下匯聚形成小河。可以在江南小橋流水的情調中欣賞小河和水塘裡的金鱒虹魚。一隻吸水，一隻吐水的仿真「龍龜」形成了一個水流的小循環。吐出的水直接流到室外游泳池裡，經地下管道流入轉水湖裡來帶動水車的運轉。

　　進入古堡就彷彿進入了一個大迷宮，若是沒人引導，定會不知所措。拾階旋轉著登上最高處，裡面是一座西洋鐘塔式的基督教堂，教堂外的緩台上建有一方一圓兩個獨立的小屋，一個名公主房，一個叫王子屋。住上一夜，能讓你領略丹麥童話般的天真與浪漫。

　　壹號莊園在主體建築後山建有一座由上百個太陽能板組成的熱水供應站。在水庫的壩下專門設立了一座廢水處理站，實施無害化排放，保證了這裡的自然環境不受破壞。

▲ 轉水湖湖面風光

▲ 風情古堡

　　英額布養生谷旅遊度假區還在擴建中，屆時將提供一個配套設施完備，功能更加齊全，環境極其優雅，集生態種植養殖、養生保健、文化旅遊、會議度假、休閒娛樂、田園採摘及樂山樂水藝術村為一體的綜合性健康文化旅遊區，打造中國第一健康谷，引領健康產業發展，促進區域經濟增長。

大泉源工業旅遊區

　　吉林省大泉源酒業有限公司，是在明末清初努爾哈赤欽定的清御用燒鍋和清光緒十年傅成賢擴建的寶泉湧酒坊的基礎上，薪火相傳，發展起來的老字號企業，至今已有近四百年歷史。

　　酒業經歷了清御用燒鍋和寶泉湧酒坊時期、國營企業時期、民營企業時期三個發展階段。由於大泉源酒傳統釀造技藝一脈相傳，堅持古井礦泉、純糧釀造、固態發酵、酒海貯藏的傳統釀貯方式，形成了大泉源酒不刺喉、不上頭、綿甜柔和，清香醇正的特點。大泉源酒經久不變的品質享譽關東大地，先後榮

▲ 大泉源酒業正門

獲關東名酒、吉林省名牌、巴黎國際食品博覽會特別金獎、首屆中國國際食品博覽會金獎、中國歷史文化名酒等殊榮。尤其是轉製為民營企業以來，公司以文化力打造發展力，深入挖掘酒業的歷史文化內涵，取得了新成果。2007年5月31日，吉林省人民政府吉政發〔2007〕第二〇號、二十一號文件，批准大泉源酒釀造技藝列入第一批省級非物質文化遺產名錄；清寶泉湧酒坊為第六批省級文物保護單位。大泉源酒業成為吉林省唯一「雙遺產」企業。2008年6月7日，國務院國發〔2008〕十九號文件批准大泉源酒傳統釀造技藝列入第二批國家級非物質文化遺產名錄，躋身國家名酒企業序列。

百年老字號大泉源，豐厚的文化底蘊，曲折的發展歷程，是關東老白酒企業的代表和縮影，是工業旅遊的獨特景點。

寶泉湧古井就是曾經聞名遐邇的關東第一泉，明末清初時女真部落鑿泉為井，人稱大泉源。因井水清甜甘冽，人們用此水釀酒，譽滿府縣。寶泉湧酒坊曾將此井擴建，並進行了幾次維修。此井直徑1.1米，深5.5米。下部由圓木垛起、中部用石塊壘成，上部套落兩節水泥管，可見其明、清、民國三個不同時

▲ 釀酒工人在工作

期修繕的印記。

這裡出土的古發酵窖池建於清代，古窖四壁及底部都鑲嵌木板，具有關東滿族釀造工藝中崇尚木器的特點。窖板和窖中遺留的釀酒原料都已碳化變黑，可見年代的久遠。

廠區內的古甑鍋灶台為古時加火蒸餾出酒的地方，灶台是石砌，方形，南面為灶門，東側前有一石礅，估計是接酒時放置酒簍用的。灶坑裡有很厚的柴炭灰，邊牆被熏成黑色，依稀可見。

木製酒海是關東古時貯藏酒的傳統器具，因儲酒量大，故稱「海」。它是用紅松板經傳統工藝卯榫咬合製成櫃狀，內壁用桑皮紙以鹿血、雞蛋清等裱糊而成。這種原始的貯酒方式有利於酒的脂化，經木酒海陳釀的酒，不接觸金屬，風味獨特，有益健康。這裡的木酒海是全國數量最多，保存最完好，並且一直在使用的，堪稱中華釀酒工藝中的國寶。這裡的木製酒海被上海大世界基尼斯總部審核、確認為「沿用至今木製酒海數量之最」。

傳承四百年非物質文化遺產的大泉源酒釀造車間，位於酒業院內東側，建

▲ 傳統釀造工藝

▲ 釀酒車間

於1991年，長70米，寬25.7米，高6米，總面積約1.08萬平方米。該車間高大宏偉，按釀造白酒傳統工藝專門設計。南端和北端各有兩套甑鍋，與此相對，棚頂另起一層出氣房，便於蒸汽排放。中間是兩排六十個發酵窖池，在甑鍋工作面，地上鋪著條石，已被長年累月的操作打磨得溜平發亮，應用器具有：冷卻器、出酒流房間、吊炮、吊甑、揚片機、扒糟機等自動或人工機械器具，其餘就是大板鍬、推耙、掃帚、手推車等工具。傳統釀造工藝都靠釀酒師傅口口相傳和工人親身操作實踐，憑經驗釀造固態發酵的純糧酒。

四大標誌碑是大泉源酒廠的又一特色。包括：中國非物質文化遺產碑，吉林省非物質文化遺產碑，吉林省文物保護碑，大泉源酒簡介碑。

中國非物質文化遺產碑。大泉源酒業「中國非物質文化遺產」標誌碑，是一塊五彩石巨型石碑，重達12.75噸，高3.8米、寬2.4米、厚0.6米，碑右面刻著大泉源酒傳統釀造技藝，中間刻的大字是：中國非物質文化遺產，左下面是：

二〇〇七年六月七日立。

　　吉林省非物質文化遺產碑。上刻第一批省級非物質文化遺產——大泉源酒釀造技藝。

　　吉林省文物保護碑。上刻第六批省級文物保護單位——大泉源清寶泉湧酒坊。

　　大泉源酒簡介碑。在院內古亭和中國非物質文化遺產碑中間建立了一座斜坡式綠色大理石大泉源酒簡介碑，上刻大泉源酒的發展淵源、歷史文化等情況，簡要地介紹了大泉源酒四百年的傳承史實。

　　為展示大泉源酒業的歷史文化，大泉源酒業有限公司還建立了酒業博物館。博物館面積九十平方米，以圖板和珍貴歷史文物陳列其間。酒業歷史博物館充分展示了縣域內的酒文化。其中豐富的內容，酒文化的傳說，酒業發展的軌跡等資料完整了記錄了酒業發展歷史和文化歷史，讓人深有感觸。

▲ 酒業歷史博物館正門

富爾江——先民們生活過的地方

富爾江，滿語，意為「紅色的江」。因江裡盛產一種紅色的野生魚叫紅娘子（現名紅鯪子），每到高粱曬紅米的時候，紅娘子滿江都是，富爾江也因而得名為「紅色的江」。它是渾江的最大支流，發源於吉林、遼寧兩省交界處的龍崗山脈，北鄰輝發河，西鄰渾河，東靠蝲蛄河。富爾江流經吉林省通化縣和遼寧省新賓、桓仁縣，全長一一三公里，總流域面積一九一四平方公里。

富爾江雖然瘦小、羸弱，卻穿越千年，一路翻滾騰躍，沖積出一大片肥沃的土地來，養育著生活在這裡的人們。

富爾江的主要一脈發源於遼吉分水嶺崗山（滿語稱為「納嚕窩集」，意為森林像韭菜一樣茂密）。崗山大部分在遼寧省境內，與吉林的子民隔江相望，民間稱之為「老龍崗」。山脈像一條蒼勁的虯龍一路向北，一直到吉林的通化縣和柳河縣境內，在富爾江鄉啞巴嶺屯外，一脈山峰卓然躍起，狀若穹廬，村民稱之為「帽盔山」。

▲ 富爾江的主要一脈發源於遼吉分水嶺崗山

帽盔山高峻嵯峨，等到秋天樹葉落盡，站在山頂四顧，便可以遙望遼、吉兩省三個不同的縣城（遼寧省的新賓縣，吉林省的通化縣、柳河縣），是兩省三縣的交界點。這裡植被豐茂，獨特的氣候環境孕生冷冷泉水，因跳石塘地貌而叮咚脆響，因此又名「沸流水」，沸流水一路奔騰，匯成溪匯成河，匯成清

▲ 春到富爾江江口

澈明麗、美麗富饒的富爾江。

　　西元九二六年，遼國皇帝耶律阿保機滅渤海國，渤海亡後，一方面很多渤海人不願接受契丹人統治，大批外逃，另一方面契丹為易於控制，強遷渤海人於他地，致使富爾江流域及遼東中心地區幾成無人之境……

　　明朝，建州衛首領阿哈出之孫李滿住因屢受朝鮮軍襲擊，於一四三三年率部遷到富爾江上游的「吾彌府」，後建州左衛凡察童倉（董山）等從朝鮮阿木河遷來與其一處居住。兩年後，明從建州左衛中析出建州右衛，形成建州三衛，女真人逐漸強大起來。他們在朝鮮的追逐與明朝的欺壓下頑強地活著，不斷爭取生存的權力，難免做些搶掠犯邊之事，成為朝鮮與明朝廷的大患。一四六七年，明約朝鮮共同出兵，夾擊建州衛，九月斬殺李滿住及其子古納哈等，一時間血流成河。女真人受到重創，建州三衛餘部逃散到富爾江上游，好在這裡山高林密，只能擊潰，不能聚殲。瀕於滅亡的女真人，在富爾江兩岸養精蓄銳。鬱鬱蔥蔥的青山，群山環拱的富爾江水像母親撫慰著受傷的孩子，給予這個民族以滋養，給予他們新的生機和活力。

　　直到今天，這裡仍然處處打著滿族人生活的烙印。富江鄉政府所在地富爾江原名「鹼廠溝屯」，為滿語。「鹼廠」，鳥名，即五道眉；鄰近村屯「半拉背」為滿語「布拉畢拉」的音譯，意為刺毛子叢生的小河；富強村原名「高麗屯」，「高麗」滿語，指離中心地帶較遠的地方，富強村三組原名「小荒溝」，「荒溝」是滿語「花里牙卡伙洛」的轉音，「花里牙卡」是順利太平之意，「伙

洛」指溝。滿族獵人出獵和歸來均祭拜獵神「板旦馬哈」：用三塊石頭砌一小廟，內供一背著弓箭掛著腰刀的老頭的木雕像，於住處附近拜祭；另外，如「老虎洞溝」也是滿語，「老虎」為腰刀，這裡指蜂尾針，「洞」是滿語「洞斗巴」，合起來是「厲害的土蜂子」，據說，康熙東巡時，還曾在老虎洞前歇過腳呢；「啞巴嶺」中「啞巴」也是滿語，指貂；「青龍山」中，「青龍」滿語意為「筐」，指生長很多可以編筐的杏茗的山⋯⋯

若干年後，建州女真的後人漸次離開富爾江上游，他們在太祖努爾哈赤的帶領下開疆拓土，富爾江、蘇克蘇滸河、赫圖阿拉城、薩爾滸城、烏勒呼必喇、穆克敦⋯⋯中國最後一個封建王朝的奠基者努爾哈赤從小部落酋長一躍而為金國的可汗，他的後世子孫從東北走出，逐鹿中原，獵獵八旗定乾坤。泱泱大清帝國，綿祚二百六十八年，一代雄主，百年霸業，其龍興之地，便是這風平浪靜、山遼野闊的東北鄉村，便是這條瘦瘦窄窄的富爾江。

茂密的山林，豐饒的土地，源於康熙年間以富爾江為界劃邊栽柳，樹立柳條邊。康熙初年的學士楊賓在其《柳邊記略》中有這樣的記述：「今遼東皆插柳為邊，高者三四尺，低者一二尺，若中土之村籬；而挖壕於其外，人呼為『柳條邊』，又曰『條子邊』。」大清帝國將長白山區立為皇家聖地加以封禁，除皇家外嚴禁任何人進山伐木、狩獵或採參，以免驚動神靈損壞龍脈。「柳條

▲ 富爾江江口

▲ 雨季過後

邊」是清代的重要遺跡，是清政府為保護其遼東「龍興之地」和「祖宗肇跡興
王之所」，也為了維護滿人的「國語騎射」風氣，防止其被漢化而設立的邊
牆。

　　為了控制東北交通要道，清政府曾沿著「柳條邊」設置了二十一個邊口
門。清帝每次東巡，必駐蹕賦詩，《奉天通志》中至今仍保留著這樣的詩句，
「春風寂寂吹楊柳，搖曳春光度遠空」「蘆管一聲催客過，柳條三尺認邊
門」——想當年柔枝如簾、飛絮似煙、百里閃翠，富爾江畔，帝王揚鞭叱馬，
是何等的威風！

　　從嘉慶朝起，柳條邊已逐漸變得有名無實。到清末，隨著大清朝的日薄西
山，柳條邊也便與那一段歷史一同殉葬。

哈泥河畔的明珠 —— 光華鎮

　　光華鎮在新中國成立前叫小荒溝、高麗城子、八區。解放戰爭「四保臨江」第三次戰役中，我東北民主聯軍十師師長杜光華將軍在前沿陣地指揮戰鬥中，不幸中彈犧牲在大龍爪溝（今長青村）五七一高地。為紀念和緬懷革命先烈，一九四八年經通化縣政府批准，將八區改名光華至今。

　　光華鎮位於通化縣城東北部，處於哈泥河中游。哈泥河是通化市區五十多萬人的唯一飲用水源，被譽為市區「母親河」「生命線」。其水質全部達到國家《地表水環境質量標準》Ⅰ類。這裡植被完整，森林覆蓋率達百分之七十七點七，沒有任何污染。這裡遠離城市的喧囂，環境優美、空氣新鮮，是天然大氧吧。這裡寧靜祥和，靜得能聽到小溪嘩嘩的流水聲，聽到大森林中各種鳥的不同叫聲，使人心曠神怡，忘掉了一切煩惱。

　　哈泥河口語哈密河，金代稱幹泯河，清代滿語稱哈爾民河，意為彎曲的神刀，現音轉為哈泥河。發源於長白山龍崗山脈的南麓哈泥甸子。幹流全長一三七公里，流經兩縣（柳河縣、通化縣）、兩區（二道江區、東昌區）、五鎮（涼

▲ 光華鎮全景

水鎮、孤山子鎮、興林鎮、光華鎮、二密鎮）、四十三個自然屯。

▲ 哈泥河風光

從二道江發電廠出發一路往山上走，翻過桃源嶺（高麗道嶺），下嶺就是桃源水庫——通化市第二水源地。高峽平湖景色就出現在眼前，太陽照在湖上波光粼粼，青山、大樹倒映在平靜的水面上，偶爾看到小艇和漁船在水面上行駛，泛起道道漣漪。站在半山腰的水泥路上，居高臨下有時還能看到在水中漫遊的大魚，真是一幅絕美的山水畫。

經過崎嶇的水泥山路，首先來到光華鎮的長春溝村。這個村是修桃源水庫時在原地上新建的移民新村。新磚瓦房錯落有致、寬敞明亮，統一的磚圍牆庭

▲ 染秋

院整潔，路兩旁栽樹種花。依山傍水的小山村顯得特別美麗、寧靜、安詳，夜晚路燈亮時倒映在湖面上，宛如顆顆夜明珠撒落在銀盤之中。

站在村口往西看，在高高的山頂上有一個像火車頭似的砬子，這就是遠近聞名的孤砬子。相傳，在王母娘娘蟠桃會的時候，有一匹小天馬駒偷吃了一串葡萄，王母大怒：「你這畜生，竟敢偷吃仙果，貶你下界重新修練。」於是王母祭起一盞酒杯將馬駒扣在裡面，從天上掉在了哈泥河畔。酒杯變成了孤砬子，裡面有一個金馬駒和一架金葡萄，酒順孤砬子腳下流出，變成了暖泉子。據說每一個甲子年（六十年）孤砬子裂開一次，接受日精月華，好讓金葡萄早日成熟，那時金馬駒才能重返天庭。

長春溝的村民為使家鄉環境不受任何污染，大力發展綠色產業，引種大榛子和五味子、貝母、返魂草等中藥材。老百姓生活富裕祥和。夏天每到雙休日有很多外來人到此遊玩，品嚐新鮮山野菜和哈泥河魚蝦的獨特風味。

閒暇時村民們會三五成群在門前、樹下、花旁閒坐，老年人免不了回憶起過去的艱苦生活和戰爭年代的一些事，人們的日子過得平靜祥和。

下嶺便是同心村的馬鹿溝，此溝分南北兩岔，南岔較長約十公里。這裡森林茂密遮天蔽日，植被原始，泉水清澈甜潤，小溪潺潺，上百種山野菜和中藥材遍及山野，有很多野菜既是山珍野味又是中藥可以防病治病。初春，向陽的山坡和溝谷裡，冰凌花綻放著金燦燦的笑臉搶先報春，春天緩緩走來。經過漫長嚴冬壓抑的人們，嚮往綠色嚮往擁抱大自然，呼吸那免費的富氧新鮮空氣。城裡人管這叫踏青，學生們叫郊遊，而山裡人叫上山採菜。早春可挖小根菜（學名薤白），不但味美而且有通阻散結，行氣導滯作用，對胸悶、脘腹脹滿、咳喘有治療作用。婆婆丁（蒲公英）清香微苦，還有清熱解毒，消癰散結的作用，對癰腫疔毒、乳癰、內癰、肝火引起的目赤腫痛有治療作用。小白蒿（茵陳）清香爽口，還有解熱、利尿、抗腫瘤作用，對黃疸型肝炎及膽道炎症有治療作用。老牛銼（大薊）清香爽口，還有涼血止血、散瘀解毒消癰作用，對吐血、崩漏、血尿、熱毒癰腫有一定治療作用……

隨著氣溫不斷升高大量山野菜陸續成熟，接著採摘刺果棒（刺五加）、刺嫩芽、大葉芹、蕨菜、猴腿、貓爪子、龍鬚菜（蘆筍）等。還有人上山專挖野生藥材如：貝母、細辛、川龍骨、龍膽草、柴胡、元胡、天麻、豬苓、玉竹、八股牛（白鮮皮）、地榆、堇堇草（紫花地丁）、野雞膀子（貫眾）、返魂草、五味子等等。秋天有人放山挖野山參，大多數人上山揀各種蘑菇，摘山葡萄、元棗子（野生獼猴桃）、山梨、李子、榛子、核桃等。自己吃不了就送親友或出售。

抗日戰爭時期，馬鹿溝由於遠離村屯山高林密，沒有道路便於隱蔽，楊靖宇司令在南岔密林深處建有抗聯密營。從密營出發走山路，向南翻山可通上、下四平（今大安鎮）及周邊，東可順崗梁通夾皮溝、大荒溝（今興林鎮）、橫虎頭（今朝陽林場）及柳河縣涼水鎮，輝南縣金川鄉及周邊。這裡進退方便迴旋餘地大，在這裡建密營，夏天可採野菜和中草藥，能解決糧食和藥品不足的困難。冬天還能套狍子、撵野兔、打黑瞎子（黑熊）、藥野雞、抓蛤蟆等改善部隊生活。這裡也是小荒溝人民支援抗聯運送物資的祕密通道。

從馬鹿溝門再往前走一公里，就到了全國知名的「禾韻藍莓谷」（禾韻山莊），它坐落在哈泥河畔馬龍泡邊。歐式建築的廠房，一排排標準的溫室大棚，花園似的藍莓園、山葡萄園一眼望不到邊。馬龍泡被裝點得格外美麗，拱橋、流水、長廊、木屋、花壇、草坪風景如畫，給人以自然和諧幽美清新的感覺。

在這裡還有一個日本人開了一個大型木材加工廠，把盜伐哈泥河上游的珍稀木材趕河（漂流）到這攔河木圈，出沿上岸加工成半成品，串排放至安東（今丹東市）再轉運回日本。至今在河西岸的沿邊上還殘留著木圈的水泥基礎，河東岸基礎已被水泥路所覆蓋。

蝲蛄河源頭濕地公園

　　蝲蛄河源頭濕地位於通化縣四棚鄉頭棚村六組（胡迷嶺）、七組（窟窿楊樹屯），東至四棚鄉頭棚村小牛心溝，南至三棵榆樹鎮鞭桿溝村，西至富江鄉富源村，北至柳河縣向陽鄉暹達地村，溝長六點五公里，平均溝寬一點六公里，海拔高四五〇至五百米。

　　沿二〇二國道一路向北，於英額布向右一拐，大倒木、小倒木、皇梁子、四棚、三棚、二棚、頭棚……這便是四棚鄉的地界。

　　據說，四個被稱為「棚」的村莊是闖關東時形成的——關內的流民來到這裡，擇水而居，各自選好地盤蓋了窩棚，有心人便依著蝲蛄河的流向為他們的居住地做簡易的命名。

　　也有人說，這「棚」原本是光緒年間的一種編制，那時有靖邊營，靖邊營在此駐一哨步兵，轄四個棚，每棚十人：棚長一人，步兵九人，相當於現在的「班」——不是有個村莊就叫作「三人班」嗎？

　　還有人說，這裡的「棚」是指當初放木排時可以打尖的地方，從蝲蛄河上游開始，第一處打尖的地方就叫頭棚，依次類推。

　　過了英山村，汽車要爬一段高坡，這裡視野開闊，英額布水庫上游的大片水沒地以及周圍的濕地盡收眼底，遠遠望去，碧波蕩漾，掩映著湖光山色，朦朧的水霧之中有如黛的青山對峙著，蝲蛄河穿山而過，恰似李太白的天門山：

▲ 蝲蛄河源頭濕地

▲ 清澈蛄河映藍天

「天門中斷楚江開，碧水東流自此還。」

　　向左看，是一塊巨大的石砬子，突兀陡峭，氣勢逼人，向右看則宛若江南山水，說不盡的婉轉嫵媚。

　　途中有美景，但人們無暇停留。轉眼間車子就到了大倒木溝村。有人說，倒木是滿語，意指駱駝，因其山勢酷似駝峰而得名。也有人說，所謂倒木，就是倒木頭麼，這種地名說明此地盛產木材。事實上，清朝永陵以及瀋陽故宮的建築用木材都是出於此處，由此推斷，皇梁子不是說明皇宮裡的房梁都是在這裡砍伐的嗎？

　　四棚鄉林業資源十分豐富，三棚村的三棚林場就擁有全省最大的紅松母樹林，這裡年產松樹籽兒效益可達百萬。這片紅松林是七十多年前栽種培植的，一九三五年當地組織農民在胡迷溝栽種紅松，此後又不斷補種，歷經三代人，紅松幼苗在七十多年滄海桑田中歷盡了風霜雨雪，躲過了斧鋸之難，終於長成參天大樹，如今有八十二棵紅松胸徑已超過四十釐米，一人合抱粗。這八十二棵紅松，平均每棵結塔一百多個，每年產值十四萬，是四十年樹齡的三倍。在樹下儘力仰望，紅松蒼茫的樹冠托舉點點藍天，靜穆而又遼遠，讓人感覺浩浩蒼穹，茫茫天宇，人類細若微塵。林下則寸草不生，厚厚的針葉鋪成天然的地毯，柔軟而又富有彈性。

在國營三棚林場土窯嶺頂，林場建起一座觀光塔，此塔占地面積六五〇平方米，塔高二十七米，呈螺旋式，塔梯至塔頂為鋼架身骨。到塔頂眺望，遼寧省的新賓縣城、吉林省的柳河縣城映入眼簾。到了秋天，放眼望去，滿眼是紅與綠的盛宴，是各種色彩的狂歡。等到冬天，一場大雪將繽紛的往事掩埋，藍天白雲、山脈森林，在雪白的畫布上構成一幅水墨淋漓的山水畫。

蝲蛄是東北地區特有的物種，鴨綠江流域特別是渾江流域最多。蝲蛄的模樣與生活在海洋裡的龍蝦十分相似，它們生活在沒有污染的淡水中。蝲蛄肉味鮮美，當地人常常用它做成蝲蛄豆腐招待貴客。《奉天通志》記載：蝲蛄可入膳。為防肺吸蟲病可研成乳狀，濾後成腦，配以蘑菇，肉嫩湯肥，腴而不膩，口味鮮美。傳說清太祖努爾哈赤當年與明兵李成梁部作戰，兵困於蝲蛄河畔三天三夜，粒米沒進，疲餓交加。令差徭到民間徵糧討米，又親自帶領將士到河上抓蝲蛄吃，使全軍得救。「蝲蛄豆腐」被努爾哈赤美其名曰「雪花湯」；努爾哈赤把抓蝲蛄的無名河，順其自然叫成了蝲蛄河。

其實，蝲蛄河最早的名字叫「加爾圖庫河」，滿語，「加爾」是亮的意思，「圖庫」是面的意思，連起來就是「亮面河」。蝲蛄河是渾江最主要的支流，發源於龍崗山脈南麓四棚鄉頭棚村的小東岔和窟窿楊樹。由七個溝岔的涓涓細流匯聚而成。源頭海拔五四八米，覆蓋面積七點三四萬公頃，流程七十一公里，注入此河的三級河流有二十四條。它猶如一條蜿蜒的巨龍在翠谷中奔騰而下，流經四棚、英額布、金斗、快大茂縣城四個鄉鎮，三十多個村屯，在峰迴路轉一六四里後，在灣灣川和河口的接壤處注入滾滾的渾江。

因為四棚鄉一度有大片的甸子（濕地），一直以來蝲蛄河沿岸草木豐茂，萬物崢嶸。到處都是糖李子樹和稠李子樹，更有菖蒲蘆葦，柳茅叢叢。入春，柳絮揚花，芳香四溢，蝶飛蜂舞；秋來，楓林吐豔，瓜果飄香，沁人心脾。河水中白膘子、柳根子、黑泥鰍、草鱸、花鱸、鯽瓜子、瞎疙瘩……魚種繁多，馳翔淺底。尤其是特有的蝲蛄縷縷行行、漆黑一層，在緩緩地爬行覓食，十分壯觀。可惜的是，二十世紀七〇年代甸子被開墾成稻田，濕地逐年減少，蝲蛄

▲ 蝲蛄河源頭

河再也沒有了當初的滔滔滾滾,變得日益細瘦萎靡。近年來通化縣人意識到保護水源地的重要性,為徹底改善蝲蛄河水環境質量,縣政府啟動了保護母親河行動——蝲蛄河流域生態恢復和污染治理工程。蝲蛄河流域原有濕地四千餘畝,二十世紀九〇年代後期僅存一千五百多畝,近年來經過不懈努力,四棚鄉已完成濕地改造近千畝。

青山巍巍,林木凝翠,在去窟窿楊樹的路上路過一個村屯叫胡迷嶺,胡迷嶺藏在深山僻野中,東西北三面皆望不出頭。據說過去這裡多產「色木」,當地人常用做鏟地的鋤頭。這種鋤頭很特別,沒有彎頭,鏟地時只能往前戳。鋤頭滿語叫「胡迷」,所以直譯過來此地可叫「鋤頭嶺」。

胡迷嶺南面起始,蝲蛄河濕地便在眼前。濕地長約七公里,寬近兩公里。這裡早年是一片長著樹木的沼澤,後來開發種地。近幾年為恢復蝲蛄河上游的生態環境,實行了退耕還林。

來到嶺上,只見高高的黃菠蘿樹冠金黃,加上陽光的點綴,像是披了一件黃金甲。槭樹的葉子紅了,斜斜地伸出一枝來,真是風情萬種,加上翠綠的蒼松,真是色彩斑斕,景象萬千。

山有多高,水就有多高。在胡迷嶺的最高處,有幾個像牛蹄窩那樣的水坑,這,就是蝲蛄河的源頭。由水窩匯成溪流,由溪流匯成清泉,直至匯成一條滔滔滾滾的大河——歸途中,自然會有河的另一種走向映入眼簾。

水洞綠園

　　水洞綠園位於大安鎮水洞村，於二〇〇四年建成，主園占地三點四公頃，是一塊坐落在小城鎮裡的綠洲。設計者獨具匠心，把江南造園藝術與東北地域文化融為一體，將亭台樓榭、小橋流水、假山長廊以及湖光山色、森林綠地、奇花異草等景物渾然天成地組合在一起，形成園中有園美不勝收的園林美景。

▲ 水洞綠園的泰山石

走進公園正門，是用大理石鋪成的不規則形小廣場，中間樹立一塊高四米的泰山石，上書「水洞綠園」四個大字，園內遍植草坪，像碧綠的巨幅地毯，草坪上近百種奇花異木或聚集成團，或散落其間。既有美人松、黑松、紅皮雲杉等常綠樹種，又有臭椿、海棠、東北連翹等名貴樹木，還有白樺、五角楓、山杏等鄉土樹種，金山金焰、地錦、榆葉梅、刺玫瑰和各種攀緣植物及綠籬也各不相讓，爭先恐後地展示自己的那份綠。春天楊柳垂金，榆葉梅、李子、梨花競相綻放；夏天綠樹成蔭，各種鮮花爭奇鬥豔，姹紫嫣紅；秋天各種彩葉樹種盡顯風流，五彩繽紛，李子、梨、山杏果實纍纍，秋色宜人；冬天銀裝素裹，松濤陣陣，美人松、黑松、檜柏、紅皮雲杉等綠意更濃，讓人不會覺得冬天的單調。

全園共建有各式涼亭八個，分布在公園各個區域，有的在水畔，有的建在交叉路口，有的立於山上，有的位於綠地中央，無論你在公園哪個地方，從任何角度都可以實現抬頭見亭的效果。亭多為仿古建築，飛簷斗栱，精雕細鑿，古色古香。從形制上看，多為雙簷雙層，也有單簷單層的，多為琉璃瓦頂，十二生肖斗栱簷頭瓦，栩栩如生，支柱為紅色，一眼望去富麗堂皇，拱頂和拱簷全部油漆彩繪，畫中涵蓋了八仙過海、山水鳥獸、亭台樓榭、西湖美景、梁山好漢等自然風景和民間故事，共一百五十幅，風格各有不同。亭內均有石桌和石凳，可供人們在亭下小憩。

綠園共有六條長廊，其中有五條為雙面空廊，水泥棚架式廊體，上面長滿葡萄、獼猴桃等藤本植物，使左右及棚頂被藤蔓遮蔽得風雨不透，猶如綠色走廊。而位於中軸通道上的那條長廊與眾不同，它是雙面實廊，有三十五米長，是全園最長最具觀賞性的一條，兩側為牆體結構，牆面畫滿連環畫。入口砌成傳統的月亮門，門上方書「水洞綠園」，兩邊分別篆刻「花臥東風香盈袖」「樹搖清影幽入懷」的對聯，上為鋼筋拱棚，每年八九月份，拱棚上掛滿十餘種形狀各異的瓜和葫蘆，為綠園增添一份情趣。

公園中心有四面環柳，面積達〇點二七公頃的長方形人工湖，湖前是松花

▲ 水洞綠園內的石拱橋

石展廳，湖後是安盛園山莊，湖水是從五百米以外通過水渠引入的泉水，入湖前先入圓形仙女池，池中放養金鱒、虹鱒，湖水入湖後經暗渠與外河相通，因此，湖水輕盈流暢，清澈見底。湖正中被石拱橋一分為二，該橋為雙半圓拱，駝峰造型，人行橋上，如同漫步西湖斷橋，有身在江南之感。

　　由綠園南行過彩虹橋便來到公園的前山區域，彩虹橋外形優美，色彩豔麗，與下游三百米處的大彩虹橋和山上小彩虹橋遙相呼應，構成三橋彩虹騰空飛架的美妙奇觀。彩虹橋下是舒緩西去的水洞河，過河後沿台階而下，在河南岸有一凹洞，洞內岩壁常年滴水，每年冬春之交洞口滴水形成冰瀑奇觀，洞上岩石上刻有「盛水泉」三個大字，酷似廬山的仙人洞。再順著崎嶇的台階拾級而上，攀登至半山腰緩步台處，台階分東西兩條線路，東路過山上小彩虹橋，山坡非常陡峭，向上可登臨東望亭；西路比較平緩，可登臨西望亭。兩亭皆為六簷雙層斗栱。站在望亭樓上，登高望遠，向北可俯瞰大安小鎮全景，向東可遠望水洞七八組和安嶺礦，向南可一覽水泥廠，向西可遠眺渾江、西熱大橋和二道江。

西江鎮萬畝稻田

　　渾江，漢代稱鹽難水，明代稱婆豬江，清朝稱佟佳江或通三雅吉哈（滿語），別名混江。渾江流域覆蓋面積二二一平方公里，據《通化縣志》記載，一九三〇年以前渾江水量極豐，江面舟楫如梭，木排似蛇，是通化通往安東（今丹東）的唯一交通航道。渾江流經通化縣境有兩段流程，共七十六公里，其中大部分集中在快大茂鎮、西江鎮、大泉源鄉等地。渾江像一條巨龍蜿蜒行走在高山密林之間，周圍沒有能帶來污染的工廠礦山，這就為其灌溉的稻田準備了良好的水質。

　　有了水的滋潤，土地就肥沃起來。自古以來，西江就以盛產稻米而聞名。在這裡，即使是一般的年景，稻穀的平均畝產量也在一四〇〇斤以上，好的年份甚至能夠達到一八〇〇斤。稻田是西江最常見而又最美麗的風景。初夏，和

▲ 西江貢米　香飄萬里

煦的風在碧藍如洗的天空中放牧著白雲，剛剛分蘗的稻苗染綠了整個鄉村。置身於田間阡陌之中，四顧茫然，一望無垠。一片連綿不斷的綠的原野在天空下伸展，沒有山丘，沒有起伏，像一張綠色的大地毯一直鋪向遠處縹緲的雙龍山。

　　水稻們漫天遍野地孕穗、灌漿、成熟，每一個步驟都轟轟烈烈。夏天，風一陣接一陣來，像清涼的水從稻葉上潤過去，形成一波又一波的綠浪。等到水稻黃熟時節，山會變得五彩斑斕，江水會變得更加澄淨透徹。金色的大地，熱情奔放的五花山，藍天白雲，金黃的稻浪……那時候，人們臉上滿溢收穫的喜悅，伴著歡聲笑語下田開鐮。

　　收割後的稻田，會變成無邊的闊野，大片大片的稻茬齊刷刷直挺挺地站立著。西江鄉村的稻田，就這樣由碧綠到金黃，周而復始地生長在這片土地上。

　　稻田的前身是濕地，是沼澤、是灘塗、是東北方言中的大甸子。老人們常說，很早很早以前，大甸子上也長大樹，平地就是森林，後來平地上的樹木被

▲ 割稻

▲ 豐收的喜悅

砍光，只剩下一片大甸子。西江鎮最初分為東江甸子和西江甸子。在東北方言中，甸子是指生長塔頭的濕地和沼澤。塔頭上長的多是羊鬍子草，即烏拉草。據說，要把這種甸子開成水田很不容易，一般選在冬天，冰凍三尺時用鎬把草根樹茬刨掉，等到春天再犁田打埂，然後才是耙地插秧。根據《通化縣志》偽康德二年修訂本記載，一九三五年東江西江甸子共有水田三〇六七畝，是全縣水田面積最大的鄉鎮。

杜光華革命烈士犧牲地

　　杜光華革命烈士犧牲地位於吉林省通化縣光華鎮長青村六組大龍爪溝山坡上，海拔571米（即571高地），距光華鎮8.5公里，距光桃線公路1公里，距長青村六組200米。

　　1947年2月18日，國民黨軍第三次向臨江進犯。19日，第10師師長杜光華指揮28團、30團一個營，將從通化進犯到下水洞（今大安鎮水洞村）之國民黨2師一部驅逐。22日，當三縱隊各師乘勝向高麗城子附近915高地和楊木橋子之敵91師開始攻擊時，杜光華率部向大龍爪溝（今長青村）攻擊前進，將西岔以西三個高地占領。下午，高麗城子之國民黨軍2師先後用六個營的兵力向大龍爪溝門陣地猛烈衝擊，妄圖向南突圍，杜光華親臨前沿陣地指揮部隊頑強戰鬥，同時指揮部隊阻擊從通化方向北援之敵195師、2師各一部，使國民黨軍南北隔絕，陷於絕境。

　　正當將敵軍分割包圍，即將予以全殲，取得此次臨江保衛戰全勝之際，突然一枚迫擊砲彈在杜光華身旁爆炸，這位南征北戰，出生入死的優秀指揮員壯

▲ 杜光華將軍殉國地

▲ 光華鎮牌樓

烈犧牲，熱血灑在571高地，時年僅三十一歲。

為紀念杜光華師長，通化縣人民政府將杜光華犧牲地同心鎮改為光華鎮。2004年10月，經通化縣委、縣政府決定，在杜光華烈士的犧牲地——通化縣光華鎮長青村六組後山修建杜光華烈士墓，烈士墓占地0.5公頃，建築面積16平方米。這裡青山巍巍，林木森森，滿山坡的玉米和葵花讓人不免感念和平歲月的豐饒。

此後，為緬懷先烈的豐功偉績，大力弘揚烈士精神，加強對烈士紀念建築物的管理和保護，經通化縣委、縣政府研究決定，對杜光華烈士墓進行整體維修。通化軍分區、通化縣民政局、通化縣交通局和光華鎮政府共投資五十萬元對杜光華烈士紀念碑進行了全面修繕，修築了一百多米的水泥台階，同時把三層底座黏貼了大理石罩面，為便於管理和保護紀念碑，在紀念碑四周修建了石條立柱和鐵鏈連接的護欄，為方便參觀和開展各種紀念活動，在紀念碑前方修建了一個200平方米的小型活動廣場。

抗日名將空軍戰神高志航紀念地

　　抗日戰爭期間被張學良譽為空軍戰神的高志航，原名高銘久，字子恆。一九〇八年六月十二日出生於奉天省興京府通化縣高麗墓子村（今吉林省通化縣快大茂鎮繁榮村）一個殷實的農民家庭。

　　高志航將軍故居位於于南溝內的墳塋溝西岔內，坐北向南，窩風朝陽。北側為東西走向的山脈，正南十分開闊，於南溝河從西南流向東北。故居遺址前有開墾的小塊水田，原為草甸子。故居遺址為東西兩處，房屋遺址和院落面積約二千平方米。以小河為界，於南溝北為高家大地，耕地為高家所有。墳塋溝東岔的兩棵直徑三十多釐米粗的榆樹下有四盔墳，分別為高志航的太祖爺、祖爺和爺爺三輩。

　　高志航讀小學時，舉家搬遷到三棵榆樹村。一九一四年，七歲的高志航入三棵榆樹小學。他聰明好學，常常名列榜首。教過他的張玉林老師經常向人誇耀：「我教過這麼多學生，就沒有一個能趕得上高銘久，真是個聰明上進、有志向有勇氣的好學生啊。」學習之餘，冬天他幫父親上山割柴。春天種地、點種、踩格子，夏天鏟地、間苗、拔草。誰也沒想到這個普普通通的農家孩子日後會成為名震中外的抗日英雄。

　　一九三七年，「八·一三」淞滬抗戰爆發，日軍出動百架轟炸機對我江蘇、浙江兩省進行狂轟濫炸。當時中國空軍戰機較少且性能較差。八月十四日，高志航主動率隊迎敵，在杭州莧橋上空與日本侵略者的木更津航空隊激戰。空戰中，高志航利用自己嫻熟的技術和高超的能力打下第一架敵機。接著戰友們密切配合又連續擊落五架日機，開創中國空軍對日作戰的首捷記錄六比零，取得震驚中外的「八·一四」空戰重大勝利。當時，我空軍以寡敵眾，以弱勝強，粉碎了日本帝國主義不可戰勝的神話。不僅維護了中華民族的尊嚴，而且有力地鼓舞了全國人民團結一心，抗日救國的戰鬥熱情。

同年十月，日軍偷襲周家口機場時，眼見日軍飛機已飛到了頭頂，高志航不顧眾人勸說，飛跑著衝進機艙，想要與日軍再決高下。不料，剛入機艙，早有準備的日軍便將第一顆炸彈投在主機上，高志航、機械長、機械師等六人殉國。犧牲時高志航雙手還緊緊握著飛機的操縱桿，時年三十一歲。

　　二○○九年七月三十一日，高志航將軍的女兒高麗良女士等一行三人回將軍家鄉祭祖。之後回到了高志航曾經就讀過的三棵榆樹小學，面對這所被命名為志航小學的學校，面對一張張天真的面孔，已八十歲高齡的高麗良女士殷切希望高志航將軍的愛國主義精神能成為一筆財富，時時激勵家鄉的人們銘記歷史，知史惜今，也希望孩子們努力學習，將愛國主義精神永遠傳承下去。

　　為緬懷先烈，快大茂鎮政府預計於二○一五年春於繁榮村村部廣場豎立高志航雕像，並建立高志航事蹟陳列館，作為愛國主義教育基地。

　　為紀念高志航將軍，當地政府通化縣三棵榆樹鎮將原來高將軍曾就讀過的三棵榆樹鎮中心小學更名為「志航小學」，以此激勵後人。

▲ 三棵榆樹鎮志航小學

河里抗日根據地和河里會議遺址

　　河里抗日根據地位於通化縣國營朝陽林場惠家溝的深山密林。「河里」是指龍崗山脈中段的哈泥河上游山區，範圍為今通化縣興林鎮、光華鎮、大安鎮；白山市太平鄉、板石溝、城牆鄉；柳河縣大甸子、涼水鄉等。興林鎮是根據地的中心，這裡山高林密，地形險要，敵人統治力量薄弱。在東北淪陷時期，劃歸金川縣（現輝南縣）管轄，故亦稱「金川河里」。自興林鎮孟家村有一條便道可到達此地。

　　河里是東北人民革命軍第一軍的抗日根據地，東西長七點五公里，南北寬十一點五公里，山高林密，地形複雜。一九三三年九月，獨立師（東北人民革命軍第一軍前身）陸續地把建在磐石和那爾轟山林師部所屬的修械所、被服廠、臨時醫院遷到河里，河里由西南部游擊區的一部分變成了後方基地。一九三四年十一月初，為了搞好軍需供應，河里地區留後方部隊，設立後方機關、軍用物資的儲存場所、一軍臨時醫院、被服廠。這裡還是一軍進行休息、整訓的地方，戰士們稱河里是一軍的「老家」。新中國成立後，在此地曾發現的抗聯遺物有鋼盔、紫泥壺、銅盆、刺刀等，現收藏在吉林省革命博物館。

　　一九三六年七月，中共南滿黨第二次大會以後，東、南滿黨和一、二軍的主要幹部，在通化縣興林鎮大惠家溝召開了聯席會議，即著名的「河里會議」。會上中共東滿省委書記、二軍政委魏拯民傳達了中國共產黨第七次代表大會精神以及中共駐共產國際代表團關於撤銷滿洲省委，按四大游擊區組成四個省委等指示，詳細商訂了東、南滿抗日鬥爭的形勢和一、二軍的任務，以及黨的整個工作問題。決定將抗聯一、二軍聯合編成東北抗日聯軍第一路軍，將東滿、南滿兩省委合併組成中共南滿省委（亦稱東南滿省委）領導第一路軍，魏拯民任省委書記，楊靖宇任東北抗日聯軍第一路軍總司令兼政治委員及第一軍軍長。王德泰任副總司令，朱鐵岩任政治部主任，安廣勳任參謀長，韓仁和任秘

書處長，嚴弼順任軍需處長（1936年10月犧牲後，由胡百臣接任），魏拯民任總政治部主任。第一路軍下轄抗聯第一軍和第二軍，共六個師。會議研究了第一路軍的游擊活動方針和任務，確定了軍事計劃，劃分了各師的活動區域。

「河里會議」在吉林省黨的發展史和抗日聯軍發展史上具有重要的歷史意義。會議組建的中共南滿省委是中國共產黨在吉林省的第一個省級領導組織，組成的第一路軍，是黨在東北領導的抗日部隊中最有影響和最有戰鬥力的武裝力量之一，抗聯第一、二軍的團結得到了進一步加強，在更大範圍內掀起了抗日遊擊戰爭的高潮。

一九八五年，興林鎮政府將河里根據地和河里會議遺址列為愛國主義教育基地，每年都組織中小學生和黨員幹部到遺址緬懷抗聯精神，激勵人們不忘過去，牢記歷史。

河里會議遺址距興林鎮政府六點五公里，距通化市六十六點五公里，距白山市三十八公里。恆孤線由此經過，並與紅孤線相通。這裡是通化縣地區林蛙油的集散地，貝母和黑木耳的主產區。本地區有白家堡子慘案紀念地、冰湖溝旅遊山莊、八里哨發電站等旅遊景點，鄉村公路交通便利。

▲ 河里會議舊址

石湖抗聯密營根據地

　　石湖鎮位於通化縣東南部老嶺山麓，區內峰巒重疊，山高林密。在抗日戰爭時期楊靖宇將軍將石湖作為抗聯密營根據地，多次從這裡出發打擊日本侵略者。現已發現在石湖的永安村、大東岔溝、老嶺村、大西岔溝、老嶺村十一道溝等地有抗聯戰士居住過的山洞、木房、火炕及訓練場等設施。在這裡發生過許多可歌可泣的戰鬥故事。

　　最重要的就是奇襲老嶺隧道戰鬥。一九三八年三月十三日，楊靖宇將軍率直屬部隊五百多人，到達十一道溝，將伐木場包圍，日偽軍全部被繳械，解救了伐木場勞工。勞工們聽說抗聯要攻打隧道，紛紛表示願意幫助抗聯進入工區。抗聯戰士換上勞工服裝，配備好武器，混入勞工隊伍，接著拔掉了日本的崗哨，攻進十一道溝工地發電所，破壞了敵人的發電設備，襲擊了十二道溝物資供應倉庫，在隧道施工現場等設施內安放了炸藥，將日軍建築的隧道、倉庫、事務所等全部炸燬，擊斃日偽軍七人，俘獲五人、解救勞工五百多人。在撤離途中，與前來反擊的日偽軍遭遇，擊斃日偽軍四人，擊傷數人。這次戰鬥使敵人的交通線陷入癱瘓。由於這裡山高林密，地形複雜，使抗聯有生力量得以保存，並不斷壯大，粉碎了日軍的一次次「討伐」行動。

　　二〇〇七年發現了隱藏在距石湖林場三十公里的老嶺峽谷之中約七十年的抗聯密營窩棚。這處密營由一座原木搭建的木窩棚、一處山崖上的哨所和一處山泉水井組成。密營窩棚外部彈痕纍纍，底部還有砲彈擊中後燃燒的痕跡，裡面是一鋪土炕。在密營窩棚附近的石砬子底下，還有三到四處遺址，從表面上看是當時燒火做飯的遺址。這裡充分展示出當年抗聯生活和戰鬥的艱苦歲月，是一處保存完好的抗日遺址。住在通化縣十四道溝附近敬老院的三名老人都曾見過楊

▲ 石湖老嶺隧道

▲ 石湖抗聯密營遺址

靖宇本人，其中一人還為楊靖宇的部隊送過信。老人們說，當年抗聯在這裡經常出其不意地襲擊敵人，讓敵人非常頭痛。正因為如此，十四道溝老嶺峽谷在當時被日軍稱之為「撓頭溝」。

　　據介紹，這處密營是一九三五年至一九三九年之間楊靖宇生活和戰鬥過的地方，是抗日聯軍第一路軍指揮所之一，他在這裡指揮臨江、金川、清原、集安等地的抗日軍民同日軍展開殊死搏鬥。這是一處重要的歷史文化遺址。從地理位置上初步推斷，這裡很有可能是當年楊靖宇指揮抗聯隊伍的中心指揮所。目前，人們已經知道的抗聯密營窩棚有二十到三十處，而十四道溝老嶺峽谷內的窩棚，是保存最為完整的一個。石湖鎮已被列為省級自然保護區，通化縣政府將重點開發挖掘石湖鎮境內旅遊資源。

通化縣革命烈士紀念碑

通化縣曾是抗日民族英雄楊靖宇將軍戰鬥過的地方，在這片有著光榮革命歷史傳統的熱土上，曾湧現出無數可歌可泣的英雄人物。高志航、杜光華等革命先烈拋頭顱、灑熱血，為了中華民族的解放事業獻出了他們寶貴的生命，在通化縣革命歷史上書寫了不朽的壯麗篇章。

為了紀念這些革命先烈，緬懷他們的英雄業績，為全縣人民樹立一座永久的愛國主義教育豐碑，一九八八年初，根據通化縣民政局提案，經通化縣人民代表大會通過了修建通化縣革命烈士紀念碑的方案，於當年七月三十日正式奠基，歷經一年時間，於一九八九年竣工。

通化縣革命烈士紀念碑坐落在縣城大茂山東側半山腰處，占地一二〇〇平方米，碑主體高十二點六米，碑身正面雕刻著「革命烈士永垂不朽」八個大字，碑主體結構是鋼筋混凝土築成，碑頂是藍色琉璃瓦，碑身分三層，由花崗岩構件石砌築成，底層是漢白玉的浮雕和碑文。碑文內容是：「通化縣是東北抗日武裝的游擊區，是『四保臨江』的戰場。在反侵略戰爭和解放戰爭時期，無數革命先烈，為國家的獨立，民族的解放，人民的自由，英勇不屈，浴血奮戰，同侵略者和反動勢力進行了堅苦卓絕的鬥爭，用鮮血和生命譜寫了壯麗的篇章。英雄業績，與日月同輝，與天地共存，永垂青史，萬世流芳。為緬懷先烈，寄託哀思，激勵後世，特立此碑。」漢白玉浮雕雕刻的是革命烈士英勇奮戰的場面，再現了烈士們馳騁疆場，衝鋒陷陣，視死如歸，氣壯山河的高大形象。

一九九三年，「革命烈士紀念碑」被通化縣委、縣政府命名為首批縣級愛國主義教育基地。一九九八年四月被通化市委宣傳部命名為通化市愛國主義教育基地，每年都有大批的青年學生到這裡緬懷革命先烈。

為了加強對烈士紀念碑的保護和管理，經通化縣委、縣政府研究決定，於

▲ 通化縣革命烈士紀念碑

二〇〇七年六月二十八日至七月二十八日對茂山烈士紀念碑進行了重新修繕，民政局共投入十二萬元，對茂山烈士紀念碑的碑體大理石重新黏貼，加固了碑體基座和漢白玉浮雕，將原有圍牆換成鐵藝圍欄，重新鋪設水泥甬道，修剪綠化樹木，重新維修了紀念碑看護人員休息室。經過重新修繕，茂山烈士紀念碑的整體面貌煥然一新，為通化縣弘揚烈士精神，開展愛國主義教育提供了一個很好的場所。

富江烈士陵園

　　1947年2月8日，第二次臨江保衛戰勝利結束。2月15日，由東北保安司令長官杜聿明親自坐鎮指揮，分左、中、右三路向臨江地區進行第三次大規模進犯。我繼續以東北民主聯軍遼東軍區三縱隊為主力，四縱隊配合作戰。3月17日，我三縱七師、九師開進了三棵榆樹、富江鄉一帶殲敵打援。3月23日10時，將進至遼寧省新賓縣旺清門一帶，立足未穩的國民黨五十二軍二師五團全部殲滅，擊斃團長郭永，俘虜副團長譚文新，其他殘兵敗將悉數被俘，我軍大獲全勝。

　　這場戰役中我三縱七師、九師共四十八名將士壯烈犧牲，分別埋葬在富爾江鄉十二個村。1968年政府決定將在全鄉範圍內埋葬的烈士遺骨全部集中安葬，定在鄉駐地鹼廠溝北大營附近，在巍巍後山腳下建烈士陵園，陵園占地面積3300平方米。

　　最初的烈士陵園，不但有高大的陵墓，還有展室，陳列著烈士的遺物。由於保護不當，陵園一度凋敝。2013年投入資金加以修繕。2014年4月4日，在清明節前一天，中共通化縣委、通化縣人民政府在剛剛擴建完成的富江烈士陵園舉行了公祭活動，緬懷革命先烈，繼承革命傳統，以革命先烈為鏡子，鑄牢理想信念。縣領導、機關幹部、駐地群眾和學生代表一千餘人參加了活動。參加活動的領導和群眾還參觀了陳列室的展覽。展覽分為前言、通化縣革命戰爭史略、散葬烈士遷移整合情況、烈士英名錄和結束語幾個部分，八千多文字，配以大量珍貴歷史圖片。

　　整修一新的富江烈士紀念碑巍然聳立，遙望著山腳下滾滾而過的富爾江。

▲ 富江革命烈士陵園

通化縣博物館

通化縣博物館占地面積一公頃，以「城市規劃、歷史、資源、成就」為主題，館內按年代順序布展，採取實物、模型、浮雕、圓雕、圖片、文字、音畫、燈光、電視專題片等多手法展示。

其中一樓展廳主要包括縣城快大茂鎮城市面貌沙盤；通化縣縣城變遷圖片展；通過新舊照片對比體現通化縣的城鎮變化，反映通化縣縣城改造及農村安居工程；通化縣城鄉整體建設規劃圖片展（包括各鄉鎮）等，館內設置弧形大屏幕，循環播放通化縣專題片。

二樓展廳通過文字、圖表說明等方式展示通化縣歷史沿革，整個展廳共分三個單元，按時間順序展出通化縣的文化傳承、發展變遷。

第一單元命名為「古代史篇」。按照舊石器時代、漢代、唐代、宋遼金時代、清代的歷史順序展出相關器物、遺址沙盤或復原圖，通過圖片和文字說明還原通化縣的歷史文化。

舊石器時代展出舊石器打製器物實物，復原大安洞穴遺址出土的古動物化石。戰國至漢代展出內容較多，包括國家級重點文物保護單位「漢長城遺址」「赤柏松古城」「江沿墓群」「龍崗遺址群」等。展出漢長城走向整體沙盤，復原漢長城單一烽燧的原貌、演繹各烽燧傳遞信息的全過程。

博物館還再現國家級重點文物保護單位赤柏松古城。展館復原了赤柏松古城房屋遺址模型，以發掘時房屋遺址遺跡圖片為背景附有相應的文字說明；復原了赤柏松古城一窯址，以窯址發掘圖片為背景並附文字說明，再將窯址燒製出的漢代瓦片分類貼於牆面附文字說明，展現漢代生產工藝。博物館配以圖片及相關文字說明，尤其是逼真的三維動畫更好地再現了赤柏松古城當年的壯觀景象和城址內各設施的建造等，包括城牆的構造、迴廊的構造、排水設施的構造等，生動還原了赤柏松古城的原貌。下龍頭古墓群也是博物館的重頭戲，館

內運用各種高科技手段復原下龍頭古墓群原貌。

唐代展出的內容不多，只有一隻保存完好的金缽，這可是價值連城的鎮館之寶。遼金時期主要展出當時的器物實物及器物使用全過程圖片及相關文字說明。

清代主要展出的內容包括二密台遺址，展出清代皇家到二密台祭奠長白山的壯觀場景和二密台遺址的復原及文字說明；國家級雙重文物保護單位寶泉湧酒坊，復原寶泉湧酒坊及釀造技藝的全過程，同時展出木質酒海實物。

第二單元命名為「近現代史篇」，主要展出人物雕像、實物、圖文、油畫等，從各個角度反映通化縣人民的奮鬥歷程。從左向右，展出的內容依次是：

闖關東人揮汗拓荒的雕塑群像；抗日及抗美援朝英雄人物王鳳閣、楊靖宇、杜光華、高志航、韓浩、李永泰、劉仁鳳、李鎮華、齊書霖、崔昌學等個人的排列雕像，同時展出的還有蔣介石、周恩來為高志航親筆題字復原圖片；利用表格方式展出了通化縣抗美援朝捐出物資明細；與大刀會相關的資料；河裡會議圖文；杜光華烈士紀念碑圖文；石湖抗聯密營根據地圖文；七道溝萬人坑圖文、實物展示，英雄人物羅衡的突出事蹟；白家堡子慘案復原圖；雷家坎戰鬥場景圖。

在這一單元，通過雕塑、照片、油畫等多種形式相結合，同時展示實物飛機、槍炮、印章、頭盔等，把參觀者帶到那段堅苦卓絕的歲月。博物館裡還展出了全國黨代表、人大代表、全國傑出青年王貴林、劉希林、李一奎、王振國等的創業事蹟。

第三單元命名為「民俗、資源篇」。在這裡展出的主要是通化縣的動、植物資源，以及滿族、朝鮮族民俗。

模擬山林河川實景布展，立體展現部分動植物是博物館的一大看點。櫃檯式實物展出的有通化縣名貴樹木、動物、藥物、菌類、野菜、礦物等，說明這裡物產豐饒。

民俗從滿族開始，按歷史脈絡的形式來展出滿族特色。包括滿族簡史，滿

▲ 通化縣博物館

族剪紙、手撕紙作品「十二生肖圖」「花鳥魚獸窗花」「掛簽」。滿族飲食主要以圖片形式展出，將我們隨處可見的飲食拍成照片附上文字，用滿族盤、碗裝盛，包括白肉血腸、湯子麵、黏豆包、小豆腐、豬肉燉粉條等，另展出滿族代表性炊具六耳鐵鍋、銅火鍋，從這些展出中可以看到滿族傳統飲食的發展。

　　滿族服飾展區展出了文化館館藏舞蹈服飾。此處搭建小型舞台，預留舞台真人表演，同時設置大屏幕，展播滿族長鼓舞、太平舞的紀錄片等。

　　薩滿文化的展出反映了滿族先民的信仰，展館裡展出的實物有太平鼓、腰鈴、三節棍，模擬當時情境的有霸王鞭舞，滿族先民燒香拜媽媽神等。

　　朝鮮族文化展示也是以歷史脈絡的形式來展出的，內容包括朝鮮族簡史；朝鮮族飲食如狗肉湯、冷麵、泡菜、打糕、玉米粉等方面的圖片和文字；展出了朝鮮族娛樂項目打鞦韆、跳板、摔跤等方面的圖片及文字，展出了明快豔麗的朝鮮族服飾；用連環畫的形式和紀錄片的形式展示了朝鮮族人從男女雙方認識直到婚禮當天的熱鬧場面，反映了朝鮮族婚姻風俗的特點；復原了朝鮮族村落。

三樓展廳共分七個單元，包括「工業篇」「農業篇」「旅遊產品篇」「社會事業篇」「榮譽篇」「書畫篇」和「臨時流動展廳」，在樓內另有協會辦公室、博物館辦公室、文物庫房等辦公場所。

第一單元為「工業篇」。以突出通化縣重點工業為中心，以實物和圖片相結合介紹通化縣的工業發展情況。主要包括藥業產品配圖片文字說明；化工產品的實物模型；建材的實物展出；物流的圖文說明；礦產與食品的實物展出；以大泉源酒、通天葡萄酒酒業為龍頭的釀酒業的展出；通化一洋元秘D保健品的展出以及名優產品的實物展出。

第二單元為「農業篇」。通過對比分別展出東北舊三寶「人參、貂皮、靰鞡草」和東北新三寶「人參、鹿茸、林蛙」的標本；通化縣特產藥材實物人參、貝母、細辛、五味子、穿龍骨等展出；西江貢米實物展出，同時展出周總理手跡；對老把頭採參線路圖、採參時情景進行還原，同時展出採參工具，並展示人參之路上留下來的採參文化。此外展出的還有榆黃蘑、金針菇、平菇、木耳等食用菌，藍莓等特產，特色莊園，農村專業合作社的圖片和文字。

第三單元為「旅遊產品篇」。主要展出松花石硯，其中人民大會堂龍硯和代表吉林省贈送亞運會的松花石作品照片處於醒目位置。另外參展的還有核桃工藝、根雕、手撕紙等工藝品。

第四單元為「社會事業篇」。展出衛生、教育、民政、保險、文化等事業單位近年來取得的成就。

第五單元為「榮譽篇」。展出上級領導視察通化縣和縣領導工作的圖片；在外地工作的通化縣人為家鄉做貢獻的資料及圖片。展出通化縣獲得省級、國家級榮譽稱號的成果，展出反映通化縣改革發展成就的書籍、報刊等。

第六單元為「書畫篇」。展出通化縣人在書法、繪畫、剪紙、攝影等方面的作品。

第七單元為「臨時流動展廳」。結合縣域縣情展現某一時期的人物和事件。

第五章 ——

文化產品

滿族剪紙、松花奇石、二人轉與太平鼓……這裡積澱了數不清的文化產品，也盛產草藥、稻米、富於東北特色的自然風物，是一個美麗富饒的地方。

在這裡，每一棵樹都講義氣，每一株莊稼都重感情，每一顆溫潤的石子，都會傳唱出動人的歌謠。

大路翠微，文化攜君通化境；晴空日暖，山川為我淨浮塵。

文學藝術作品

二百年的封禁讓通化縣在文學藝術創作上成為荒原地帶，直到民國十四年（1925年），通化縣公署倡導創作具有革新思想的文藝作品，「藉以維持風化，並補演講之不逮」。5月28日，通化縣公署張貼告示，徵集各種俚俗歌詞，一些文人、學生應徵。署名「隱廬居士」所著《軍民合樂》、「警示少年」所著《國民三戒》等四篇，分別獲二等、四等獎。10月31日將獲獎作品公布於眾，縣公署發給獎金。並各印七百本發往各區公所和農會加以宣傳。

新中國成立後，文學藝術創作不斷發展。文化館創辦了習作者園地《山花》，不定期刊出。1979年為慶祝建國三十週年，《山花》期刊易名《花野》，每期兩萬字，印數五百份，印製六十四期，總字數達一百零二萬。

1982年2月22日通化縣召開了首次文學創作表彰大會，與會八十八人，會上討論作品十三篇，表彰獎勵文學創作積極分子五十四人，其中一等獎五人，二等獎二十人，三等獎二十九人。三棵榆樹中心創作組獲集體獎。

二十世紀八〇年代，文學創作蓬勃發展。1984年3月，召開了《花野》文學作品評獎、表彰會議。同年，先後成立了朝鮮族文學創作協會、民間文學協會、鄉土文學協會，各文化站、室成立文學創作組、新聞報導組一百零八個。

1985年第七期《新村》（吉林省人民出版社編印的綜合性刊物）為通化縣出了專刊，發表了十一篇文章。同年7月9日《吉林日報》副刊《長白山》為通化縣出了一期專刊，刊登了五位作者的小說、散文、詩歌等。

一大批作家逐漸成長起來。1996年，作家辛實作品《步入輝煌》獲吉林省政府最高文藝獎，根據這部小說改編的同名電影獲國家「五個一工程」獎。

為了促進文學事業的發展壯大，通化縣開展了一系列創作研討活動。2006年5月召開了《情繫關東》等九本新書研討會，會議介紹了《情繫關東》等九本新書和作者，即：收集了四十多位作者不同體裁文章的作品集《情繫關東》；

富有地方特色的兩本民間文學作品集《神歌》和《北方民族狩獵風情》，作者孫樹發；女作家孫桂芳的中短篇小說集《你還有眼淚嗎？》；老作家劉仲元編著的《長白山抗日童謠》；鄉村詩人楊君臣的《鄉村歲月》；王奐實詩集《我的愛》；青年作家徐文的小說集《愛情的長髮絲》；吳國秀的長篇報告文學《從鹼廠溝裡飛出的一隻金鳳凰》。會上，作家呂明輝點評了《情繫關東》小說部分，王建元點評了《情繫關東》詩歌部分，朴尚春對九本新書做了簡評，盧海娟談了創作體會。這次作品研討會體現了通化縣文學創作的盛況。

2007年6月成立通化縣森茂詩社，會上選舉出了通化縣森茂詩社理事會，並選出了十一名理事。

2009年7月8日，東北三省一百五十餘名詩人、作家齊聚通化縣縣城快大茂鎮，應邀參加通化縣舉辦的「酒海溢香」詩會。詩人和作家們參觀了大泉源酒業的木製酒海，品嚐了生產線上的酒流子酒和地下酒海窖藏的大泉源酒，書法

▲ 辛實的作品獲吉林省政府最高文藝獎

▲《通化縣文藝》創刊號　　　　　　▲《通化縣文藝》創刊號目錄

家們潑墨揮毫，為大泉源酒業留下墨寶，有的詩人即興作詩，為通化縣奉獻佳
章。詩會結束後，大家齊聚在「通化詩詞論壇」和「關東詩陣」等網絡陣地上
吟唱應答，寫出了許多膾炙人口的詩歌，結集為《酒海溢香》。

　　2014年，由中共通化縣委宣傳部主管、通化縣文學藝術界聯合會主辦的本
土綜合性文藝季刊《通化縣文藝》創刊。雜誌以「傳承南長白山文化，共建通
化縣文藝家園」為辦刊宗旨，主要刊發優秀原創小說、詩歌、散文、報告文
學、文藝評論、影視、戲劇、書法繪畫和攝影等作品，創刊號正式刊出以後，
受到大家的廣泛關注與好評。

二人轉

　　二人轉史稱雙玩藝兒、蹦蹦，又稱過口、風柳、春歌、半班戲、雙條邊曲等。民國九年（1920年）傳入通化縣，當時有栗維信（櫻桃花）、蔣鳳仙蹦蹦戲班在各村落演出。演出形式大體分三類：一類是「單出頭」，一個人一台戲，一人演多角，類似於「獨角戲」；一類是「雙玩藝兒」，名副其實的二人轉，二人演多角，敘事兼代言，跳出跳入，載歌載舞；還有一類是「拉場戲」，這是以小旦和小丑為主的東北民間小戲。

　　傳統的二人轉主要劇目有《綱鑑》《大西廂》《白蛇傳》《藍橋》，還出現了多人分角表演的《李香蓮賣畫》《回杯記》《小老媽開店》等拉場戲。

　　當時的通化縣江甸子街，「村店之間，時有二、三人在屋內、窩棚等地演唱雜劇」，並逐漸發展成小戲班，走屯串店，在窩棚、船營、地餄子、匪窯演

▲ 二人轉中的小丑

出。因當時使用的道具主要為彩棒，亦稱「棒子戲」。

「棒子戲」最初為男演員，化裝成一旦一丑。1920年前後出現女演員。其間曾以「有傷風化」「鄙俚不堪」被明令禁演。後因軍閥混戰，「政府無暇顧及」而再度興起。

1929年，栗維信（櫻桃花）舉家遷到通化縣大都嶺趕馬河村，在通化縣境內帶班演出。栗維信創作的編蒜辮、剪子股、別杖子等舞蹈，用來表現推磨、拉鋸、撲蝴蝶等情節場面，顯示了頭、身、手、腰、腳的功夫，形成了扭得美，浪得穩，感情含蓄的表演特色。

由七八個人組成的孫寶山蹦蹦戲班活躍在東部山區，主要演員有三人。民國十九年（1930年）11月8日，孫寶山戲班在通化縣二區東來村演出時，被公安分所以「違反禁例、擾害治安，妨害風化」拿獲到縣堂審後，沒收了七件樂器，每人罰大洋一元，後經呈文和具保，才予以豁免。

1938年，蔣鳳仙的親傳弟子趙連珠（藝名金靈芝）挑班，成為通化縣第一個蹦蹦戲班，取名「德勝班」，有演職員十餘人，主要成員有趙連科（藝名金靈翠），趙連華（藝名八歲紅），活躍在通化、新賓、桓仁等地。

1942年，因趙連珠演出時突然去世，「德勝班」由趙連科領班。1946年再由趙連華領班。

1950年8月，通化縣大泉源區政府召開文藝代表大會，將德勝班更名為農辦公助的愛國劇團。演奏員共十人。

1951年8月，通化縣二人轉隊長趙連華參加了遼東省文聯舉辦的文藝創作研究班，以他為主創作的《王二嫂擁軍》《小虎和小鳳》在《遼東文藝》上發表，是通化地區第一個發表創作作品的藝人。

1981年，英額布鄉文化中心成立民辦地方戲隊，共十二人，三副架，趙連華等老藝人為指導教師。農閒時在縣內及鄰縣鄉村巡迴演出，到1984年共演出四百五十場，平均每年演出一百五十場。

滿族剪紙

通化縣是滿族民間剪紙之鄉，滿族剪紙在通化縣被發現以來受到了社會各界的廣泛關注，世界各地的剪紙愛好者都紛紛收藏通化縣的滿族剪紙作品，滿族剪紙已被列入到中國非物質文化遺產名錄。

▲ 倪友芝的剪紙作品《蛙》

早在一九八二年，通化縣文化館舉辦民間剪紙展覽，當時擔任通化市群眾藝術館副館長的王純信應邀去參加開幕活動。展室內幾幅奇特的剪紙作品深深地吸引了王純信，一幅十分罕見的頭對頭的龜與蛙剪紙剪技奇特，動物身上不打毛，線條粗獷，眼睛是用香火燒出來的。這是剪紙中十分少見的，帶著許多疑問，王純信開始查閱滿族的典志、辭書，終於弄清楚這龜與蛙是滿族的圖騰。這幅剪紙的作者叫倪友芝，龜與蛙，是倪友芝的姥姥教她剪的，每逢過年時剪了貼在牆上，示為吉祥。

此後，通化縣又湧現出多位剪紙藝人。一九八五年金斗鄉滿族農民侯玉梅二十七幅滿族剪紙作品獲吉林省美術作品展覽一等獎。

▲ 倪友芝的剪紙作品《老兩口和小倆口》

一九八六年縣文化館美術部與通化市群藝館在快大茂鎮舉辦首屆民間藝術滿族剪紙培訓班，主講人王純信、鍾愛武，參加者張世新、徐濤、馮玉華等，學習班為期七天，有倪友芝、侯玉梅、王恆新、王鳳蘭、馮淑梅等十二人參加學習，這次學習班拉開了通化縣

滿族剪紙繁榮發展的序幕。

　　一九八七年八月，著名民間美術學者、美術教育家、油畫家、中央美院教授靳之林、呂勝中等一行四人來通化縣考察滿族民間剪紙藝術，對通化縣的剪紙藝術給予高度讚譽，稱之為傳承有序正宗的滿族民間剪紙，有紅山文化岩畫元素符號特徵，提出了保持傳統原貌，避免同化的創作原則和適時進京展出的建議。

　　一九九一年，以通化縣滿族剪紙作品為主的《通化地區滿族民間剪紙藝術》進京展在北京民族文化宮隆重開幕。此展由溥傑題寫展名，胡喬木、賈芝、李松等領導和學者參加了開幕式，同時進行了新聞發布和作品研討會。通化縣參展作者有倪友芝、侯玉梅等七人。

　　一九九二年由通化市文化局楊維傳副局長帶隊，通化縣民間美術、滿族剪紙藝術赴山西臨汾地區交流展出，受到臨汾專員行署、地區文化局的熱情接待。

▲ 蔣國林的剪紙作品《漬酸菜》

二〇一二年，通化縣被國家文化部命名為「中國民間文化藝術（剪紙）之鄉」。

　　通化縣滿族剪紙藝術歷史久遠，並區別於其他地區民間剪紙的技巧，具有線條粗獷、朱白對比強烈、整體簡潔明快等特點，深受人們喜愛。

　　通化縣滿族剪紙題材獨特。許多作品剪的就是滿族人物，男人的長辮子、馬靴，以及長袍、馬褂、馬蹄袖；女人的大頭翅頭型裝飾，馬蹄底和花盆底「高跟鞋」，都是典型的旗裝。許多作品表現了滿族的生活習俗，描繪了滿族人的信仰、生產、生活、節令和婚喪等習俗，還表現了始祖神話、傳說故事的種種場面。

　　通化縣滿族剪紙造型獨特。一部分傳統的人物造型，如嬤嬤人等作品中的人物正面站立、左右對稱、五官陰刻、兩手下伸、五指分開，酷似遠古的岩畫。造型古樸蒼勁、渾厚粗拙、剽悍有力，有著氏族部落時代的濃厚氣息。還有的滿族人物剪紙不是用於貼在牆上或窗上的，而是擺在窗檯、櫃蓋上的「立

▲ 張傑的剪紙作品《撿蘑菇》

體」剪紙。剪紙人物的身子和腿是雙層紙，可站立和坐下，男子的辮子直立頭頂衝天，可折到背面去，別緻有趣。

通化縣滿族剪紙有別於其他地區民間剪紙的技巧，它線條粗獷，動物、人物身上多不「打毛」（指細小如毛的小鋸齒），多陰刻，少陽刻，朱白對比強烈，整體簡潔明快。除用剪刀剪紙外，還有撕紙和熏紙等特別製作技法。有的眼睛等小孔是用香火頭燒出來的。

通化縣滿族剪紙的整體構圖不是採用現代美術只有一個固定視點的焦點透視，而是採用我國民間傳統的散點透視。在大多數說故事的作品中，用洞窟式的一個個空間分割，來表現空間和時間的錯落和挪移。有的一幅剪紙作品就是

▲ 張焰的剪紙作品《愛蓮說》

▲ 剪窗花

一本連環畫。在許多表現複雜場面的作品中，人物與背景互不遮擋，互為挪讓，具有鮮明的藝術個性。

多年來，在縣文化部門的努力下，通化縣滿族剪紙藝術得到快速發展，多次在國內比賽中獲獎，並先後赴法國、瑞典、美國、韓國、印尼等國家和地區進行交流展出。

二〇〇七年，通化縣組織成立了通化縣滿族剪紙研究會，協會成立以來，開展了豐富多彩的活動，吸收了眾多喜愛剪紙的群眾。協會組織大家學習傳統技藝，舉辦剪紙展覽，組織會員參加全國的剪紙大賽。協會收集整理了縣域內的剪紙作品，組織出版了《侯玉梅滿族剪紙作品集》《張傑撕紙藝術作品集》和《通化縣滿族民間剪紙》等剪紙專輯。

二〇〇八年，滿族剪紙被列入國家級非物質文化遺產保護名錄，同年，通化縣被國家文化部命名為「中國民間文化（剪紙）藝術之鄉」。全縣剪紙愛好者累計組織參加各級各類大賽二百八十六次，先後有一千三百一十五人次獲得各級各類的表彰獎勵。

太平鼓

太平鼓又稱單鼓，它起源於滿族的民間祭祀活動——薩滿跳神，原為滿族祭祀、祈福、驅邪、慶喜的歌舞形式，是一種邊說、邊唱、邊舞的民間說唱藝術。

太平鼓分為抓鼓（也稱大鼓）、依子鼓（又稱小鼓、二鼓）兩種。抓鼓圓形，用羊皮蒙在直徑一點五尺的鐵圈上；依子鼓為鴨蛋形或蒲扇形，也用羊皮蒙面，鼓柄上有九個鐵環，隨鼓響而動，標誌催戰鼓和馬蹄聲。

一般多用抓鼓伴唱，依子鼓用於舞蹈場面，另有鐵質腰鈴繫於彩裙之上，隨腰部擺動作響。表演時多用依子鼓，表演者左手持單鼓，右手拿標誌武器七節鞭（為木或竹製，下綴紅絨穗）或三節棍，且敲且唱。有領唱、對唱、群唱等形式。

流行的太平鼓通常有「觀花」「觀山」「過漢」等十八種曲調、二十七個唱段，有四十七種舞步和跳法。表演時其間鼓聲、鈴聲及薩滿勁舞者的動作相互交織，成為一種絕妙的音響加表演，使觀者為之振奮。過去單鼓沒有曲譜，都是靠上輩子的老藝人口口相傳而流傳的，需要靠徒弟長期的死記硬背與實踐。有些單鼓藝人雖然未上過學，但是出於多年豐富的藝術實踐，表演已經達到了爐火純青之境。因此有些台詞可謂信手拈來，臨時編起「劇本」詞句來也是頭頭是道，或臨場發揮的脫口秀唱詞，就能收到事半功倍的效果，藝人們對本行當的舞台藝術、語言，都是駕輕就熟的。清光緒二十九年（1903年），通化縣就有村民請祖宗燒台香，從外地請來「太平鼓」。唱請本家祖先進門享祭、送諸神歸天等內路鼓詞。

三棵榆樹村孫文學唱太平鼓比較出名。他為壇主，率領五六個人經常在農家堂屋裡表演，內容有內路鼓、外路鼓，如《張郎休妻》《孟姜女哭長城》等。壇主清唱，眾人擊鼓伴唱。舞蹈形式多樣，時而走圓場，時而跑十字步，場面

豐富多變。觀眾很多，門窗前、炕上擠滿了人。高潮時，二鼓手左右各操一把鍘刀，在鼓點下跳起耍刀舞，異常激昂、驚險。

　　新中國成立後，在黨的文藝方針的指引下，廣大專業和業餘文藝工作者根據太平鼓的特點認真蒐集、整理，創編出獨特的民間舞蹈，由只有男演員表演變為男女合演，獨舞群舞穿插有致。其中女演員身著色彩豔麗的服裝，頭戴彩花，腰繫鐵鈴，腳穿彩鞋；男演員武士裝扮。伴奏以太平鼓為主，伴以民間打擊樂，鼓點變化多端，節奏強烈明快，舞步優雅矯健，走出各種美妙的圖案，表演熱烈紅火、瀟灑大方，感情歡快敦厚、純樸豪放，歌聲優美動聽、爽朗流暢。一九五二年遼東省文藝會演，通化縣隊以太平鼓榮獲二等獎。一九五三年全國首屆民間舞蹈會演，中央首長觀看後，稱之為「東北花鼓」。一九五二年至一九六〇年，全縣各鄉均有太平鼓演出活動，深受群眾歡迎。

▲　滿族太平鼓表演

大秧歌

▲ 通化縣大秧歌

　　在關東大地上，最受老百姓喜愛的民間歌舞就是東北大秧歌。每年正月，無論城鎮還是村屯，都有秧歌隊歡快活潑的嗩吶聲、鑼鼓聲在喜氣洋洋的節日氣氛中迴蕩。

▲ 大人孩子齊上陣

　　通化縣在設治前就有大秧歌，以「足登豎木，謂之高蹺秧歌」為主。蹺為木製，高一點二至一點五尺，為防冰雪路滑，蹺底鉚釘，舞時遇見陡坡身體向前傾，下坡身體向後坐，沉穩優美，獨具特色。

　　通化縣的大秧歌形式詼諧，風格獨特，廣闊的黑土地賦予它純樸而豪放的靈性和風情，融潑辣、幽默、文靜、穩重於一體，將通化縣人民熱情質樸、剛柔並濟的性格特徵揮灑得淋漓盡致。穩中浪、浪中梗、梗中翹，踩在蹺上，扭在腰上，是東北秧歌的最大特點。同時，花樣繁多的「手中花」，節奏明快富有彈性的鼓點，哏、俏、幽、穩、美的韻律，都是通化縣秧歌的特色。

　　清朝時期，秧歌隊伍的扮相有楊香武、沙公子，後隨白蛇、青蛇、許仙、老漁翁、闊大爺、小老媽、傻柱子等，隊後壓大鼓所扮的為老頭和老太太，兩個人耳朵上戴著紅辣椒，手拿棒槌或是大煙袋，互相追打嬉戲，引人發笑。此時的高蹺秧歌由二十多人組成隊形，稱「雙頭」，表演時可走出各種圖形，如龍擺尾、二龍吐須、三環套月、四面斗、捲白菜心、剪子股、八面封等近二十種，表演形式上主要有大場、小場和清場，伴奏以打擊樂、嗩吶為主。

▲ 秧歌隊伍的打頭人

▲ 「傻柱子」

▲「跑旱船」

▲ 大家都來看秧歌

　　民國時期，民間、商會和軍隊都辦秧歌，表演上強調「扭、逗、浪」。

　　中華人民共和國成立後，村村組織扭秧歌，秧歌的扮相、服裝、道具、樂曲上都有很大的變化，增添了工、農、兵、學、商、知識分子、八路軍、地主、狗腿子等形象，步法是走三步退一步，大部分手持扇子或是手絹。

　　一九六六年，除傳統扮相外，又增加了《西遊記》的人物，戲曲扮相、旱船、龍燈、獅子、荷花舞等。

　　一九八三年到一九八五年間，通化縣在春節、元宵節期間舉辦了秧歌會演，三十五個隊參加，觀眾達六萬多人，各秧歌隊在表演上真正體現了「扭、逗、浪」的特點，新增了「眼與俏」的技巧，受到群眾的好評。

大鼓書

東北大鼓民國初年傳到通化縣，在縣城西關柴草市有書曲藝人摞地演唱，當時都是操小三弦自演自唱，因此又叫「弦子書」。清末民初有了女演員以後，自操鼓板擊節，由弦師伴奏，稱為「女大鼓」。

通化縣大鼓早期主要在鄉村流行，民間俗稱「屯大鼓」。演唱的曲調是當地人們熟悉的土腔土調，唱詞也不甚講究。許多藝人在演出中甚至當眾翻看唱本，照本宣科地演出，俗稱「把垛說書」。演出的節目以中篇為主，有《回杯記》《瓦崗寨》《彩雲球》《四馬投唐》《白玉樓》等。後來逐漸融入了一些京劇、京韻大鼓和東北民歌的唱腔，曲調豐富，唱腔流暢，表現力較強。以說唱中、長篇書為主，內容大多取材於戲曲、小說和傳奇故事，成了人們喜聞樂見的一種藝術。

通化縣大鼓表演形式大多為演員一人自擊鼓、板，配以一至數人的樂隊伴奏演唱。主要伴奏樂器為三弦，另有四胡、琵琶、揚琴等。演員自擊的鼓，也稱書鼓，其形狀為扁圓形，兩面蒙皮，置於鼓架上，以鼓箭（竹製）敲擊。板有兩種，一種由兩塊木板組成（多以檀木製成），一種由兩塊半月形的銅片或鋼片組成，俗稱「鴛鴦板」。東北大鼓的音樂結構屬板腔體，唱詞的基本形式為七字句的上下句式。唱腔板式有大口慢板、小口慢板、二六板、快板、散板等。除此之外，還有悲調、西城調、怯口調等小調為它的輔助唱腔。

通化縣比較著名的東北大鼓演員有大泉源的曹喜臣，新民村的王德民，英額布的孫大鼓、陳大鼓等。通化縣的藝人多唱「奉調」，唱腔徐緩，適於抒情，還有的以吉林的「東城調」見長。有傳統書目四十餘部，唱腔二百多段。中華人民共和國成立後，在黨的文藝方針的指引下，通化縣大鼓充分發揮了文藝輕騎兵的作用，配合中心工作創作了一批短段曲詞如《白求恩》《楊靖宇大擺口袋陣》等。根據文學作品改編的長篇大書有《烈火金剛》《紅岩》等。

▌攝影

　　通化縣攝影家協會創建於一九八六年，當時通化縣文化館蘇友貴、縣委宣傳部王立東等一批老攝影師拍攝了大量高質量作品，在國家、省、市報紙雜誌上發表並獲得各類獎項。二〇一〇年六月二十四日正式掛牌，創始會員為來自全縣機關、事業、企業、鄉鎮和影樓的攝影愛好者三十多名。主席由張仁廣擔任，黃文哲任副主席兼秘書長，王國霖、梁克弋、臧旺軍、閆廣生等任副秘書長。同年十月由攝影家協會會員王國霖、張曉峰、曹慧波等十二人組建了中國民俗攝影協會通化活動中心。

▲ 攝影作品《靜物》

▲ 攝影作品《藍色養生穀》

▲ 攝影作品《豐收的喜悦》

▲ 攝影作品《晨荷》

　　為了把民俗文化與攝影活動結合起來，他們建立了攝影實踐基地，包括東來鄉鹿圈民俗村——全國生態文化村、全國最有魅力休閒鄉村；金斗朝鮮族滿族鄉金斗小學——滿族刺繡；快大茂鎮中心小學——通化縣民俗器用陳列館；吉林省大泉源酒業——歷史文化博物館；大泉源滿族朝鮮族鄉新設村——滿族民俗村；英額布國家級濕地公園——四棚、英額布、金斗；石湖國家級森林公園；大泉源鄉——崗山嶺旗杆頂子風景旅遊區等。

　　攝影協會每年組織一至二次大型攝影培訓，請省市攝影專家講課並現場輔導，使許多初學者學到了基本技能，增強了學習興趣，迅速提高了攝影技術和藝術鑑賞水平，攝影隊伍也得到了發展壯大，增加至七十餘人。

　　近年攝影家協會取得了令人矚目的成績：二〇一三年，遲平榮獲鐵道廠百年華誕杯優秀獎；黃文哲榮獲吉林省老齡系統攝影三等獎；王國霖榮獲全國文化信息共享杯優秀獎。

美術

　　一九八七年美術作品展覽在恢復評獎後，「第二屆吉林省青年美展」通化縣參展作品《萬物之靈》（作者徐濤），《白衣主婦》（作者張躍波），《高麗鹹菜》《暮年》等六幅作品獲此展最高獎佳作獎、優秀作品獎，在通化地區引起廣泛關注，油畫家張忠信先生撰文《雨後春筍》給予高度評價。

　　一九九四年受通化市委宣傳部、市文聯委託，在快大茂鎮由通化縣文化局主辦，通化縣文化館承辦「慶祝建國四十五週年通化市美術作品展」，百餘名作者和各級相關領導參加了開幕典禮。

　　一九九五年文化館美術部邀請著名畫家、中央美院教授張克讓，著名版畫家吉林省美術家協會副主席陳曦光一行四人，蒞臨通化縣指導美術創作，並舉

▲ 徐濤的美術作品《午後的河畔》

▲ 張世新的美術作品《李清照》

辦了為期五天的美術創作培訓班，有十二名業餘作者參加了培訓和創作研討。

一九九九年通化縣文化局舉辦，通化縣文化館承辦了「閃光的足跡‧通化縣改革開放成果圖片展」，展出各界業績圖片五百餘幅。

二〇〇一年應通化市文廣新局邀請，通化縣美術家協會由徐濤執筆創作了《遠逝的鷹——高志航》油畫作品，並由通化市高志航紀念館收藏。

二〇〇四年通化縣文體局組織舉辦了「建國五十五週年通化縣美術、書法、攝影、剪紙藝術作品展」，展出作品三百餘件。

二〇一二年通化縣美術家協會組織不同畫種重點作者徐濤、張紹野、湯龍嬌、王金華等七人進行企業文化服務，為通化縣振國藥業、英額布壹號莊園創作、繪製了百餘幅美術作品，形成了莊園旅遊文化亮點。

▲ 王金華的美術作品《霜葉紅於二月花》

「大清國寶」──通化縣松花石

　　松花石又名松花玉，產於吉林省通化縣大安鎮和白山市庫倉溝、江源縣及延邊州安圖縣兩江鎮等地。因給康熙帝做御用硯時發現硯面有形如松花的圖案，它的顏色與開放的松花色澤相似，滿語中松花是「天」的意思，皇帝是天子，皇帝賜名，所以得名為松花石。

　　松花石有四個品級，其中最主要的是玉質石品，松花玉質地柔軟，紋理分明，色澤清亮，敲擊時有金屬聲。松花石作為長白山特有的資源，在開發松花產品方面有著廣闊的發展空間。

　　松花石形成於距今八點三億年震旦紀，地質名稱「微晶灰岩」，屬沉積成因的細晶石灰岩，內含方解石、石英、黏土以及少量的鋇、硼、磷等元素，硬度為五至六級，源於遼寧省本溪南芬，向東北延伸經通化市至白山境內。在通

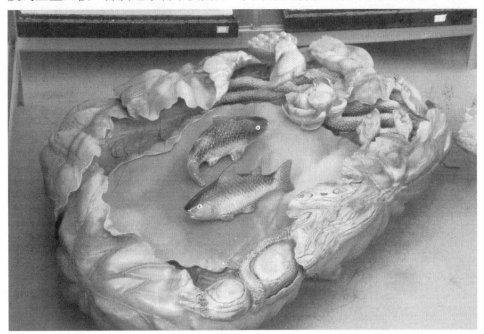

▲ 松花石硯：荷塘

▲ 松花石擺件：平安吉祥

▲ 松花石擺件：虎

化市主要分布在渾江古生代沉積盆地邊緣，主要在通化縣葫蘆套至大安鎮一線，呈東北方向展布，在柳河縣、輝南縣、集安市境內也有出露，分布面積極廣，儲藏量巨大。因當時的地殼運動導致海水浸入，並夾帶大量的綠泥石微粒，如綠、紫、黃、藍色沙質、泥質，為碳酸鹽等物質在盆地中沉積形成的海綠泥——石英砂岩含鐵建造，成岩的過程相當漫長，這一時期地殼運動相當穩定，氣候乾燥，在氧化與還原交替的環境中，不同時期沉積的層理、不同顏色礦物的組合，形成了松花石。

松花石自清朝時期作為皇室御用品就有開採歷史，是通化縣特色礦產，很具文史價值。為使這獨特而古老礦種再放異彩，形成品牌產品，先由民間開拓了松花石市場，一些民企和個人踴躍參與，松花石市場逐漸升溫。松花石協會的成立和松花硯藝術館的建立，一些關於松花石方面理論專著的出版，推動了松花石市場的發展。現在松花石雕刻技術被列入吉林省非物質文化遺產保護名錄，松花石硯已成為省、市對外交流和旅遊業的高檔文化禮品，藏石和賞石愛好者不計其數。

▲ 松花石擺件：吉祥葫蘆

▲ 松花奇石

▲ 松花石展品

通化縣的松花石主要產地為大安鎮大安村的雙山頭、百房溝、老平砬、西大坡和湖上村的小圍子等地。松花石是雕製松花硯的上好石材，著名的大清御硯都出自本地，經匠人精心雕琢進貢皇帝。松花石還可做觀賞石，一九九七年，香港回歸時，贈送給香港的「紫荊情繫藤」就出自於此。

通化縣大安鎮的松花石歷史悠久，是遠近聞名的松花石之鄉。近些年，松花石產業迅速崛起，市場交易異常火爆，如今通化縣大安鎮大安村已經成為遠近聞名的松花奇石採集地和集散地，這裡是白山市江源區松花奇石市場和通化市瑞璟松花石交易中心以及通化市關東文化產品交易市場的主要供貨源。每天來大安鎮觀摩和購買的石友絡繹不絕，松花石銷售狀況良好，年產值可達一千三百六十萬元，安置百餘農村剩餘勞動力就業。

松花石雖然是一種商品，但它更是一種文化，是基於一定文化歷史背景而發展起來的，拋離了這種文化底蘊，便大大降低了松花石商品的含金量。大安鎮充分挖掘松花石的文化歷史底蘊，依託「湖上老坑」是大清御用松花硯生產基地的歷史文化背景，形成大安鎮獨具特色的松花石「老坑品牌」。

除此以外，大安的根藝也初具規模。石藝和根藝從取材和工藝手段上看有各自的獨特體系，但從天然形成，天人合一的藝術美形式上，是有共同之處或互為借鑑，相融一體的姊妹藝術。石依根，根抱石為上品，相得益彰。目前通化縣正著力開發適合松花石特點韻味的根石結合作品，以不斷滿足人們日益增長的文化生活的需要，為建設和諧社會提供物質基礎，促進文化藝術的交流。

山核桃拼貼工藝

核桃殼質地堅硬，表皮呈黑褐色，而且裡外皮均有凹凸狀不規則紋理，是製作工藝品的好材料。從古至今，通化縣山區的居民們就有用野生核桃加工擺設物件的習俗，他們能用切割好的成片山核桃皮拼貼出各式各樣的工藝品，寄託對美好生活的嚮往。

通化縣果松鎮居民劉玉斌按照先輩口傳的山核桃拼貼工藝，在自身實踐的基礎上對長期流傳於民間的山核桃拼貼工藝進行整理和改進。他大膽嘗試用鐵鋸將核桃皮鋸成薄片，拼貼成煙灰缸、筆筒、花瓶之類。這一拼貼，使他對此項工作產生了濃厚的興趣，通過近三十年艱辛的藝術探索，他利用不同切片位置的大小、形狀等的區別，創作出起伏準確的立體雕塑形象，創作了眾多的山核桃拼貼藝術作品，成為當地有名的巧匠與能手。山核桃拼貼工藝作品受到吉

▲ 山核桃拼貼工藝作品：船

林省民俗學專家曹保明的讚許，並為其題詞「最後的森林記憶」。

　　山核桃拼貼工藝要從挑選細長的山核桃開始，包括人工開洗、陰乾、切割、黏貼、拋光、噴漆等一系列過程，中間的製作也極富創造性。比如用核桃殼做花瓶，首先要挑選出細長的山核桃，每個核桃拉三鋸，去掉兩端只留中間的兩片。為了用山核桃拼貼出造型勻稱的花瓶，可以從天花板上拴一個吊墜，讓這個垂直的吊墜作為花瓶的中軸線，以此為花瓶各個層面的圓心，用卡尺邊量邊黏貼，自下而上。劉玉斌曾花費九個多月時間，用了一萬多片山核桃皮，拼黏出了一個色彩古樸、高二點四米的大花瓶。

　　通化縣山核桃拼貼工藝作品主要有「裝飾壁掛系列」「古花瓶系列」「古船系列」「仿古車馬系列」「走獸系列」等千餘件。二〇〇九年，劉玉斌的山核桃片拼接藝術作品被列為「吉林省非物質文化遺產」。二〇一〇年，他用八千八百四十八片山核桃製作了一個長一點七五米、高一點二米的「旺市神牛」，並代表吉林省非物質文化遺產參加上海世博會，當時有人曾出價三十萬元，他沒捨得賣。他還翻史書憑想像拼出了「天子駕六」。這套作品用了劉玉斌近六年時間，用六萬多山核桃片拼接而成。「天子駕六」是古代禮制的一種行為。皇帝級別的六匹馬拉的馬車，即著名的「天子駕六」，而諸侯級別的是四匹馬拉的馬車，即「諸侯駕四」。

　　「天子駕六」沒有現成的參照物，劉玉斌以東周時期為藍本，翻閱了大量史書，根據其他時期的材料，最後通過藝術想像，確定「天子駕六」每個造型的尺寸，其中這六匹大小相同的馬中，每匹馬高一點二米，長一點六米，底座和

▲ 山核桃拼貼工藝作品：大花瓶

整個馬的材料都是由山核桃片拼接而成，馬的耳朵是加工山核桃片的鋸末堆積成的，馬眼睛和馬的配飾都是木頭製成，每匹馬之間加了一個馬錐，這是為了防止馬匹間互相碰撞導致馬車失去平衡。製作車、車轅、車輪子的每個細節都考慮到了，而天子的臉形、著裝、佩劍做得更是惟妙惟肖，就連天子頭頂的傘也考慮得很周全，傘的骨架用木頭做了裝飾。「天子駕六」整個作品長四點五米、寬三點八米，車高三點四米，占地十二平方米。

通化縣山核桃拼貼工藝已列入省級非物質文化遺產名錄，劉玉斌也成為該技藝的傳承人。通化縣已經開辦多家核桃皮製品加工廠，主要銷往旅遊景點為主，這些加工廠小的年收入達幾十萬，大的年收入達到幾百萬。

▲ 山核桃拼貼工藝作品：天子駕六

根雕

　　長白山原生態根雕所用的材料即當地人所說的「松木明子」——紅松。由於紅松林植株具備材質輕軟，紋理通直，光澤美麗，耐朽力強等特點，被廣泛應用到建築、家具、裝飾等領域。特別是長白山腳下的紅松都有上百年樹齡，根莖富含油脂，不易腐爛，是做根雕的上好材料。

　　紅松樹根埋在地下，一般都有幾百年歷史，經過長期的風雨侵蝕、腐朽後，形成了稀有、奇特、古怪的獨特造型。長白山原生態根雕每一件作品都要經過仔細琢磨，不僅要切合主題，還要把握其姿態，對樹根的風格進行定位，要像「庖丁解牛」一樣按照紅松樹根的紋理進行打磨，加工，雕刻，充分展現長白山根雕天然婀娜的姿態之美、玲瓏剔透的視覺之美、古樸典雅的藝術之美。取材於紅松樹根的長白山原生態根雕作品，是民間能工巧匠們經過手工清

▲　根雕藝人在雕刻

洗、去腐、截、磨、接、上蠟、拋光等諸多工序精雕細琢而成的，道道工序缺一不可。比如，上蠟用的蠟必須是蜂蠟，這樣才能保證它的古樸、自然之美。

通化縣原生態紅松根雕代表作品有《龍騰盛世》《百鳥朝鳳》《鵬程萬里》《長白山魂》《臥虎藏龍》等二百餘件。這些作品有的像鳥，有的似虎，有的如美女，千姿百態、妙趣橫生，彰顯著南長白山區獨有的神祕文化之美、精湛的藝術之美、睿智的勞動之美。

▲ 根雕作品：百鳥朝鳳

西江貢米

西江鎮位於通化縣南部，全鎮面積142.6平方公里，耕地約3333公頃，鎮北面、西面分別與通化縣快大茂鎮、大泉源鄉依山相鄰，東南面與集安市頭道鎮隔江相望，全鎮均屬於渾江下游流域。高山將西江鎮與都市的喧囂隔開，也為她隔絕了工業化的污染；渾江蜿蜒地繞過群山，流入西江鎮後，水勢漸緩，經年累月，形成了一片寬闊的沖積平原。

山與水造就了西江鎮獨特的地理和氣候環境，也為這裡贏得了「小江南」「魚米之鄉」的美譽。這裡地勢平坦，土地肥沃，一年內無霜期長達140-147天；這裡降水豐沛，水源充足，且以泉溪水為主，水質中富含人體所需的鈣、鎂、鋅、鐵等微量元素。得天獨厚的自然條件，與勤勞的西江百姓的雙手合力，造就了堪稱通化地區地域名片、享譽全國的特產——西江大米。西江大米營養豐富，顆如銀梭，粒如玉滴。做出的米飯質軟不膩，口感清香。早在清朝光緒年間，西江產出的大米就被定為「年年耕食，歲歲納貢」的貢米，專供王公貴族們享用。舊時曾有民謠唱到：西江大米千里香，公子王孫把口張。自彼時起，「西江」與「貢米」就結下了良緣。新中國成立後，每年都有計劃指標為中南海提供「西江大米」，1958年國務院召開農業生產先進代表大會，時任西江作業區支部書記的劉幫庭代表通化縣人民公社參加會議，同時帶去了「西江大米」，毛澤東、周恩來等國家領導人品嚐後給予了高度評價，周恩來總理為西江作業區頒發了「農業社會主義建設先進單位」的獎狀；1978年時任西江糧庫主任的於忠信代表通化地區優秀糧食系統工作者受到國家領導人的親切接見，並獲得國家表彰。朱德、董必武、彭真、胡耀邦、楊尚昆等老一輩黨和國家領導人在視察通化時品嚐「西江大米」，均給予極高評價。1991年，江澤民同志視察通化時，品嚐「西江大米」後，評價其「不愧貢米之名」，此後通化市多次為中南海調撥「西江大米」。

1999年，「西江大米」獲中國綠色食品發展中心「綠色食品」稱號，定名為「西江貢米」。當時為化驗評定「西江大米」，縣政府出資十萬元大力支持，包括中南海調撥「西江大米」的調撥單等多種資料均保存在通化縣糧食局。2014年2月通化縣「西江大米」經國家質檢總局專家審定，獲評為地理標誌保護產品。

▲ 周恩來總理為西江作業區頒發的「農業社會主義建設先進單位」獎狀

第六章 ——

文化風俗

白山黑水，曾留先民貂跡，山林草莽，儘是肅慎遺蹤，更有闖關東者一條褡褳扎進來，開疆拓土，落地生根——一直以來，通化縣都是漢族、滿族和朝鮮族等民族聚集的地方，這裡民風淳樸，民俗文化源遠流長，因多民族融合而異彩紛呈，豐富多樣。

只是，民風民俗就像一條河，流進來的是回憶，流出去的是源遠。

衣食住行

滿族 通化縣地區茂密的森林，密布的河流為滿族人提供了美味佳餚，正所謂「棒打狍子瓢舀魚，野雞飛進灶鍋裡」。

▲ 白肉血腸

滿族飲食以豬肉為主。豬肉脂肪多，抗寒冷。白肉血腸、酸菜和火鍋頗具特色。滿族殺豬最講究的是吃血腸。每逢殺豬請客時，都說是吃血腸，不說吃豬肉。豬肉的做法講究白片，即白片肉。白片肉並非指肥肉切片，而是將豬肉方塊煮熟後趁熱切成薄片，不做任何加工，不加調料。白片肉中五花肉為上乘。豬肘子的吃法也是白片，即所謂的片肘花。肉類除喜食豬肉外，還喜食牛、羊肉及狍、野雞、鹿、河魚、哈什蟆等。蔬菜除日常食用的家種白菜、辣椒、蔥、蒜、土豆外，按不同的時節，採集蕨菜、刺嫩芽、大葉芹、槍頭菜、柳蒿、四葉菜等山野菜及木耳、各種蘑菇等，或炸或熬或燉，吃法不一。

冬季菜餚主要是酸菜和小豆腐。東北的冬季，寒冷的時間較長，為備足越冬蔬菜，除貯藏白菜蘿蔔外，家家都漬酸菜。漬製方法是：將理好的白菜，用熱水浸燙後裝在缸裡，放入食鹽，上壓石塊，經過發酵，醃製成酸菜，以備冬季之需。酸菜可做湯、添火鍋、做餡等食用。小豆腐是將大豆磨碎，加入適量乾菜煮熟，然後團成團放室外冷凍，用時拿一團放入鍋內加熱，拌醬而食。

▲ 八大碗

辦事情、娶媳婦，就要請客，放八個碟八個碗。去赴宴，也叫「坐席」。

日常生活中，家家戶戶都有壓桌碟。如韭菜花醬、黃醬、魚醬、雞蛋醬等。

▲ 包黏火燒

滿族食品的特點是：黏、甜、酸、鹹。黏食如大黃米乾飯、大黃米小豆乾飯、黏糕、油炸糕、黏火勺、黏豆包、豆麵卷子、蘇子葉乾糧、牛舌餅、菠蘿葉餅（以柞木闊葉做皮，在皮上抹麵，內加菜餡）、苞米麵發糕、高粱米麵發糕（加少許黃豆磨水麵蒸製）。每到陰曆臘月二十三過小年時，家家戶戶都有蒸黏豆包的習俗，把蒸好的黏豆包放在缸裡凍上，隨吃隨取。

薩其瑪是滿族的名糕點，民間傳說是一位滿族的將軍流傳下來的。因其好打獵，為攜帶方便，故製作這樣一種糕點。其原料是以雞蛋和白麵做成的細條，過油煎炸，再加入蜂蜜、白糖、瓜子仁，做成糕。糕面撒上青紅絲，其味香甜可口。

酸湯子也叫湯子，是滿族喜歡吃的一種食品。做法是把苞米浸泡多日，待米質鬆軟，磨成水麵，發酵成酸味。然後用特製的湯子套擠壓成細條，直接下入沸水中；也可不用湯子套，將麵攥在手內從手指縫中擠出。湯分清湯和渾湯兩種。清湯的湯條撈出後，再拌以蔬菜或佐料，渾

▲ 酸湯子

湯則把湯條和湯混合盛出。酸湯子味酸甜，吃起來酸中帶香，佐以各種滷汁，配上小鹹菜，滑嫩爽口。經常吃湯子的人，多日不吃便覺飲食乏味。

炒麵，把苞米加沙子先用鍋炒，爆成爆米花，然後磨粉。可以乾食，也可以加鹽或糖以水調成糊狀。多為春季兒童的零食或成人的間食。

滿族人好飲酒。滿族所飲之酒，主要有燒酒和黃酒兩種。所謂黃酒，用小黃米（黏米）煮粥，在冬季發酵釀成，家家均能自製。後又發展到釀製果酒，

秋季水果成熟時，各戶都習慣自製果酒，常見的有山葡萄酒、元棗（獼猴桃）酒和山楂酒。

滿族除喜食家植果品外，尚喜食野果。諸如山葡萄、山裡紅、元棗子、山核桃、桑葚、李子、松子、榛子等。果品除鮮食和乾食外，尚喜用蜂蜜漬製而食，稱作蜜餞。

針對滿族的飲食習俗，清末民初時的鄉謠概述較有情趣：「南北大炕，高桌擺上。黃米乾飯，大油熬湯。蹄膀肘子，切碎端上。四個盤子，先吃血腸。」又云：「黏麵餅子小米粥，酸菜粉條燉豬肉。平常時節小豆腐，鹹菜瓜子拌蘇油。」

滿族先民在漁獵時代，進餐無定制。那時打圍如同打仗，穿山越嶺，跨澗步溪，顧不上什麼一日三餐，實在餓了，啃幾口肉乾或其他幹糧，喝幾口泉水，名曰「打尖」。

滿族入關後，長期穩定的封建農業經濟使他們養成了一日三餐的習慣。但在關外的鄉間，滿族人在冬令時節經常一日兩餐，即上午、下午各一餐。這是因為東北冬天夜長晝短，農活又少所致。傳統的野餐已不多見，但待客隆重的習俗經久不衰。

一般客人或老人從外面進來，年輕媳婦趕緊迎出施禮，把煙袋接過來請到屋裡。到屋後，先敬菸，後倒茶。敬菸的禮節是年輕的媳婦幫客人裝好菸，雙手遞給客人後，稍稍彎腰點火。

客人進餐，由族中長輩陪同，晚輩一般不同席。年輕媳婦在旁邊站立侍候，裝煙倒酒，端茶盛飯，十分周到。

進餐時，由主人先向客人斟第一杯酒，喝酒用小盅，沒有乾杯、碰杯的習慣。客人必須留點底子，俗稱「福底」。

▲ 靰鞡和靰鞡草

盛飯也用小碗，而且只盛多半碗。年輕媳婦在旁隨時增添米飯。

　　平時，家中人就餐，上輩人不動筷，晚輩絕不動筷。年輕媳婦站在公公、婆婆旁服侍。

　　古代滿族先民一年四季都穿袍服、馬褂、坎肩。因八旗制度而稱之為「旗袍」，這是男女老少日常穿的主要服裝。「旗袍」的樣式特點是：圓領，大襟，四面開禊，配以扣掛。女人穿的是直筒寬袖的長袍，顯得修長秀麗，婀娜端莊。男人穿的是馬蹄袖袍褂，便於激烈動作和馬上運動。滿族婦女的旗袍很講究裝飾，在衣襟、袖邊、領口處都鑲嵌幾道花條或彩牙兒，有的要鑲上十八道花邊，再配上五彩繽紛的「大縮袖」，豔麗而典雅。

　　「靰鞡」（也作烏拉）是東北特有的一種鞋，是滿族人最先發明和穿著的。一般用牛皮或鹿皮縫製，幫與底為一整塊皮子，鞋臉帶褶並有穿鞋帶的耳子。《雞林舊聞錄》記載：「用方尺牛皮，屈曲成之，不加緣綴，覆及足背。」鞋裡要絮靰鞡草（也作烏拉草），此草「草色深碧，其細如髮，長者有四尺餘，吉林省各地皆產；溪谷岩石中蒙叢下垂，入冬不枯，性溫暖，能禦寒避濕⋯⋯」靰鞡鞋即由靰鞡草得名。靰鞡曾經非常流行，上至可汗貝勒，下至農工商賈，

▲ 朝鮮族姑娘

甚至犯人都穿這種鞋。後來一種帆布面棉膠鞋也稱為「棉靰鞡」或「膠皮靰鞡」。靰鞡也被稱為「靰鞡頭子」（略含貶義）。東北還有一句由此產生的歇後語，「靰鞡頭子邁門檻——先進者兒」。「者兒」與「褶兒」諧音，以靰鞡頭子鞋面褶多故。

滿族婦女一般不裹足，俗稱「大腳」，她們穿的是一種高跟木底的「旗鞋」，而滿族男人則以穿靴為主。

朝鮮族 通化縣境內，居住的朝鮮族是這裡的三大主要民族之一，占區域人口的百分之五。過去朝鮮族人喜歡用自家編織的麻布、木棉布和絹布做成素白衣服，故有「白衣民族」之稱（自稱「白衣同胞」）。男裝主要有上衣、褲子、長袍、坎肩兒、外套，頭上戴的有禮帽、笠帽、鴨舌帽等。上衣叫「則羔利」，斜襟，以布帶打結，較長而肥，外面加穿帶紐扣的有色坎肩。褲子肥大，便於盤腿席坐，褲腿繫絲帶。長袍當大衣穿，分單、夾、棉三種，一般外出時加穿。腳上穿的主要有木鞋、草鞋和膠鞋。

女裝主要有上衣、裙子（包括筒裙、短裙、摺裙、圍裙等）、內衣、外衣（包括長袍、長衣、「絲兒契瑪」「羅衫」等）。還有為掩飾胸腰外露與防寒用的「腰帶」。中老年婦女冬天在上衣外加穿棉坎肩，下衣一般穿纏裙，穿時把下身裹一遍後，把裙子的左下端提上來掖在腰帶裡。年輕婦女和少女的「則羔利」短，在袖口、衣襟、腋下鑲有赤色和紫色綢緞邊，用花色綢緞做長飄帶，穿起來瀟灑美麗。朝鮮族婦女平時愛穿短裙，戴頭巾，將四角巾對摺疊起，從前額到頭後繫上。

兒童服裝在民族服裝的款式上繡製色彩繽紛的花紋或圖案，製作精巧，上衣的袖筒用七種顏色的綢緞相配製，猶如彩虹映照，豔麗奪目。

朝鮮族的飲食主要以米飯為主食，以湯、醬、鹹菜和其他泡菜為副

▲ 辣白菜

食，具有自己獨特的飲食風俗。

米飯多為大米飯，也有大米和小米混做的二米飯，還有五穀飯等。

朝鮮族喜歡食米飯，擅做米飯，用水、用火都十分講究。做米飯用的鐵鍋，底深、收口、蓋嚴，受熱均勻，能燜住氣兒，做出的米飯顆粒鬆軟，飯味醇正。一鍋一次可以做出質地不同的雙層米飯，或多層米飯。

鹹菜是日常不可缺少的菜餚。如醬醃小辣椒、醬醃紫蘇葉、辣醬南沙參、咸辣桔梗，醬牛肉蘿蔔塊等。多以桔梗、蕨菜、白菜、蘿蔔、黃瓜等為原料，洗淨後切成段、塊、絲，用鹽滷上，然後再拌以芝麻、蒜泥、薑絲、辣椒麵等多種調味品，吃起來清脆爽口，鹹淡適中，辣乎乎，麻酥酥，別有一番滋味兒。

朝鮮族泡菜做工精細，享有盛譽，是入冬後至第二年春天的常備菜餚。泡菜也叫辣白菜，朝鮮語叫「吉木其」，是朝鮮族飲食中最具特色的一種。每年秋天，家家用大白菜為主原料，用大蒜、辣椒、梨等輔料醃製辣白菜。和大醬湯一樣，朝鮮族人民幾乎頓頓餐餐離不了它。泡菜味道的好壞，也是主婦烹調手藝高低的標誌。蘿蔔、辣椒、黃瓜、豆芽等也都可以醃成美味可口的泡菜。

▲ 朝鮮族冷麵

朝鮮族節日菜餚品種繁多，在節日或招待客人時的特製飲食主要有冷麵、打糕等主食。

朝鮮族冷麵以它獨特的風味聞名。這種冷麵把蕎麥粉、麵粉和澱粉等摻和壓製成麵條（也可加入榆樹皮，土豆粉）。煮熟後用涼水冷卻，

▲ 打糕

加辣椒、泡菜、牛肉湯或雞肉湯，然後在麵條上放一些胡椒、辣椒、牛肉片、雞蛋、蘋果片、香油等調料，吃起來爽口，味道鮮美。過去，朝鮮族有正月初四中午吃冷麵的習慣，說是這一天吃了冷麵，就會長命百歲，因而又得名為「長壽麵」。

打糕是朝鮮族最愛吃的食品之一。打糕是把糯米蒸熟後用木臼打出來的，主要原料是糯米，所撒原料為豆麵，還可以用黃豆、綠豆、松子、芝麻等。製作時先將黏米淘淨蒸熟，用打糕槌子把米粒打碎黏合在一起。吃的時候，用刀蘸水切成小塊，蘸著糕麵或蜂蜜等，吃起來筋道、味香。因此，朝鮮族歷來把打糕當作上等美味，逢年過節或婚慶佳日及迎待貴賓時，都要做打糕擺上餐桌。

在肉食品中，朝鮮族最喜歡吃狗肉。狗肉湯不僅是香辣可口的「誘人湯」，而且是滋補身體的「營養湯」。每當貴客來臨或喜慶的日子（婚喪不殺狗），朝鮮族都要在家裡擺「狗肉宴」。

民居特點 最典型的樣式就是坐北面南的土坯房，以獨立的三間房最為多見，而兩間房或五間房都是三間房的變種。面向東面或西面的廂房採光都不如坐北面南的正房好，有「東西廂房不孝兒郎」之說，所以人們都不願意住廂房。

▲ 放養的小雞

▲ 滿族老屋

房子大都是用土與茅草混合泥水而建的，房頂是用茅草蓋的，行話叫苫，或者叫苫房。

窗戶通常是扁寬型的，木頭做的，比較小。窗欞是用小木條做成井字格然後糊上窗戶紙。

家裡養的雞、鴨、鵝、狗都在院子裡

▲ 滿族人家的萬字炕

放養，院子大一點的還要種地，一般種一些家裡常吃的青菜，自給自足。

房屋走煙過火的煙囪立於山牆邊，這是為了延長煙火的走向，讓柴或草的熱度保留於炕內。煙囪，就是房屋走煙過火的「設備」，又叫「煙筒」或「煙道」。

滿族的傳統居室特點　通化地區有句俗話「口袋房，萬字炕，煙囪出在地面上」，說的就是滿族的傳統居室特點。滿族老屋一般是三間或五間，房頂用草苫，土牆，坐北朝南，大多東邊開門，形如口袋，便於取暖，俗稱「口袋房」。一進門就是廚房，稱為「外屋」或「外屋地」。西側是臥室，稱為「裡屋」。裡屋築有南、北、西三面構成的「匚」型火炕，稱為「萬字炕」，或稱「轉圈炕」「㧟子炕」等。西炕為窄炕，下通煙道，不住人。滿族尚右（即以西為上），所以西炕是供神供祖之處。「南北炕」則以南炕為上，長輩睡南炕，晚輩睡北炕。煙囪在屋外西山牆旁獨立築起，為圓形，高出房簷數尺，通過孔道與炕相通。

朝鮮族民居特點　朝鮮族房屋建築結構別具一格，多居馬尾式住宅，建於近水源之處。房屋以木搭架，抹泥為牆，屋頂四面坡，用稻草覆蓋，每房有四扇或五扇門（同時也是窗）。

屋內搭地炕，地炕與炕相連，分上炕、下炕。通常用拉門把炕與炕隔開，分作幾個小屋。由於滿屋都是炕，進屋須脫鞋，席炕而坐。炕面通常鋪炕席或用地磚。

農村在房屋東端室內養一頭大黃牛，院內放牛車及搗米用的杵臼。

喬遷建房習俗　喬遷在通化縣一帶被稱為「燎鍋底」，一說是因為本地區長期以來都是以劈柴、秸稈等作為燃料燒火做飯，免不了煙熏火燎，時間一長，鍋底就結了厚厚的煙灰。搬家時，為了避免鍋底的煙灰把家具、被縟、衣物等物品弄髒，通常要把鍋底的煙灰擦乾淨。遷入新居後，做飯時要重新燎鍋底。久而久之，「燎鍋底」就成了慶賀搬家的同義語了。

另一種說法是，搬家時，家中婦女用鋤頭把舊鍋底灰刮下，表示辭舊迎新、改頭換面。然後放在新家的鍋台上，點著火，嘴裡念叨灶王爺、灶王奶奶保佑吉祥，家人安康一類的吉祥語。出鍋的菜飯要先放在鍋台後給灶王爺、灶王奶奶享用，第一表示尊重；第二，古人也知道病從口入、禍從口出的道理，他們期盼灶王爺、灶王奶奶能保佑一家健康。如果你搬家先做了別的事，表示對這個房子的灶王爺不尊重。所以，北方留下了搬家先搬鍋的習俗。

人們喬遷新居，都要擇個好日子，講究選黃道吉日，要選擇吉日良辰入宅。民間以為「乙亥日」為一龍入宅，主富貴平安，六十年大吉，為最佳吉日。己巳、辛未、庚辰、己丑、壬寅、己未、庚戌等七日為七龍入宅，主招財

▲ 舞龍

▲ 姥姥送的搖車

富貴，四季大吉。不懂得干支的很多人就擠在初八、十八、二十八，有「二八月，亂搬家」的民謠。如「黃道吉日」安排有限，雙日也可。

搬遷時要放鞭炮，所以要事先準備好爆竹，鍋裡要放饅頭，一小袋糧食，一把斧頭，一條魚；寓意家裡會不愁吃的，富裕，幸福。同時帶入新家的還有蔥，表示住在這裡今後的日子會過得更「沖」。一般認為有喜事就要弄出動靜，也要讓天知道，以求福佑，因此，搬家要放鞭炮，所謂「驚天動地」。

遷居酒宴一般擺在自家新宅，近代城鎮居民搬遷慶賀酒宴一般設在飯店了。舊時有的人家為了感謝木、瓦匠在建房中出力，還專門為工匠師傅擺席，叫「謝師酒」。

滿族的育兒習俗　滿族婦女一旦懷孕則被全家人視為吉事，稱為「有喜」。婆母要告訴她一些保胎知識和傳統禁忌。如：不準到孕婦的產房；不准坐鍋台、窗檯、磨台；不准說也不准聽某人難產；不許大哭大笑；不能參加別人的婚禮和葬禮等等。

孕婦分娩前要把炕席捲起鋪層穀草，孩子生在穀草上。如生個男孩，在門口的左側掛上弓箭，預祝孩子長大後成為一名精騎善射的勇士；如果生個女孩，在門口的右側或門前繫一根紅布條象徵吉祥。

孩子出生的第二天要請子女多、身體好的婦女給孩子餵第一次奶，謂之「開奶」。

小孩生下三日內，一般人都可以進產房與產婦見面或談話。三日外到滿月，生人和不是在三日內入產房的人禁忌與產婦見面或談話，如果見面會把奶水給帶走。

孩子生下第三天，要請兒女雙全。有威望的老太太給孩子洗浴。洗浴用大銅盆，內放槐樹枝、艾蒿，倒上熱水後，前來祝賀的親友們將銅錢、花生、雞蛋等物放入水中叫「添盆」。老太太給孩子洗浴時，邊洗邊吟：「洗洗頭，做

王侯；洗洗腰，一輩比一輩高；洗臉蛋，做知縣；洗洗溝，做知州。」洗完後，用薑片和艾蒿擦腦門和身上各重要關節。據說這樣孩子就能健康不得病。爾後，老太太用一塊新布沾些清茶水用力擦孩子的牙床，要是孩子放聲大哭就是大吉兆，親友們大喜叫「響盆」。最後，用一根大蔥打三下，邊打邊說「一打聰明，二打伶俐，三打明明白白」。打完由孩子父親將蔥扔到房上，親友們一起賀喜。

▲ 銀鎖

孩子降生的第七天叫「上車日」，要把姥姥請來，如果頭生男孩，娘家父母要送一台搖車，並叨念：「一車金、一車銀、一車胖小子到家門。」搖車周圍繪製有各種各樣的彩色圖案，如花卉、鯉魚等，十分精美；有的還寫上些吉祥的話語，像「長命百歲」「五子登科」等等。搖車底下有橫木作為橫樑，橫樑上面鋪上嬰兒的小褥子小被，搖車長四尺左右，寬一尺多，兩頭有鐵環，鐵環上拴有手指粗的繩子，繩子一頭吊在房檁子上或房樑上，離開地面有三四尺高。搖車裡，給嬰兒鋪的褥子也有講究，褥子底下要有一個口袋，裡邊裝上糠或麥麩子，不許用棉花，所以叫「睡糠口袋」。小枕頭裡邊要裝上糧食，最好是小米，意思是祝福嬰兒大富大貴，從小便「頭枕糧倉」。

給嬰兒「睡扁頭」的習俗，是滿族人所特有的。就是讓嬰兒枕著裝有糧食的枕頭睡覺，並叫嬰兒仰面朝天躺著，日久天長，把嬰兒的後腦勺睡得又平又扁，這是為嬰兒特殊安排的，滿族人認為後腦勺平扁是一種時尚、美觀。同時嬰兒的後背也睡得扁平、肩寬。睡扁頭可以防止「笨嘍頭」，也可令孩子的鬢角突起，不至於凹鬢角。滿族嬰兒的頭沒睡平扁，或者沒睡好，睡偏了，會被人恥笑，說這個媽媽不會侍候孩子。

在東北，這種習俗已經由滿族傳給漢族，許多漢族人家也給嬰兒睡扁頭。

嬰兒生下一個月要「辦滿月」，也叫「做滿月」，娘家媽和其他親友要送來小衣服和小鈴鐺等玩具。小玩具要掛在搖車上邊，搖車悠起來時噹噹作響，

▲ 春聯與福字

供嬰兒觀賞。

滿族還有一種習俗，就是為防止嬰兒翻身時掉下「糠口袋」，保持嬰兒的胳膊和兩腿伸直伸平，母親將嬰兒的胳膊肘、膝蓋和腳脖子三處，用大紅色的布帶子纏上，免得長彎曲了。

滿族婦女生小孩還有兩大忌：一忌生人進產房（滿族人叫「月房」），滿族人認為，小孩降生之後，第一個見到誰，小孩長大了就像誰；二忌其他懷孕的婦女進「月房」，會把產婦的奶給帶走，小孩子就沒有奶吃了。孕婦如果不知道，誤進了月房，恰巧產婦沒奶，孕婦要給產婦「還奶」。怎麼還呢？得送給產婦一碗雞湯和其他東西，這樣便會把「帶走」的奶又「送」回來。管懷孕的婦女叫「重身子」或「雙身板」，認為孕婦到哪去，都會把人家衝了，所以孕婦不能隨便走。

一個月之內，嬰兒的眼睛不能叫陽光直射，為的是長大打獵時眼睛看得準。親朋好友給嬰兒送來「長命百歲」銀鎖，意思是祝嬰兒長命百歲。這時，嬰兒可以抱出搖車，俗稱「下搖車」。

孩子在月子裡常常連小名也不起，說是月子裡妖魔常來，起了名容易被妖魔叫著抓去。

春節 從廣義上來說，通化縣的春節從臘月二十三過小年開始，一直到正

月十五元宵節結束。

二十三——過小年。臘月二十三是傳統的小年，這一天的主要活動是祭灶神，祭完灶神就可以準備過年了。

灶神，民間俗稱灶王、灶君、灶王爺，也稱「東廚司命」。專門監督人們的言談舉止。每逢臘月二十三，玉皇大帝就召他上天匯報情況。人們擔心他說人間的壞話，因此每到這一天，家家戶戶都要上供，把他的嘴堵住，同時，把灶王爺的紙像揭下來，在灶門口燒掉，以示送他回天。全家人還要在地上磕頭，並求他「上天言好事，下界保平安」，待除夕晚上再貼一張新的灶王爺紙像。

南長白山地區有關於灶王的民謠：「灶王爺，本姓張，騎著馬，挎著槍，到西天，見玉皇，好話多說，賴話瞞藏，上天言好事，下界降吉祥。」並且為這位灶王爺編了不少傳說故事。

傳說，有一年，玉皇大帝派王母娘娘到人間視察民情，玉皇大帝的小女兒在天上待久了覺得悶，也跟隨母親下到凡間。她看到民間百姓的疾苦，非常同

▲ 蒸饅頭

情。同時看到人間有那麼多的恩愛夫妻，她也很嚮往真摯的愛情。後來她看上了一個給人燒火幫灶的小夥子，她覺得這個人心地善良、勤勞樸實，於是決定留在凡間和他一起生活。玉皇大帝聞聽後非常生氣，把小女兒打下凡間，不許她再回天庭。王母娘娘心疼女兒，百般求情，玉帝才勉強答應給那個燒火的窮小子一個灶王的職位。從此，人們就稱那個「窮燒火的」為「灶王爺」，而玉帝的小女兒就是「灶王奶奶」了。

二十四——掃塵日。每年從臘月二十四開始掃塵。「掃塵日」是掃除塵土，意在驅鬼，納新迎吉。這一天要買把新掃帚，把家裡的天棚旮旯掃一掃，去一去一年的晦氣。把去年的對聯、福字、財神都揭下來。家裡的衣服被褥、鍋碗瓢盆、犄角旮旯、雞房倉廁都要打掃一新，準備乾乾淨淨迎新春。

民間還有一種說法是「二十四，寫大字」。「寫大字」是指寫春聯。

二十五——做豆腐。做豆腐是為了臘月、正月食用，是借「豆腐」的「腐」與「福」的諧音，謂做福。

二十六——凍肉。通化縣的童謠中說「小孩小孩你別哭，進了臘月就殺豬」「小孩小孩你別饞，過了臘月就是年」，說明殺年豬是過年的一個前奏，也是一年之中的大事。殺年豬是為過年做準備，所以大部分肉是按血脖、里脊、硬肋、後等部分分解成塊，放進大缸裡冷凍貯藏備用。過了二十三，把凍肉拿回來，放在缸裡或是盆裡「緩」（解凍融化）。二十六這天要把「緩」好的肉拿出來，開始烀凍肉。

二十七——殺公雞。民諺稱「臘月二十七，宰雞趕大集」。這一天，家家戶戶除了要宰殺自家的家禽，還要趕集上店、集中採購。臘月二十七這天主要是買年節物品，例如：鞭炮、春聯、香燭、燒紙、水果、牛羊肉、贈送小孩子的各種玩具禮品、女孩子的各種頭花飾物等等。

▲ 喜迎春節

民間還有「二十七，鋪新席」的說法。農村住土炕，要在這一天鋪上新席。有一句俗話：見見新，翻翻身。過年購置新的東西，日子要開始翻身了，標誌著新年新歲，時來運轉，脫貧得富。在新炕席的一角要綁上一塊紅布條，以添喜氣。

也有「二十七，洗舊泥」的說法。傳說在這天沐浴可以除去一年的晦氣，洗去一年來的疾病，其實就是為了祈求來年能健健康康，無病無疾。

二十八——把麵發。發麵蒸饅頭，第一是祭祖，

▲ 供奉祖先的圖譜

第二是祭神。做供品的饅頭有兩種，一種是紅棗饅頭，就是把紅棗瓣均勻插在饅頭的四周，然後蒸熟；另一種是在饅頭蒸好揭開鍋蓋的時候，用漿稈在饅頭上點上紅點，巧手的可以點成梅花樣。人們認為無紅不成供。這個漿稈用過之後也不能讓人踐踏，一定要放到爐中燒掉。

二十八這天蒸出的饅頭有幾個忌諱，第一鹼不能大，不能出現鹼斑；第二不能裂口；第三麵不發不能蒸饅頭，否則家人不和睦，日子不興旺，不發達。

二十九——把油走。臘月二十九這天主要是製作油炸食物，民間叫「走

▲ 放鞭炮

油」，如炸小丸子——豬肉丸子、蘿蔔丸子、豆腐丸子等；炸麵果、麵魚、佛手、套連環等。這一天，孩子們都不願上街玩，而是圍著鍋台瞅。母親們心疼孩子，總是把那炸老了或

炸得不漂亮的，塞給他們。等到吃晚飯時，這些小傢伙們早已飽嗝脹氣了。

三十——把年過。早上，小孩子穿上新衣服，女孩子紮上「頭綾子」，然後出門去找小夥伴，比比誰的新衣服更好看；婦女準備這一天的飲食，男人掃院子，掛燈籠，貼對聯；一家人還要擺供品，準備年夜飯。

除夕，是過去一年的最後一個夜晚，也叫大年夜。除夕中「除」字的本意是「去」，引申為「易」，即交換，「夕」的本意是「日暮」，引申為夜晚。有「舊歲至此而除，來年另換新歲」的意思。除夕的活動都以辭舊迎新、消災祈福為中心。

除夕的主要活動包括：

祭祖。過年了，在家中將祖先牌位依次擺在正廳，陳列供品，然後祭拜者按長幼的順序上香跪拜。祭祖形式各有不同，大半都是大年三十擺供，正月初三撤供，親朋之至近的，拜年時也必須叩謁祖先堂。

守歲。年三十這一天的夜裡，燈長明，人們不睡覺，熬夜迎接新一年的到來。通宵守夜，象徵把一切邪瘟、病疫驅走，期待著新的一年吉祥如意。

吃年飯。這頓飯是整個家庭一年中最豐盛的晚餐，魚必有，魚代表「富

▲ 掛紅燈

裕」「年年有餘」；肉代表「有」；雞代表「吉」；刀魚代表「臨到」；餃子代表「交子」；豆腐代表「福」；糖代表「甜頭」；花生代表「生（或升）」；年糕代表「年高」。餃子裡包錢預示一年中的財運；餃子裡包糖測試一年中的心情；最好上十二道菜，四個涼的八個熱的，「十二」代表十二個月份，有四平八穩之意。

大年三十，不論窮富人家都必吃一頓餃子。吃餃子取「更歲交子」之意，「子」為「子時」，交與「餃」諧音，有「喜慶團圓」「吉祥如意」的意思，餃子形狀似金元寶，有招財進寶之意。三十晚上最重要的一項活動就是全家人圍坐在一起包餃子，把最美好的心願包進去，然後大家團圓分享。煮熟的頭一笊籬的餃子，要先敬神、祖宗；再盛出幾個，打發外鬼；第二笊籬的餃子才是家裡人吃的。

放鞭炮。過年了，家家都買煙花爆竹，放鞭炮增添了節日的快樂氣氛，滿地的紅色紙屑讓人感到日子的紅火。

接神。除夕夜十二點左右，人們搶先在院中放鞭炮，迎接大吉大利時刻的到來。這時有人拿著畫了財神的畫片挨家挨戶地送，乞討要錢，被稱為「送財神的」。送財神的在大門口高聲嚷著「送財神來了」，然後說些吉利話，家中主人則大聲回答「快接進來」，給送財神的賞錢。

傳說故去的人在三十晚上都要回家一起過年，他們一般都是太陽落山天黑後回家來，怕他們找不到自己的家門，所以除夕夜都在自家門口點上長明燈給他們照路。同時室內通明也利於共同歡聚。

拜年是人們辭舊迎新，互相表達美好祝願的一種方式。「鼓角梅花添一部，五更歡笑拜新年。」原有的含義為向長者拜賀新年，包括向長者叩頭施禮祝賀新年、問候生活安好等，遇有同輩親友，也要施禮道賀。互道「恭喜發財」「四季如意」「新年快樂」「過年好」等。

壓歲錢是由長輩發給晚輩的，當晚輩給長輩拜年後，長輩就給孩子壓歲錢。傳說壓歲錢有利用「歲」字諧音「祟」的含義，即壓住邪惡鬼祟讓孩子平

平安安度過一歲。

通化縣有年夜飯後吃凍梨的習俗。由於東北天氣寒冷，一些水果凍過之後，就另有一番滋味。最常見的是凍梨和凍柿子。最純正的是凍秋梨，這種梨剛摘下來的時候又酸又澀，於是人們就把這種梨採摘下來直接放在樹下，蓋上一層樹葉，經過冰凍之後的秋梨酸甜可口，果汁充足。凍梨在吃之前要放在水裡解凍，年夜飯後吃這種梨能解酒、解油膩。

老牛老馬也過年。到了三十，大牲畜老牛老馬和小動物狗貓也都給過年，也要給好東西吃。如給牛馬烀上一鍋大楂子，一邊喂，一邊說著吉利話。過年這幾天，牲畜也不幹活，要歇年。正月初三以後才幹活。這幾天也不許打罵牲畜。

大年初一──四始之日，一切要趕早。按照民俗的說法，正月初一是歲之始、時之始、月之始、日之始，俗稱「四始之日」。也有說「三朝之日（歲之朝、月之朝、日之朝）」。民俗認為，正月初一諸神降凡，所以家家在天未亮之時，就在大門之外向財神、貴神、喜神所臨方位焚香叩拜，謂之接神。過去，很多人家在院內設供桌，禮天地神祖，對門神、灶神及其他各神並祖先亦同時致祭。「燃香燭，焚紙馬，祈禱一年順利。庭燎之光，爆竹之聲，通宵達旦。」

天亮以後，親鄰走賀，互相拜年，見人即道「恭喜」及「陞官發財」等語，取吉利之意。所以，這天民俗上最忌諱的是一切惡言破綻，也就有了「水不外潑，地不掃除」的說法。

初三──女兒節。是嫁出去的女兒的節日。這一天姑娘領著女婿回家拜年。

初五──破五。大年初五這天，民間通行的食俗是吃餃子，俗稱「捏小人嘴」。因為包餃子時，要用手一下挨一下地沿著餃子邊捏，要把餃子邊捏得嚴嚴實實，民間認為這樣可以規避周圍讒言。吃餃子時一定要把餃子咬破，也稱「破五」，寓意將不吉利的事都破壞，有驅災避邪之意。

清晨起，家家戶戶放鞭炮，尤其放「二踢腳」被稱作「崩窮」，把「晦氣」「窮氣」從家中崩走。

老人們忌諱這一天串親訪友，也不准串門，說是走親會把晦氣帶到別人家。

初七——人日。這天的人日不是指某個人或某些人的生日，而是泛指人類的生日。傳說，自從盤古開天地後，女媧用黃土捏出了雞、狗、豬、羊、牛、馬，最後捏出了人。正月初一到初六分別為：初一為雞日，初二為狗日，初三為豬日，初四為羊日，初五為牛日，初六為馬日，初七定為人日。為了紀念人日，人們要吃麵條，表示長長遠遠，平安吉祥。

這天天氣晴朗，不颳風，預示小孩不鬧毛病，旺興。如果颳風下雪預示小孩會生病。上午天氣管上半年，下午管下半年。人日忌動針線，不用刑罰，不懲罰孩子。也有的認為正月初七是「主」小人兒（小孩子）的日子。這天，家家戶戶都要吃麵條，謂之拴小人。

另外，民間流傳說初八為穀日，初九為果日，初十為菜日。哪一天的天氣好，哪一天就是一個好日子，那天所主的物象就會興旺吉祥。

元宵節　正月十五天剛剛黑的時候，家裡的男人要帶著燈、紙到自家的墳頭前，給先輩燒紙，在墳塋門口點燃蠟燭，即為送燈。往墳地送燈的人，點燈時必須用自己的火柴，如果借別人的火柴點燈，認為祖先看不見光明。點燈時要邊點邊說：「正月十五來送燈，送金燈、送銀燈、送鐵燈，有兒墳前一片明，無兒墳前黑洞洞。有心來偷燈，偷個大鐵燈，背也背不動，天冷地滑閃個仰歪蹬，大布衫燒個大窟窿。」

吃過晚飯後，在放鞭炮的同時，女人在家裡把蠟燭剪成三寸左右長的小段，給家裡的灶台、豬圈、井口、糧倉旁、牲口圈以及屋外的窗檯上、大門墩上、倉房前由裡至外逐一點燃。還要用鋸末子拌上油，從家門口到大路上，每隔一段距離點上一堆，火光連成一片，這就叫放路燈。村民們的路燈往往連在一起，很是壯觀。

至於送燈的意義傳說也不一樣：在十字路口送燈是為了老祖宗過燈節時能找到回家的路；還有一說送燈是給老祖宗照亮抓蝨子；送燈有送丁之意，希望祖宗能夠保佑自己家族人丁興旺，後代千萬；送燈會把家裡的晦氣送走，保一家人在新的一年裡安康吉祥。

過門沒超過一年的新媳婦還要「躲燈」。正月十五這天不許在家裡過，也不許回娘家，一般由丈夫的姐姐接到家過節。民間認為新媳婦眼睛毒，十五不能看婆家的燈。老令兒說：不躲燈死公公。

▲ 扭秧歌

在元宵節之夜，人們觀賞完綵燈，看完扭秧歌、踩高蹺等節目後，回到家吃上一碗熱氣騰騰、香甜味美的元宵，慶祝全家團聚，祈盼生活甜蜜美滿，其樂融融。

正月十五蒸麵燈，預測一年的雨水和莊稼收成。用麵做成十二個碗，每個代表一個月份，放在鍋裡。蒸熟以後，即打開鍋，以哪個燈碗存多少水預測哪個月份旱澇。

蒸好的燈取出鍋後，插上燈芯，倒入豆油點著，以燃完後留下的凝固形狀，來預測今年收什麼莊稼，應該種什麼莊稼。比如凝結大粒且少可能收玉米大豆，凝結粒小又密集，可能收稻穀。

正月十五的晚上，人們爭先恐後地來到大河邊，在大河的冰面上進行翻滾，認為這樣會把病（冰）骨碌出去，小孩一年不會肚子疼，人會健康。男女老幼都會搶著去冰上骨碌。

農曆正月十五是中國傳統的元宵佳節，新春期間的節日活動也將在這一天達到一個高潮。元宵之夜，大街小巷張燈結綵，人們點起萬盞花燈，攜親伴友出門賞月亮、逛燈市、放焰火，載歌載舞歡度元宵佳節。

二月二　自古以來，供奉祭神是用豬、牛、羊三牲，後來簡化為三牲之

▲ 山神廟

頭。豬頭便是其中之一。傳說，宋代，王中令平定巴蜀之後，甚感飢餓，於是闖入一鄉村小廟，卻遇上了一個喝得醉醺醺的和尚，王中令大怒，欲斬之，哪知和尚並無懼色，王中令很奇怪，進而向他討食，不多時和尚端上了一盤「蒸豬頭」，並賦詩曰：「嘴長毛短淺會臕，久向山中食藥苗，蒸時已將蕉葉裹，熟時兼用杏漿澆，紅鮮雅稱金盤汀，熟軟真堪玉箸挑，若無毛根來比並，氊根自合吃籐條。」王中令吃著豬頭肉，聽著風趣別緻的「豬頭詩」，甚是高興，於是封那和尚為「紫衣法師」。

自此，二月二吃豬頭肉成為一種習俗。豬頭既是一道美味佳餚，又是轉危為安平步青雲的吉祥物。

二月二吃麵條叫食「龍鬚」，吃春餅叫吃「龍鱗」。又是一年「龍抬頭」，全家圍坐在一起，吃著烙好的春餅，捲著各種肉類和青菜小炒，體會著生活的幸福。這一飲食習慣表現了人們祈求生活美好的心願。

民間一直有「理髮去舊」的風俗。據說二月二這一天理髮能夠帶來一年的好運，有剃「龍頭」之說。演變到民俗上，就認為在二月二這天剃頭，會像龍一樣從冬眠中醒來，開始活動。所以人們對「二月二，剃龍頭」很重視，誰都想圖個好兆頭。古時候有正月裡不剃頭的習俗，沿襲到今，就是不管頭髮多長，都要一直等到二月二才理髮。對這一天理髮的人來說，重要的不是理髮本身，而是討個吉利：大家都來剃龍頭。

▲ 村民敬山　　　　　　　　▲ 拜山神

　　二月二這天，在院子裡用灶灰撒成一個個大圓圈，將五穀雜糧放於中間，稱作「打囤」或「填倉」。大人小孩還唸著：「二月二，龍抬頭，大倉滿，小倉流。」預祝當年五穀豐登，倉囤盈滿。

　　舊時，二月二清早，人們從井裡挑水回家，倒入水缸，謂之「引錢龍」。據說誰家最先把水挑回家，就是最先引到了錢龍，誰家這一年就會有最好的財運。所以經常出現二月二凌晨爭先恐後挑水的情形。時至今日，雖然不用去水井裡挑水了，人們還是會早早地從自來水管裡接水，寓意不變。

　　清明節　先是在家祭祖，主要方式是焚香叩頭，供奉祭品，祈求祖先保佑後代平安昌盛，子孫萬代後繼有人。

　　上墳掃墓，又稱墓祭，主要方式是為死者燒香、上供、燒紙，給墳墓培土、除草、修墳立碑。掃墓時，人們要攜帶酒食果品、紙錢等物品到墓地，將食物供祭在親人墓前，再將紙錢焚化，為墳墓培上新土，折幾枝嫩綠的新枝插在墳上，然後叩頭行禮祭拜。

　　踏青也叫春遊，是清明節的主要活動。踏青的目的，喻人如青山，長生不老，人如青草，子孫繁衍，萬代不絕。

　　清明要吃豆腐，「清明不吃豆腐，窮的亂哆嗦」。還要吃雞蛋，「清明不吃雞蛋，窮的亂顫」，還有「清明不脫棉襖，死了變家雀」，以及「清明不脫棉褲，死了變兔子」等說法。

　　山神節　山神節，顧名思義，就是祭奉山神的節日。是通化地區特有的節日，深受百姓重視，在某些鄉村，山神節是僅次於春節的第二大節日。村民們把祭拜山神的活動稱之為敬山。

　　每年農曆三月，春回大地、萬物復甦，採礦、營林、打獵、挖參開始之

▲ 粽子

▲ 門上插掛艾蒿

時，山裡人都要舉行祭祀山神的儀式。祭神多在農曆三月十六，祭祀時，行業頭領要率領眾夥計們到山神廟（沒有山神廟的可以在山下選擇一個祭祀的地方），鳴鞭放炮，燒香擺供，磕頭許願，求山神保佑全年業興人旺。最後，還要請夥計們大碗酒、大塊肉地好好吃上一頓。

端午節 粽子古稱糉（zòng）、角黍、黏黍。不只是吃，而且還作為禮品相贈，作為祭品以弔屈原。這種來自南方的習俗如今已在全國普及，也成為通化縣的主要節日習俗。

古人認為「重午」是犯禁忌的日子，此時五毒盡出，因此端午風俗多為驅邪避毒。南長白山地區端午節插掛艾蒿是一項重要的風俗，也是端午節活動的重要內容之一。

每逢農曆五月初五，天剛剛放亮，人們便成群結隊地到山上採艾蒿帶回家，插掛在門上、窗上，這種風俗叫「插艾」。有用剛剛採來的艾葉浸泡的水洗臉、洗手、洗身。據說，用艾葉水洗了，就可以不遭蚊蟲叮咬。艾葉置於家中可以「關邪」。

清明要戴香包。香包亦叫香囊。其根源是古代的「艾虎」「艾符」，婦女給小孩在端午節佩虎形包，穿虎頭鞋，戴虎頭帽，夜晚睡虎頭枕，她們認為虎是「百獸之王」，虎能為人壯膽關邪，小孩會在虎的庇護下長命百歲。

端午節這天，大人們在兒童的手腕、腿腕和脖子上繫上五色絲。也就是用青、紅、白、黑、黃五種顏色的線搓成繩繫上，可以驅惡免疾，長命百歲。

▲ 香包

▲ 煮蛋

▲ 用來染指甲的野草

人們認為五色絲代表東、南、西、北、中五方，戴在脖頸或手足腕上，不論哪一方來的鬼怪都可以被五色龍鎮壓住，起到「辟鬼及兵，祛邪辟瘟」的作用。佩戴的人們可以繫住性命，保證兒童健康成長，因而把五色絲叫「長命縷」，專給兒童繫戴，把小孩鎖住，邪鬼惡神不會上身。

端午早上，主婦們將雞蛋、鴨蛋、鵝蛋煮熟，這一天可以盡情地吃蛋，還要把五月初一那天小雞生的蛋單獨做好記號，讓孩子吃下，據說這樣可以免除孩子的災禍，日後孩子也不會肚子疼。

端午節到來的時候，野生的指甲草也長大了，拔一大把，再採一些「大布衫子」（另外一種野生植物）葉，找一塊大石頭，把指甲草搗碎，搗成糊糊。吃完晚飯，母親把搗好的指甲草泥攤在闊大的大布衫子葉上，包在孩子的手指上，用長長的線繩細緻地綁緊。早上起來，孩子們就擁有了瑪瑙般紅亮紅亮的指甲。

中秋節　這天，明月升起後，在院子裡擺放供桌，放上月餅、蘋果、梨、葡萄等水果，點起三炷香，全家人遙向清空對著月亮叩頭，禮拜之後，圍坐在桌邊品嚐月餅和水果。

中秋節又稱「團圓節」。無論遠在異國他鄉，還是近在左右的村落，人人都要放下手中的事，攜兒帶女趕回老家「團圓」。中秋之夜，天高雲淡，皓月當空，那圓圓的明月，象徵人間的團圓。中秋的飲食，月餅是圓的，瓜果是圓的，這些像徵團圓的東西會讓人沉浸

▲ 中秋祭月

在和睦、溫馨、團圓、幸福的氛圍之中。那些遠離家鄉的遊子，目睹秋空皓

月，銀光傾瀉，發出「舉頭望明月，低頭思故鄉」的無限感慨以及「但願人長久，千里共嬋娟」的祈願。中秋節不單是一個喜慶豐收的節日，還蘊含著傳統文化的精髓。

寒衣節　每年農曆十月初一，謂之「十月朝」，又稱祭祖節、寒衣節、冥陰節。這一天，特別注重祭奠先亡之人，謂之送寒衣。人們要焚燒五色紙，為其送去禦寒的衣物。

一般在近處的親人都要到墳地去燒紙祭奠，清理一下墳地上的枯草，對塌陷地方培一下土。遠在外地回不來的，選擇一個十字路口燒紙。十字路口代表四通八達，可以儘快把你「燒」的錢送達親人手中買寒衣。燒紙表示對另一個世界親人的牽掛和懷念。紙就代表錢，紙化灰燼是錢已「捎」走了。

據說，凡屬送給逝者的衣物、冥鈔諸物都要燒得乾乾淨淨，這些陽世的紙張，才能轉化為陰曹地府的綾羅綢緞、金銀財寶，如果有一點沒有燒盡，亡人會無法使用。

臘八節　臘八粥在古時是用紅小豆、糯米煮成，後來材料逐漸增多。多用糯米、紅豆、大棗、栗子、花生、白果、蓮子、百合等煮成甜粥。也有加入桂圓、龍眼肉、蜜餞等同煮的。冬季吃一碗熱氣騰騰的臘八粥，既可口有營養，又能增福增壽。

臘八蒜就是在陰曆臘月初八的這天來泡製蒜。將剝了皮的蒜瓣兒放到一個可以密封的罐子、瓶子之類的容器裡面，然後倒入醋，封上口放到一個冷的地方。慢慢地，泡在醋中的蒜就會變綠，最後變得通體碧綠，如同翡翠碧玉。

婚俗

古時候，人們以黃昏為吉時，「昏」是男女結親的最佳時辰。「婚」本來寫作「昏」，女字旁是後來加上去的。「姻」本來也沒有女字旁的，女子因之有了丈夫，父母因之嫁女，所以叫姻。《禮記》註疏說：婿曰婚，女曰姻。婿以昏時來迎，女則因之而去，故名「婚姻」。

「房中月朗圓一夢，洞中花香樂百年。」婚姻是人生中的大事，所歷程序是必不可少的。通化縣人結婚是很熱鬧的，不僅有漢族傳統的婚禮程序，其中更摻雜有滿族的風俗習慣。

漢族婚俗 媒人可以是親友、熟人，也可以是專門的媒婆。他們按照門當戶對、年齡般配、家境基本相當等條件，往返男女雙方家中說合。若雙方有意，則由男方向女方提親。來女方家提親的越多，女方家越感到榮耀，即所謂

▲ 媒婆

「一家女百家求」。若雙方滿意，兩家要互換年庚帖子，把男女雙方的出生年月日時辰寫在上面，因為正好是八個字，所以又叫「八字」。兩家得到對方的「八字」後，先把它壓在神佛面前的香爐下，沒有供神佛的就壓在祖先的牌位香爐下。三天內家中沒有生病、失物、火災、口角、打碎家什等不快事情發生，這個「八字」才有合婚的希望。再請算命先生合婚，看兩人的「八字」是「相生」還是「相剋」，如二人「八字」相合才可進行結親的事。

由媒人約男女雙方到第三者家中見面，如彼此相中，就可建立戀愛關係。經過多次交往，認為條件成熟，男方邀女方到家看家。這時男方要把家修飾一番，把值錢的東西亮出來，家長也要穿戴整潔，有的甚至借別人的東西，以示家庭富有。女方若滿意就會答應留下來吃飯，男方父母則要掏錢給女方做「見面禮」。

相看完畢，如果雙方都同意，那就下聘禮訂婚，也叫定親。先由男方出錢，購買衣物、金戒指等新婚用品，接著就選擇吉日「過禮」。由女方家預備酒席，男方家拉著親朋好友將聘禮、彩禮錢等送到女方家，在女方家吃一頓飯，這就算是定親了。以前一般要舉行個儀式，請親朋好友街坊四鄰做客。訂婚後，夫妻關係基本確立，別人就不再來求親了。逢年過節，男方要到女方家串門兒，好臉兒的女方也會到男方家串門兒，但來也不白來，臨走時，男方家長要給女方一定的錢財或禮物。

婚禮的頭一天。男方家由全福人（俗稱「全科人兒」，就是夫妻雙方都健在，有兒有女的人）佈置好洞房，被子四周放紅棗、花生、桂圓、栗子、高粱、斧子等物，中間放一如意，意味著「早生貴子，萬事如意」。沒有這些東西的，怎麼也得放上裹著紅布的斧子，炕席底下撒上高粱粒兒，牆上、門窗上貼滿大紅雙喜字和對聯，家裡人購置酒宴的材料，並請支客人（即代東的）、撈忙的（也就是在婚禮酒宴上幫忙的）吃飯酬謝。

這天，新郎官還要在直系親屬的陪同下，帶著酒肉、供品和響器班子到祖墳前燒紙上香，告訴長輩：咱們家又添人進口了！

▲ 迎親

　　男方家的老親少友都從四面八方陸續趕來隨份子喝喜酒，道兒遠的還要在這兒住一宿。因此，一家辦喜事，四鄰都跟著喜慶。

　　這一天，女方向男家送嫁妝。嫁妝多是箱、櫃、桌、椅、被、褥等生活必需品。被縟講究「兩鋪兩蓋」（兩床被、兩床褥子）或「四鋪四蓋」。

　　由女方來的送嫁妝的男賓和男方家人一起安床、鋪床，床的四周放上栗子和棗，以求早生貴子。

　　迎親前一天女方家是很忙的，要安排車，找親屬送親，將男方家送過來的彩禮以及娘家陪送的東西都裝上車。近代人的婚禮一般選擇在上午的吉時完成（中午以後結婚的一般都是二婚，即再婚），因此正日子這天天不亮，女方家就開始忙活。最辛苦的是新娘子，因為她要化妝盤頭，把自己打扮得足夠漂亮。

　　迎親這天，男方首先要做好出發前的準備，一是要準備好四彩禮：帶兩根以上豬肋條的豬肉（俗稱離娘肉），白糖兩斤，大蔥四棵，粉條四把。意思是女兒雖然出嫁，但仍然與娘骨肉相連；大蔥要帶根，今後的日子過得「沖」，

生的孩子聰明；粉條和白糖表示甜甜蜜蜜長長遠遠。二是要把新房房前屋後的井和帶坑的地方用紅紙或紅布蓋上，以免犯沖；迎親時將要路過的下水井蓋也要用紅布蓋上，人們認為下面藏污納垢，踩到井蓋的人會倒楣。

▲ 新郎背新娘上轎

到女方家後要先敲門，邊敲門邊喊爸媽開門。門開後，新娘父母站在門口迎接男方接親人員。由新郎向岳父岳母從長輩開始介紹接親的親屬，雙方握手寒暄進屋落座後，新郎面向父母站好，正式改口叫爸叫媽並三鞠躬，然後給爸爸點根喜煙，給媽媽剝塊喜糖。這煙和糖可不是白抽白吃的，要給新姑爺「改口錢」。錢數可以是九九元，或九九九元，九九九九元等，意思是天長地久。新郎則向岳父岳母保證以後要善待新娘，孝敬雙方父母。然後開始吃早就煮好的麵條，這一碗麵條裡有兩個雞蛋，新郎新娘相互夾給對方吃，意為互敬互愛。

之後，新娘的母親要餵新娘一口「上轎飯」，意為不忘養育之恩。新娘離家時要抓一把喜盒裡的硬幣，並且兩腳不能沾土，由兄長抱著上車（轎），也可由新郎背上轎。總之怕新娘沾走娘家的灰土，帶走娘家的福氣。

車上放一個包有臉盆和鏡子的包袱（意為「包福」）。上車後，繞村一週才能去男方家。新郎新娘以及伴郎伴娘坐頭車，其餘的親朋好友等送親的人可以坐後續的車。如果男女雙方是一個村的也得繞村一週，是外村的，到了男方所在村子也要繞村一週，然後下車。

▲ 接福盆，給婆婆戴花

嫁娶途中如果有兩家迎親隊伍相遇，為了避凶求吉，迎親隊伍雙方互換手帕，達到皆大歡喜的目的，這叫作迎親的喜沖喜。

喜車到來時，新娘暫不下轎，這叫「憋性」，意思是改改新娘的脾氣。然後

新媳婦兒在車上接過婆婆端著的那個放著蔥的銅盆洗手，洗完手後給婆婆戴花，脆生生、甜甜地喊婆婆一聲「媽」，婆婆便美滋滋地答應一聲，然後從口袋裡掏出早就預備好的「改口錢」給新媳婦。這錢是不能省的，而且隨著生活水平的提高，錢數也在上漲，由最初的一〇一元，逐步上升到一〇〇一、一〇〇〇一，意味著這是百里挑一、千里挑一、萬里挑一的好媳婦。

▲ 夫妻對拜

▲ 新人入洞房

給完改口錢後，新娘下車，到洞房裡先去坐福。到洞房前，新郎要用秤桿或馬鞭將紅蓋頭挑起扔到房上，門口放馬鞍，還有炭火盆，新娘必須一步跨過，謂之「步步登高」「紅紅火火」「歲歲平安」。在送入洞房時，門口可由一些能開玩笑的弟弟妹妹們手拿五彩糧，照著新娘子的頭揚撒。

洞房的炕上，新娘子不脫鞋上炕坐在中間。新郎官給新媳婦脫完鞋後，也上炕圍著新娘子繞行一週後，坐在新娘子旁邊。新娘將裹著紅布的斧子坐在屁股底下，意為「坐福」。

坐福時要再次用放著蔥的銅盆洗手、洗臉或梳頭，這是開臉。這期間，送親的女方家屬要做的事是擺放家具。這些活兒一般由新娘的弟弟來完成，新郎家要給賞錢。還要疊被，一般由女方的妹妹來完成，男方被口朝外，女方被口朝裡，交替疊好。同時還要給來送新娘子的娘家親戚帶的小孩兒賞錢，即壓轎錢。男方家也不能閒著，小姑子或小叔子要來拉嫂子一把，「小叔子（或小姑子）拉一把，又有騾子又有馬」。

吉時一到，代東的或婚禮司儀先來個開場白，接著就是例行程序：包括新人登場、拜天地、拜高堂、拜謝娘家人、答謝紅娘、向來賓行新婚大禮、夫妻對拜、男方親屬代表向新人致賀辭、女方親屬代表向新人致賀辭、婚禮特邀嘉賓向新人致賀詞、新郎致答謝詞、新娘致答謝詞、證婚人致辭、男方父母致

辭、女方父母致詞、慶典結束、喜宴開場。

在宴席上，新人要拜席，感謝大家來參加婚禮。娘家親屬要賞一對新人的拜席錢。隨後新郎父母也在代東的帶領下，給娘家貴賓敬酒，並額外給娘家親屬加四個特色菜，這叫作「娘家賞菜」。女方家屬要給廚師賞錢。

娘家客人要在十二點之前離開。新郎可以去送行，此時娘家會給賞錢。新娘子此時則需哭一場，表示對娘家人的不捨。新娘子的眼淚被稱為金豆子，掉的眼淚越多，表示兩個人以後的生活就會越富有。

入洞房。當新人雙雙進入洞房後，要在炕沿上並肩坐好，然後由「全福人」招呼。

洞房裡的新人先要行合巹禮、喝交杯酒。行禮時由全福人斟滿兩杯酒，新婚夫婦各呷一口，互換酒杯，再飲一口，即為「合巹（jǐn）禮」，也叫交杯酒，以示百年好合。

喝完後，兩人爭坐喜被，誰先坐在中間誰為吉。這時開始鬧洞房。最常見的活動就是讓新娘子點煙，讓兩個人咬蘋果等。大伯嫂摸洞房的釘錠，並說「摸摸門鼻兒，明年生個侄」。小姑子在洞房外面軲轆墩子，唸唸有詞「軲轆軲轆墩，明年給老太太抱個孫兒」。鬧洞房無大小，只要不過分，想開點玩笑熱鬧熱鬧都在情理之中。

婚後第三天，新郎、新娘要早起拜祖神，然後拜公婆及族中尊長。這以後，就不可以和長輩開玩笑了。婚後七日回門，新郎新娘要拎著四盒禮回娘家，拜謁妻子的父母和親屬。回門是婚事的最後一項儀式。在回門當天，新娘應走在前面。當新娘新郎到女方家後，女家都會設宴款待，會請女婿坐在上席。宴席結束後，新人可在女方家休息一會，在娘家吃完午飯後再回婆家。通常女方家不會留宿，因為有一個月內不空房的習俗。

滿族婚俗 男婚女嫁是人生中的一件大事，滿族人遵循「婚必兩姓，同是旗人」的原則，婚禮儀式都非常講究。

滿族人的婚嫁也要經過說媒、合婚、訂婚和結婚幾個階段。說媒和合婚同

漢族人的婚俗相似，這裡主要說一下訂婚和結婚。

訂婚要過小禮。合婚後，送了「門戶帖子」，雙方同意了，下邊便是正式議婚，有的叫「過小禮」。有的鄉下偏僻，禮物少，只拿去首飾，如戒指、耳環、頭簪。男方的母親為未過門的兒媳戴上戒指、耳環，意思是你們家這位姑娘我們聘了。過小禮時，沒過門的兒媳要給未來的婆婆裝煙、點煙（東北特有的旱煙袋，很長）。裝煙、點煙是滿族的重要禮節。

過完小禮之後，由男家擇好吉日良辰，男方家長再去女家，帶幾樣禮物，其中有酒、豬肉、衣料、粉條等，這等於正式的會親家。女家設宴盛情款待，親家換盅。男女兩方家長面對屋裡西牆的祖宗龕子叩頭，等於在女方家的祖宗面前表示「我們兩家從今以後結成親屬了」。這時將結婚的日子、聘大禮（過大禮、放大定）的彩禮種類、數目均要商定。

換盅之後要過彩禮（過二遍禮、放大定）。男方給女方的大禮，是事先商定好的，大體有個數目，主要是金銀首飾和衣服被褥的面料，這些都是給女方準備嫁妝用的。女方招待男方稱為「納彩」。女家在正式製作衣袍被褥之前，要把男家送的這些聘禮擺在西牆祖宗神位之前，由新娘的母親或伯母、嬸母象

▲ 滿族人的大煙袋

徵性地在布料上鉸第一剪。這個儀式叫作「開剪」，意思是稟告祖先要為姑娘準備出嫁的事了。要出嫁的姑娘本人，最晚從訂婚起，就開始為自己準備嫁妝，主要是刺繡的荷包、腰搭、枕頭頂、幔帳套等等。一般都有許多件，而且要儘自己的手藝技巧，精工細做。既備結婚應用，也為「亮箱」時展示。

結婚儀式一般前後都要三天。

主要程序是：迎親，插車，拜天地，坐帳，揭蓋頭，認親，認大小，回門等。

結婚之日，舉行迎親儀式。待嫁姑娘臨行前，要向祖宗神位磕頭辭行，由哥哥把她抱到男家的車或轎上，這種習俗叫「插車」。路途近，男方用彩車或彩轎吹奏鼓樂迎接新娘。路途遠，正日子的前一天，新娘坐彩車，帶上嫁妝，送到迎親新車前。男方要敬三杯酒，稱下馬酒。並把嫁妝先拉回男方家安置，而新娘先借宿到別人家，名曰打下處，等待第二天的良辰吉日。

第二天是婚嫁的「正日子」。清晨，在喜慶的鼓樂聲中，男方家要把喜車或喜轎在自家大門口「亮相」。去時迎親隊伍人數為單數，回來時加上新娘為雙數，意味著成雙成對。前往迎親的途中要由一個小男孩坐在裡面「壓轎」或「壓車」，一般是由新郎的侄兒或外甥充當。喜車的後面是新郎親友坐的車，多為女眷。其中有一位是事先選定的接親婆，俗稱「迎親太太」，由新郎家庭中能說會道、熟悉禮節的婦女擔任，但必須是兒女齊全的「全科人」。她和隨新娘同來的「送親太太」一起主持成婚儀式的典禮，也是迎親隊伍的指揮者。

男方家要給女方家帶回去「離娘肉」，四根豬肋條骨，兩捆粉條，幾根大蔥，用紅紙包好，交送迎親的人給姑娘家帶回去。

當喜車來到男方家門口時，鞭炮齊鳴，鑼鼓喧天。新娘暫不下轎，要先「憋性」，而新郎要在轎底下拉三弓，射三箭，以示驅邪之意。然後新娘換上「踩堂鞋」，在人們的攙扶下，走到院內的天地桌前。

天地桌擺放在正房門口的前面，桌子上放著一個斗，斗前貼上一個大紅雙喜字，斗裡裝滿紅高粱，插上一張弓和一支箭，斗前有香爐，上面燃著香，香

爐兩旁供有饅頭和水果等。

在鼓樂聲中，新娘新郎並肩而立，面向天地桌雙雙跪拜三次：一拜北斗（滿族老人常講，我們是從長白山來的，衝北方拜就是祭拜長白山祖神。也有的說是拜北斗七星），二拜長輩，三是夫妻對拜。然後新娘由人攙扶走到洞房門外時，新郎用秤桿挑去新娘頭上的紅蓋頭，並把它扔到屋頂上。

在洞房門口，放一個馬鞍，新娘跨過去，取平安之意。

屋門口還放一個火盆，新娘跨過去，意味以後的日子紅紅火火。

新娘進屋上炕之後，也要「坐福」、夫妻喝交杯酒、吃合喜麵。

親朋好友鬧洞房。常見的喜慶歌謠有：「一倒金，二倒銀，三倒驟馬成了群。」「被窩一放，孩子一炕，一炕一炕別打仗。被窩一拎，孩子一群，一群一群別鬧人。被頭搭被頭，養活孩子住高樓。被邊搭被邊兒，養活孩子作高官兒。」等等。

結婚第二天「認親」。早起要拜祖宗神龕，然後拜見公婆，新郎的弟弟妹妹等。所以，認親也叫「分大小」。這一天還要「亮箱」。新娘將婚前做好的繡品，如襪子、鞋、腰搭、枕頭頂、荷包等，都向人們展示出來。「亮箱」有兩個意思，一是亮亮新娘的手藝；二是送與尊長至親作為見面禮，表示一點心意。總之，要讓人家（包括家人、親友、村子裡的人）佩服，誇獎這家娶的新媳婦心靈手巧。

新娘拜見婆家長輩、親戚，並為長輩見禮，裝煙，長輩要給裝煙錢。

▲ 朝鮮族婚禮

婚後七日（也有三日的），新娘和新郎要帶婆婆給新媳婦回娘家備好的「四彩禮」回門。一般，近道的當太陽落山前回到娘家。

婚後一個月，新娘回娘家「住對月」。「住對月」的新娘返回婆家時，要帶自己做的鞋襪等送給公婆。

▲ 朝鮮族舞蹈

　　朝鮮族婚俗　朝鮮族婚姻為一夫一妻制。近親、同親、同姓不婚。「男主外，女主內」是一種普遍習俗。朝鮮族有兩種婚姻方式：一種是丈夫嫁到女方家，丈夫和子女皆屬女方家庭成員，像漢族的「倒插門」「招養老女婿」；二是「考驗婚」，丈夫到妻子家居住一個時期，無償地在女家「服役」，接受各種考驗。經過一定時間並考驗合格後才能將妻子領回自己的家。

　　姑娘到了出嫁的年齡，父母就給女兒在大屋的後面蓋一個小屋，叫作「婿屋」。姑娘住在這個屋裡，凡有求親者，父母看中了就同意他到屋內與姑娘同居，從此以後，姑娘的花銷由男方負責，等生了孩子就連媳婦帶孩子一起接回家。

　　姑娘和小夥的接觸傳話需要一個「媒人」。男方家讓媒人到女方家「看善」。如女方家滿意，小夥子就可以正式向姑娘求婚，女方若也同意，男方家就往女方家送「四柱」。即人的出生年、月、日、時之干支組合，俗稱「八字」。女方再拿姑娘的「八字」看是否相合和相剋。如相合，男方擇日確定婚禮日期，並送彩禮到女方家。「納吉」禮是新郎家向新娘家通知吉日。「納幣」禮是新郎家送的青緞、紅緞等彩禮。

朝鮮族的習俗要求男方在婚前送彩禮給女方的家裡，結婚時新房裡的一切家具、被褥、生活用品都由女方準備，作為新娘的嫁妝，在結婚的喜日子裡送來。

朝鮮族傳統婚禮儀式一般按奠雁禮、交拜禮、房合禮、席宴禮等順序進行。「奠雁禮」是指新郎迎親時帶去一隻木製的彩色模雁，放在新娘家門外的一張小桌上，把模雁輕輕向前推三次，之後行跪拜禮。雁是雙宿雙飛、生死不離的鳥類。奠雁象徵著新郎新娘像雁一樣永遠相愛，守貞節，不分離。

奠雁禮後，新郎新娘一內一外相互跪拜，然後交換酒杯互相敬酒。交拜禮後，新郎進入新娘房間，同新娘見面，互問家安，是謂房合禮。

席宴禮就是新郎接受婚席。席上擺滿糕餅、糖果，然後給新郎上飯上湯，在大米飯的碗底要放三個去皮的熟雞蛋。新郎用飯時要吃雞蛋，但不全吃，留一個在碗底下，等退席後，由新娘吃新郎留下的雞蛋。

新娘離家上轎前，要向父母長輩叩頭告別。新娘坐轎到新郎家後，舉行新娘婚席。新娘婚席一般在院子裡舉行，以便全屯人都來觀看慶賀。新娘婚席比新郎婚席要豐盛，在桌上一定要擺上一隻煮熟的整隻昂首挺胸的大公雞，嘴裡還叼著一個大紅辣椒，以示吉祥。新娘婚席擺好後，先請陪新娘前來的近親過目，以示男方不虧待新娘。

婚後的第二天早上，新娘備好禮品叩見公婆和近親，叫姑舅禮。

朝鮮族禮節很嚴，晚輩對長輩說話必須用敬語；平輩之間初次見面也要用敬語；與長者同路時，年輕人必須走在長者後面；路遇認識的長者，要問安讓路；就餐時給老人擺單人桌，父子不同席，兒媳恭順地侍候，待老人吃完，全家才能就餐；晚輩不能在長輩面前喝酒，席間若無法迴避時，年輕人應舉杯背席而飲；年輕人不能在老人面前吸菸，不能借火，更不能和老人對火。

餐桌上，匙箸、飯湯的擺法都有固定的位置。匙箸應擺在用餐者的右側，飯擺在桌面的左側，湯碗擺在右側，帶湯的菜餚擺在近處，不帶湯的菜餚擺在其次的位置上，調味品擺在中心等。婚喪、佳節期間不殺狗、不食狗肉。

游藝

抓嘎拉哈　嘎拉哈是滿語譯音,俗稱「背式骨」,指獸類後腿膝蓋部位、腿骨和脛骨交接處的一塊獨立的拐踝骨,也就是豬、羊等動物後腿關節上的一塊小骨頭。其形狀是長方體,兩個大面,兩個長條面,還有兩頭的小面,形狀不規則。清人《塞上雜記》云:「有棱起如雲者,為珍兒,珍兒背為鬼兒,俯者為背兒,仰者為梢兒。」

嘎拉哈是通化縣地區比較流行的一種民間遊戲。嘎拉哈四面凸凹不平,每面都有特定的名稱,各地不同。吉林的葉赫稱為「珍兒」「肚兒」「輪兒」「坑兒」,遼寧北部稱為「珍兒」「輪兒」「殼兒」「背兒」。現在通行的玩法是先將嘎拉哈散開,拋起小布口袋,在其尚未落下時,依次翻動嘎拉哈的四面,或按規定個數抓起嘎拉哈,以合要求且口袋不失手者為勝。

跑馬城　跑馬城是一種兒童遊戲,分為人數相當的兩列,兩列相距約十幾米,相對而站,手拉手形成人牆。

遊戲開始時,甲隊喊:「急急令!」乙隊喊:「跑馬城。」甲隊喊:「馬城開。」乙隊喊:「打發小姐送信來!」甲隊喊:「要哪個?」乙隊喊:「要××。」甲隊喊:「××不在家。」乙隊喊:「要×××。」這時甲隊被點到的×××便向乙隊的人牆奔跑並猛力撞去,如果把乙隊的人牆撞開,就贏回一個人帶回甲隊,如果沒有撞開,自己就歸為乙隊。然後再由乙隊先喊,反覆進行,最後哪隊人多哪隊獲勝。這個遊戲是滿族人闖關守城的一種反映。

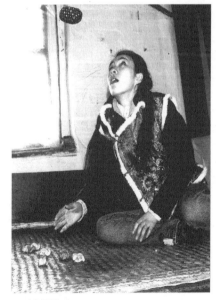

▲ 抓嘎拉哈

騎馬戰　也叫「騎馬打仗」，是滿族和錫伯族兒童的一種遊戲。騎同伴身上的雙方或幾方互相推拉，設法把對方拉下「馬」，拉對方下「馬」者為勝。主要在沙地上玩，否則摔下來太疼。

首先十幾個孩子分成兩撥，然後自願組合，兩人一組，一般比較高大的孩子當馬，把另一個背起來，然後兩撥人就上馬開打，對沖。騎馬的人可以用手拉扯對方，只要把人從馬上拉下來或使對方連人帶馬一起摔倒，對方這一對就得下場。這樣一直拉扯下去，直至對方一對都不剩。

當馬的孩子不准動手拉扯對方，但可以用身體去撞對方的馬。做一匹好「馬」是要學習一些戰術的：一般開始對衝的時候都是兩三對一起衝到對方最厲害的一對面前，合力給他拉下來。但也不是太奏效，因為對方總會有別的人保護。所以大部分情況是比較厲害人和對方正面拉鋸，不厲害的就想辦法迂迴到對方後面去偷襲。如果迂迴的時候受阻被幹掉也只好認倒楣了。騎馬打仗這個遊戲體現了這兩個民族喜歡騎馬征戰的尚武精神。

下五道　流傳在通化縣地區的一種民間遊戲，此棋棋盤大小為五線乘以五線，共二十五個點。行動走法偏重於陣型排布和走動順序（形成「槍」的時機），落子方位卻是相對而言的。

準備下「五道」的人先畫一個正方形，在正方形內橫豎各添三條線，這樣，棋盤上橫看豎看都有五條「道」，無論面對哪一面，都有五個橫豎相交的點。

對弈的雙方各尋棋子——一方揀五個石子，另一方則撅五根三兩釐米長的小木棍。雙方各有五子，位於己方底線，一字排開，互相推讓一下，由一方先走，任意棋子只能走到其相鄰的四個點上（棋子不可重疊），不可跳躍行走。

遊戲的規則很簡單：當某方在一次走子中，己方兩子相鄰並呈一條直線（稱之為「槍」），此直線上，敵方棋子亦與己方棋子相鄰（槍口位置），且後方無根，則可吃掉敵方此棋子；若此「槍」並非此步走子形成，則為「死槍」，敵方棋子走在「槍口」時，不會被吃子；若敵方棋子後方有其他棋子，則為其

▲ 摔跤

「根」，亦不可吃子。棋子可進可退可橫移，只要不落單，對方就束手無策。

通常，先出棋的人會把「一三五」的位置當成「頭三腳」，後出棋者則定位在「二四」上形成犄角之勢，五個棋子前攻後守，結成兩兩聯盟。可惜在以雙制勝的棋盤上，總會有一個棋子得不到應有的照應，加上棋盤上道路狹窄，一不小心撞上槍口，只好壯烈犧牲。

某方只剩一子時，判負，另一方為贏家：兩方若各自偏安一隅，二十步內未有吃子，可協商和棋。

摔跤 也稱「撩跤」或「摜跤」，過去也稱「角力」或「角抵」，朝鮮語稱「西魚姆」，是朝鮮族歷史悠久的民間體育活動項目。每逢端午節，摔跤強手爭標奪魁，競爭非常激烈。朝鮮族摔跤與蒙古族摔跤、哈薩克族摔跤、彝族摔跤等都不同，使用腿帶是它的最大特點。腿帶用麻布或白棉布做成，長約三米，以九十釐米圍在腰際，餘則纏在右大腿上。腰上還要纏繫上一根約一點五米長的布腰帶。比賽時，雙方右膝著地，左膝彎曲，身體略向前傾，足掌扣地面，互相摟住右肩，各用左手抓住對方的腿帶，用右手抓住對方的腰帶。比賽規則是，裁判員哨響，雙方起立比賽。比賽過程中，不許扭對方的脖子和胳膊，不准用頭或拳頭傷害對手，凡故意傷害對方者，即發警告制止，嚴重的甚至勒令退場。但可以採用內勾，外勾，背肚子摔倒等多種技巧。無時間限制，

以摔倒對方為勝。正規比賽一般採取三戰兩勝制和兒童、少年、壯年三個級別。經過多局較量後決出獲勝者，人們常選一頭肥壯的黃牛作為獎品獎給優勝者，比賽結束時獲勝者牽著黃牛在鑼鼓聲中繞場一週。

盪鞦韆　是朝鮮族婦女的運動項目。朝鮮族的鞦韆，亦稱「半仙之戲」。設備比較簡單，過去一般均將鞦韆繩拴在高大樹木的橫枝上，現在多用木頭或鐵管製作專用鞦韆架，橫梁上繫兩條繩索，下拴蹬踏的木板即可。朝鮮族的鞦韆有單人盪和雙人盪兩種。測定優勝的方法一般有四種：一種是在鞦韆架的前方立兩根桿子，上面橫拉一根掛有鈴鐺的繩子，以參賽者碰響鈴鐺次數的多少定勝負；第二種是逐漸升高掛鈴鐺的繩子，最後以高者為勝；第三種是在踏板下面拴一條繩子，用拉起的繩子的長短來判定勝負；第四種是以鞦韆架前方樹上的樹葉或花朵為目標，用腳碰著或用嘴咬著者為勝。盪鞦韆需要體力，技巧，更需要勇敢的精神，它充分體現了朝鮮族婦女文雅而又勇敢的性格。每一年，一到端午節或農閒時節，朝鮮族婦女們便穿著節日的盛裝去參加鞦韆比賽。

跳板　也是朝鮮族婦女喜愛的運動項目之一。朝鮮族民間有句俗話：「姑娘時不跳跳板，出嫁後就會難產。」因此，跳板運動很受重視與喜愛。民間跳板長五點五米，寬四十釐米左右，厚五至六釐米。跳板中間立板墊，高三十釐米。比賽時兩人一組，分別站在跳板的兩端，利用跳板的反彈力將自己和對手彈向空中，一上一下，忽起忽落。跳的動作一般有直跳，屈腿跳，旋轉跳，剪子跳等。比賽方法一般有兩種：一種為比高度，通常在跳板的兩端各置一線團，抽出線頭繫於參賽者的腳腕上，最後以抽拉出來的線的長度判勝負；另一種是綜合評比，既要看高度，又要看空中的動作、姿態和技巧。所以能做出空翻跳、跳藤圈、舞花環、揮綵帶等驚險、高難度而又優美動作者常能受到眾人的讚賞，贏得比賽的勝利。

▎地名傳說

哈泥河的神話傳說

很久很久以前，哈泥河裡有一條泥鰍精，駐守在哈泥河下游的泥鰍洞裡（泥鰍洞在葫蘆套附近，現已被第一水源地淹沒）。它管理著哈泥河內各種生物的各項事務，哈泥河水從不氾濫，風調雨順年年豐收，兩岸百姓安居樂業。

有一天從佟佳江（今渾江）上來一隻千年王八精，要強占哈泥河，於是泥鰍精和王八精展開了你死我活的搏鬥。從農曆七月初七打到七月十五，足足大戰了七天七夜難分勝敗，只打得河水暴漲泥沙翻滾，雙方都受了重傷才停戰，約定明年清明節再戰。

第二年清明節到了，河也開了，王八精又找上門，雙方話不投機又打了起

▲ 寧靜的冬天

▲ 此心安處是吾鄉

來。哈泥河兩岸的老百姓得知此事之後，為感激泥鰍精對百姓的恩惠，男女老少紛紛前來助陣。大小車輛，肩挑背扛往河裡倒淤泥，因為泥鰍精最喜歡淤泥，有了老百姓的幫助，泥鰍精如虎添翼越戰越勇。王八精最討厭淤泥渾水，嗆得它喘不上氣來，眼睛也看不見了，四爪朝天翻了白，敗下陣來順流而下又回到了佟佳江，從此哈泥河裡無王八。

　　每年農曆三月初三是玉皇大帝夫人王母娘娘的壽誕之日，各路神仙精靈都要參加蟠桃會獻禮祝壽，同時也是玉帝對下屬封賞之時。席間玉帝問泥鰍精：「你可有百河？」答：「有。」玉帝道：「你逐條河給我報上名來。」於是泥鰍精就一條河一條河地唸著名字，接連數了兩三遍只有九十九條。原來它和王八精剛打完仗不久，筋疲力盡傷還沒有養好，糊裡糊塗把它自己住的哈泥河給忘了。玉帝笑著說：「沒有百河不稱江，所以也就不能封你為龍，你還是回去哈（山東話管喝叫哈）你的泥吧。」泥鰍精從天上回來以後，從泥鰍洞搬到河裡

的背陰庭（回頭溝村附近），潛心修練。打那以後哈泥河因為受了皇封所以流傳至今。

富爾江鄉老虎洞溝的傳說

從前，富爾江鄉的鹼廠溝地廣人稀，幾乎每一家都占著一個山坡。其中東山住的是姓關的，這家人背倚青山，家園周圍有一大片肥沃的良田，人們就把這裡稱為「老關家大背子」。

「老關家大背子」最初只住著一對心地善良的夫妻，他們都四十多歲了，仍然沒孩子。有一天，關老漢去山上砍柴，忽然遇見一隻斑斕猛虎，他覺得必死無疑，閉上眼睛瑟瑟發抖。可是過了好久都沒有動靜，只聽到粗重的喘息聲，關老漢不由得睜開了眼睛仔細一瞧，不錯，確實有一隻老虎站在眼前，可是這隻虎一點都不凶悍，倒像一隻大貓似的，用祈求的眼神望著他。

關老漢定下神來，這才看到，老虎的嘴巴合不攏——一根骨頭卡在它的咽喉裡，也不知道卡了多久，老虎痛苦不堪，幾乎流下淚來。

關老漢立刻動了惻隱之心，他忘了面前是一隻凶猛的老虎，心疼地說：「喉嚨讓骨頭卡住了吧？是不是讓我幫你把它取出來？」

老虎好像聽懂了關老漢的話，急忙點了點頭。

關老漢湊過去，扒開虎嘴仔細看，這隻老虎可太不講衛生了——光知道吃肉，不刷牙，再加上喉嚨裡卡了骨頭，它那個口臭的味道，就別提多噁心了，關老漢幾乎被熏了個跟頭。

不過，看到老虎一副可憐相，關老漢背過身去，深吸了一口氣，再次觀察老虎喉嚨裡的骨頭，他把刀把伸進了虎口，試圖把骨頭撬出來。

骨頭深深在卡在那裡，一動也不動。

沒辦法，關老漢只好把手伸進了虎嘴，為了看得清楚些，連腦袋也伸到虎嘴前，他判斷骨頭的走向，小心翼翼地移動著，費了九牛二虎之力，總算把骨頭取出來了。

儘管虎嘴裡流出血來，但看起來並無大礙。關老漢救了猛虎，他用袖子抹

了把額頭上的汗。這時，老虎已經閉了嘴巴，當它確信喉嚨裡已沒有了那個恐怖的異物時，一下子就撲過來，把關老漢撲倒在地。

頃刻間關老漢心灰意冷，想這老虎終究是個畜生，就算救了它，也還是要死在它的尖牙和利爪之下。正在閉目等死，臉上卻有了濕淋淋的溫熱，關老漢睜眼一看，哭笑不得：這龐然大物竟然像溫順的小貓似的，伸著粉紅的舌頭在舔他的臉，一副很親暱的樣子。

那一天老虎圍在關老漢的身邊，久久不肯離去。

此後不久，有一天，夫妻倆一大早就聽見外面的柴門啪啪地響，關老漢出門去看，不見人影，卻有一隻被咬死的甲狍子（公狍子）放在柴門旁。

關老漢把甲狍子收拾了，夫婦兩人飽餐一頓。

然後是山雞、兔子……整個冬天，源源不斷的獵物被送到關老漢的柴門旁邊。

關老漢知道是那隻虎的功勞，他不但看見了虎的巨大爪印，有時還能看到老虎的身影穿過密林。

▲ 小憩

有了老虎的幫助，關老漢一家的日子過得越來越好。這樣的日子轉眼過了三年。有一天夜裡，似睡非睡中，關老漢夢見了那隻老虎，只見它邁著輕盈的步伐走過來，對關老漢說：「我是一隻修行了五百年的虎，就住在不遠的山洞裡。三年前到了修行的關口，差一點命喪黃泉，是你幫我渡過了難關。過了你這一關，我就可以成仙了。如今我要到更遠的地方去修行，臨別無以為贈，就送你幾個兒女，讓你的後世興旺發達吧。」說完，一道白光，老虎不見了，關老漢一激靈，從夢中醒來。

也是在這一年，年近五旬的關老漢的老伴懷孕了，是個雙胞胎，一下子生了兩個白白胖胖的大兒子。兩年之後，又生了一個女兒。關老漢別提多高興了。

正如老虎預言的那樣，關家從此人丁興旺，日子過得越來越好。為了紀念那隻知恩圖報的老虎，就把老虎住過的那條山溝，叫作老虎洞溝。

大泉源的傳說

明末清初，老罕王剛剛興兵。有一天，他帶著將士沿途巡查領地。當他們一行人風雨兼程地來到這裡時，太陽如火，烈日炎炎，多日未雨，莊稼枯焦，老罕王頓時陷入困境。

一日，當他派出的最後一路尋找水源的將士回來報告無果時，老罕王幾近絕望，他大拍胯下戰馬，痛苦至極。

▲ 鄉村風光

此時，老罕王的愛騎彷彿發覺了什麼，它先是口鼻觸地，不停地打著鼻響，而後又揚起它那小盆大的蹄子不停地在地上刨著。很快，戰馬的腳下出現了一個半米深的大坑。漸漸地，這個坑穴變得潮濕起來。老罕王見狀驚奇不已，他翻身跳下戰馬，用戰劍向著坑穴奮力挖去。

奇蹟出現了：汩汩的泉水噴湧而出！

老罕王欣喜不已：「大泉源，好大的泉源！」

老罕王和他的兵士們都喝足了水，繼續前行。住在這裡的人從此再也沒遭受過乾旱。後來，人們乾脆就把這眼泉水當成了整個鄉村的名字。

這就是大泉源及這個地方名字的由來。

三棵榆樹歡喜嶺的傳說

相傳老罕王率兵反明失敗後，兵威大降。從明朝李總兵所駐紮的遼陽逃出來後，一股勁逃進太白山（今長白山一帶），在那裡安營紮寨，到處招兵買馬，建立了百餘處兵台，整日練兵習武，擴充隊伍。

這天老罕王把穆昆達（族長）召集過來，召開軍事會議，他向大家宣布了攻打李總兵的興京堡的意圖，到場的人都十分贊同。

老罕王帶領將士們浩浩蕩蕩地向興京堡進發。隊伍一連走了很多天，將士們個個筋疲力盡，好不容易才到興京堡的城下。

李總兵戰場經驗豐富，老罕王拚命攻打城樓，七天七夜沒見分曉。這時候，老罕王率領的軍隊所帶的軍需糧草已斷，弓箭也日見不足了，當時剛剛過了處暑，一場大雨過後，士兵們不知道得了什麼傳染病，上吐下瀉，身體虛弱。

李總兵聽說了老罕王的軍隊已經沒有糧食下肚，一聲令下，打開城門，順著蘇克素護河谷一路猛殺，直追得老罕王他們拚命地逃過了富爾江，路過通化縣三棵榆樹鎮直到歡喜嶺村所在地的柳條邊溝門（歡喜嶺腳下）才停下兵馬。

老罕王見明兵不再追趕了，方才鬆了口氣，慢慢地來到崗山嶺。老罕王及部下已經是好幾天沒有吃東西了，全身筋疲力盡，個個飢渴難耐。他們垂頭喪

氣地向後撤退，走過一片碧綠茂密的老林子，又爬上一座高山大嶺。老罕王騎在馬上，也是又餓又渴，他一邊向前走動，一邊四處張望。突然發現眼前的一個山坡上，長著好大一片矮棵的榛柴林子，

▲ 草鞋與馬燈

上面還長著一嘟嚕一嘟嚕的果實。他驚喜萬分，翻身下馬，上前採摘了一大把，扒了皮，扔嘴裡一咬，「嘎巴」就開了，吐了皮，裡邊是個黃橙橙的飽滿的仁。他嚼一嚼，又香又脆，真好吃！老罕王不由得喜出望外，立即命令將士們停止前進，一邊命令安營紮寨，一邊告訴將士們去摘那些果實充飢。將士們見到這柴林的果實如獲至寶，就爭搶著滿山遍嶺採摘起來。大家採摘一片片，一堆堆，坐在山坡上用石頭一邊砸一邊吃。這些果實仁又充飢又解渴，不一會兒，官兵們就一個個填滿了肚子。

老罕王見將士們軍威重振，哈哈大笑起來，將士們也笑得前仰後合。老罕王說這榛樹果實是救命的「金子」。將士們一聽說這叫「金子」，都感到這東西可貴，為了牢牢記住這個名字，就天天念叨著「金子」，叫得時間久了，就叫成了「榛子」。

老罕王他們由於吃了榛子得救了，一連在歡喜嶺一帶駐紮了半年多時間。他們重整旗鼓，又開始兵強馬壯起來。

不久，老罕王備足了糧草，又率領部下攻打李總兵的軍隊。這一戰旗開得勝，占領了興京堡。從此，老罕王在興京堡紮下了大營，把興京堡改為興兵堡，建立了赫阿拉城都，當老罕王統一了南北河山，建立了清朝以後，就把當年吃榛子救了全軍的那座大嶺起名叫「歡喜嶺」。

▲ 雪

四棚鄉大英武溝的傳說

努爾哈赤小時候，因不堪繼母的虐待，才十幾歲，他便獨自離開家門。為了謀生，他渡過富爾江，來到棒槌山，在這裡採集松子、人參、木耳、蘑菇等山貨，或者獵取一些野豬、山兔、麋鹿、花貂等野獸拿到撫順的關馬市去賣。在那裡他見識了各種各樣的人和事。聰明的他不久就學會了漢字，還能閱讀《三國演義》《水滸傳》這些章回小說。多舛的童年生活、豐富的人生閱歷和這些小說中英雄人物的激勵讓努爾哈赤成長起來，他勇敢無畏，掌握了不少謀生的智慧。

只有智慧是不夠的。努爾哈赤深知，要想闖出一片天地，必須有過硬的功夫。在幾年的漂泊流浪中，努爾哈赤不但生存下來，還練就了一手射箭的看家本領，可謂是百步穿楊，箭無虛發。

屬於游牧民族的女真人尚武。當時，棟鄂部的鈕祜祿氏是當地的富戶，他家的子弟個個武功高強，尤其是射箭，周圍人提起來，沒有不大加讚譽的。努爾哈赤早就聽說鈕祜祿氏的大名，只是無緣相會。

有一次，努爾哈赤到一處山溝裡打獵，路遇一名騎手。這名騎手帶了很多隨從，更重要的是，他的背上背了一把很漂亮的弓箭，這樣的弓箭絕不是平庸的獵人可以使用的。努爾哈赤很好奇，一打聽，原來這個人就是棟鄂部赫赫有

名的紐翁錦。紐翁錦擅長射箭，聞名遐邇。努爾哈赤立刻迎上前去，熱情地與紐翁錦交談，對他的射箭技藝大加讚揚。

紐翁錦也聽說過努爾哈赤的大名，相見後感到很高興。兩個人談到開心處，努爾哈赤用手指著百步以外的一棵柳樹，請他獻技表演。

紐翁錦胸有成竹，安然下馬，沉著冷靜，舉弓搭箭，連發五箭，「嗖嗖嗖嗖」，箭去如風，可是不知怎麼搞的，紐翁錦大失水準，三中兩失，所中的三箭，落點也上下不一，相距很遠。

努爾哈赤沒想到結果會是這樣，紐翁錦也不免垂頭喪氣。這時，努爾哈赤躍躍欲試，徵得了紐翁錦的同意，也連發五箭，結果五箭皆中，並且箭的落點也都相距特別近，連旁邊觀看的紐翁錦的眾隨從見此箭法，也不由自主地喝采叫絕。紐翁錦大吃一驚，心中暗自讚歎，表示佩服。

努爾哈赤與紐翁錦比箭勝利的消息不脛而走，這件事大大增強了努爾哈赤的自信心和人脈。不久，住在佟佳江畔的佟家莊園的老莊主便派人找到努爾哈赤，不僅收留了他，還將自己的寶貝孫女哈哈那扎青（佟佳氏）許配給他做福晉。四年後，他們便生了一個兒子，取名褚英。

為了紀念最初的勝利，努爾哈赤把當年他和紐翁錦比箭的地方稱為大英武溝。

二密鎮的傳說

很久很久以前，有長白山上空忽然飄來三朵白雲，白雲漸漸逼向天池，化作人影。原來是天宮的「三仙女」到青碧如鏡的池裡嬉戲沐浴。這時，天空飛來一隻神鵲，銜著一顆紅果，它把紅果放在三妹佛古倫的衣裙上。佛古倫整理衣服時，發現了這枚散發著誘人芳香、閃閃發光的紅果，便把它放入口中，一不小心竟吞了下去，後懷孕生下一個男孩。這男孩生下來就會說話，體

▲ 鄉村人參園

貌奇異。等他長大成人，仙女們告訴他姓愛新覺羅。這便是愛新覺羅氏的祖先，清朝的始祖。

當他們入關以後，就把長白山區視為清朝的發祥地。康熙年間，以富爾江為界，劃邊栽柳，將東至長白山的廣闊區域封為禁地。在封禁期間，清朝的王公大臣每年都要到長白山進行祭祖，康熙時曾派盛京都統赴長白山恭代行禮。由清朝故都盛京經清始祖墓永陵，在通往長白山的路上設立了祭祖台站，在靠禁墾區的邊內旺清門設立了第一台站，在邊外的額而敏河（二密河）畔設立了第二台站。他們每到一個台站都遙望長白山天池跪拜，並向皇帝匯報稱「在二密台遙望長白山頂靄靄白雲，天女池邊流水滾滾，奴才等即望東跪拜，聞長白山頂有三次聲響」。

二密的名字，就來自於這個遙祭長白山的二密台。

▎民間故事

小半拉子的故事

老罕王努爾哈赤十幾歲時，他的親娘就死了，阿瑪娶了那拉氏給他當後娘。那拉氏嘴甜心狠，沒多久，小罕子就被趕出了家門。

小罕子沿著富爾江一路走來。一天，他體力不支餓昏在江邊，被江邊鏟地的長工們發現，救醒了。

小罕子見這裡的人心地善良，便留了下來，和長工們一起去給一個大戶人家當「半拉子」（童工）。

這個大戶人家為人很刻薄，常常剋扣給他家扛活的這些人的工錢。老實的長工們個個都要養家餬口，怕丟了飯碗，因此敢怒不敢言。

▲ 羊群

▲ 雪

　　也許是天報應吧。有一天，這個大戶的糧倉忽然起火了，大火藉著風勢燒得呼呼直響，轉眼就上了房子。長工們站在房前，因為痛恨大戶平時窮凶極惡，誰都不肯衝上前去救火。

　　眼看著積攢了多年的糧食就要燒著了，大戶急得直跺腳，圍著火場轉了好幾圈，終於下了決心，他對著眾人大聲說：「我求求大夥，快幫我把糧食背出來吧。」

　　見大家仍然原地不動，他咬牙說：「誰要是能把糧食背出去，我和他二一添作五——平分。」

　　見大戶賭咒發誓，大家半信半疑，但是總不能眼見著火燒而不救吧，就這樣一些人開始往裡衝，大家一邊救火，一邊往外搶背糧食。

　　大火燒了大半天，大戶的糧倉都燒得落了架。因為搶救及時，糧食損失得並不多，堆在火場外面，像一座小山似的。

　　大戶喜出望外，他開始後悔當初的承諾了，望著堆積如山的糧食，他故意大聲問：「這是誰背的？」

　　長工們明白他這是想要賴，因為小罕子人品好，平時極有威信，又是光棍一個，大戶不能把他怎麼樣，於是大家都指著小罕子說：「都是小半拉子背的。」

有的人乾脆直接質問大戶：「你剛才說誰背出來的糧食都可以跟你平分，莫非想變卦？」大戶見大家虎視眈眈，他一時不敢觸了眾怒，就說：「哪裡哪裡，這小罕子可真能幹啊。」

大戶湊到小罕子跟前，滿臉堆笑，親熱地對小罕子說：「咱一家人不說兩家話，你一個人連個家口都沒有，要這麼多糧食往哪裡放？時間長了還不糟蹋了，我看還是先放我這吧——我給你保管著，你啥時用啥時再拿。」

小罕子早看出了大戶的心思，他才不信大戶那一套呢，況且，他怎麼會私吞了大家的功勞呢？於是，小罕乾脆利落地說：「那可不行，你可不能說話不算數，我今天就要和你二一添作五——平分。」長工們也都七嘴八舌地叫嚷著。

大戶一看這小半拉子這麼硬氣，長工們也都給他撐腰，沒辦法，只好忍著割肉一般的疼痛，給小罕子分了一半糧食。

小罕子當場喊來那些和他一樣窮困的長工們，大家歡天喜地地把糧食扛回家。大家都對小罕子豎起了大拇指，那個大戶則眼巴巴地看著糧食被人們扛走，氣得直跺腳。

▲ 喜訊到家

正是因為從小就有號召力，有正義感，小罕子才從富爾江畔以十三副鎧甲起家，稱汗登基，建立了大金。

小罕子登基坐殿後，有一次又回到了富爾江畔，鄉親們都圍著他問長問短，大家說著說著，又說起了幫大戶火中搶背糧食的事來，此時叱吒風雲的老罕王豪爽地一笑，說：「那時候，大家都說是我背出了那麼多糧食，我一個人哪有那麼大的力量？還不是大家同心協力，眾人拾柴火焰高麼！」

臨行前，大家都與老罕王依依不捨，老罕王說：「我就住在興京，有時間大家可以去看看。咱們背糧食的這個地方，就叫小半拉子背吧，這麼叫，大家也會想起我，我也不會忘記這個地方。」就這樣，半拉子背就叫開了，叫著叫著，就丟了中間的「子」字，變成半拉背了。

猛虎贈石

努爾哈赤決定擴建赫圖阿拉城後，便派兵丁在附近尋找石頭和木料，準備就近採石伐木，加快建設進程。

身邊的術士聽說後，飛跑著前來阻止：「赫圖阿拉城是要依託四周的風水的，山石林木一動，地氣可就破了，這可萬萬使不得啊。」

這下可給努爾哈赤出了難題，要建成方圓十餘里的堅不可摧的城池，僅四周城牆所需石頭和木料就得搬掉兩座大山，更何況還有房屋建築呢。木料還好說，那時候連平地都是大樹，石料就難找了，到哪裡採集這麼多的石頭呢？

努爾哈赤有個習慣，就是一遇煩心事就要出城狩獵。這一天，他背上弓箭，率幾員侍衛出了城。說來也怪，一行人走出很遠，卻連一隻兔子也沒看見，眼看著這一天就要空手而歸了，努爾哈赤正在焦慮之中，忽然樹林之中響起了嗚嗚的風聲，接著群鳥驚飛，一隻斑斕猛虎從遠處慢悠悠地走來。

侍衛們幾乎驚呆了。努爾哈赤不敢怠慢，他彎弓搭箭，「嗖」地一聲，箭矢就射在了猛虎的脖子上。猛虎未及提防，「嗷」地大叫一聲，回轉身，飛快地鑽進了樹林。

努爾哈赤大喊一聲：「追！」打馬就朝猛虎逃跑的方向追去，侍衛們緊緊

跟在他的身後。

那隻猛虎雖然受了傷，仍然四蹄生風，轉眼間就翻過了好幾道山梁。努爾哈赤率兵丁緊緊跟在猛虎後面，一直追到一個山溝裡，見猛虎穿過一片亂石崗，再一縱身便消失得無影無蹤。

努爾哈赤和兵丁四處尋找，找了半天也沒見猛虎的蹤影。正在納悶，忽聽山溝深處好像有山石滾落的轟隆聲，循著聲音望去，只見對面的山正在慢慢下滑。那座山上沒有大樹，只有一些灌木，山體下滑後，也只有很少的山土，灌木裡包藏的，全是石頭。

山體繼續滑落，轟隆隆，聲音震耳欲聾。滾落的石頭石條不計其數，都堆在山腳下的溝塘裡。努爾哈赤和侍衛們站在那裡呆呆地看著，直到所有的聲音都消失，山體不再滑動，山下的溝塘裡堆得滿滿的全是石頭。

剛才還是一座綠意盎然的山，轉眼間半座大山像是被凌空切下，只剩下怵目驚心、極為陡峭的一面石砬子。

努爾哈赤走近前去，就見滿山遍野東倒西歪的石料堆積如山，別說是建赫圖阿拉一座城池，就是建上兩座這樣的城郭也綽綽有餘。

努爾哈赤邊看石料邊想著運回石料的辦法。忽然，他發現一個大石條上有一隻帶血的箭矢，正是他剛剛射向猛虎的那一支。努爾哈赤心中一動：原來這是隻神虎啊，是它將我們引領到這裡，都怪我射中了它。

努爾哈赤將箭矢精心收好，命兵丁按原路返回並做好標記。

不久，努爾哈赤就派兵馬循著標記開闢道路運石建城。道路建好了，兵丁們冬用爬犁夏用車馬，將石料源源不斷地運回赫圖阿拉。

努爾哈赤大戰拜音達里

努爾哈赤自萬曆十一年起兵以來，僅五年時間，即入主建州，這引起海西等部的強烈不滿，他們在外交施加壓力的同時，聯合出兵討伐建州。

萬曆二十一年九月，海西葉赫、哈達、烏拉、輝發四部，聯合蒙古科爾沁、錫伯、卦勒察三部，以及長白山珠舍里、訥殷二部，集兵三萬餘，分三路

大舉進攻建州。

努爾哈赤聽聞此事，從容進行周密的部署，令部將在聯軍必經之路據險設伏。

當然，蝲蛄河上游這一帶也是爭鬥的戰場，輝發部的拜音達里帶了三千精兵將從這裡攻向建州城，努爾哈赤早早就做了布防，並且親自督戰。

敵眾我寡，努爾哈赤的身邊只帶了五百精兵，他們在山險要隘處設置滾木雷石，決心與敵人決一死戰。

交戰開始，拜音達里首先發動攻擊，三千人的隊伍密密麻麻地向山上衝去。等他們的隊伍衝到半山腰，忽然傳來隆隆的聲音，頃刻間滾木雷石齊下，巨木和大石結結實實地砸向原本整齊的衝鋒隊伍，山下頓時一片鬼哭狼嚎。

拜音達里的兵士，有的被滾木壓斷雙腿，有的被雷石砸得腦漿迸裂。士兵們慌不擇路，四散潰逃。山頂上的滾木雷石還在不斷地傾瀉而下，窄窄的山坡瞬間變成了血肉橫飛的阿鼻地獄。

戰鬥進行了一個多時辰，敵人被砸得蒙頭轉向，完全失去了進攻的能力。

▲ 新農村人參加工廠

這時山上的滾木雷石快用完了，士兵們也累了。努爾哈赤見敵人的進攻已經全無章法，就讓大家休息一下，吃點東西補充體力，雙方的戰鬥也便告一段落。

拜音達里出師不利，沒想到兩軍交戰的第一回合，就以他的兵士死傷折半而告終。拜音達里恨得咬牙切齒，組織剩下的兵將，命令大家改變方向，以大樹或是山包做掩護準備再次進攻。

天快黑了，估計拜音達里還有近兩千兵將，硬拼是不行的，好在大家熟悉這里的地形，努爾哈赤便把五百兵士分成八個小組，各小組隱沒在山林之中，一個小組誘敵，另外幾個小組合圍。

這時，拜音達里也整理好了隊伍，他們小心翼翼地往山上衝。山上只投下極少的滾木雷石，殺傷力遠沒有前一次大。拜音達里一鼓作氣，一直衝到山頂上。

只見努爾哈赤的兵士四散逃逸，從不同的方向衝向山林之中，拜音達里哪肯放過他們？他立刻分散隊伍，分頭追擊。

這時，天已經完全黑下來了。忽然，西北角傳來喊殺聲。等到拜音達里帶著他的那隊人馬趕過來，努爾哈赤的隊伍早就撤走了，只留下拜音達里的一隊殘兵敗將在呻吟、在流血。

這邊的隊伍還沒清點明白，東邊又傳來喊殺聲，不用說，那一隊人馬又遭遇到努爾哈赤的埋伏。

拜音達里怕了，等到他召回自己的隊伍一看，兵將又損傷了一小半。

拜音達里損兵折將，他的銳氣被徹底打沒了。望著四周的樹林，似乎到處都埋伏著努爾哈赤的兵士，他怕了，把所有的將士聚集在一處，他們在山腳下的小河邊安營紮寨。

凌晨，拜音達里和他的兵將還在睡夢之中，忽然喊殺聲四起，努爾哈赤的大兵已包圍了他的營房。倉促應戰，自然少不了新的傷亡，等到他們準備反戈一擊時，努爾哈赤的精兵卻早已撤走了。

努爾哈赤的將士如有神助，和這種人打仗實在太可怕了。拜音達里不敢戀

戰，帶著他的殘兵敗將逃回了輝發城。

努爾哈赤智破連環計

明萬曆十年，李成梁派兵幫助圖倫城主尼堪外蘭打阿台。努爾哈赤的祖父覺昌安、父親塔克世急赴阿台所在的古埒城外去勸降。他倆第二次進城勸說之後，阿台還是不降，而且親自督戰守城。明軍進攻兩晝夜都不能取勝。

尼堪外蘭受重責後，便夥同官軍欺騙守城軍民說：「太師有令，誰殺阿台歸降，誰就當古埒城主！」

這樣，就有貪心的人殺了阿台開門迎降。明軍進城後，李成梁自食其言，大開殺戒。尚在城中的覺昌安、塔克世兩人雙雙死於明軍刀下。

噩耗傳到赫圖阿拉城，努爾哈赤大慟，立志報仇雪恨。

明知殺其父祖的是明兵，但明兵勢大力壯，不可正面為敵，因此，努爾哈赤一方面與明朝邊吏理論，一方面清點父祖留下的武庫，共找到鎧甲十三副，他暗暗串聯兄弟、叔伯、家丁一千人，準備起事復仇。

朝廷自知理虧，為安撫努爾哈赤，給了他三十道赦書、三十匹馬，又授給他建州左衛都督、都督僉事加龍附將軍的銜名。

尼堪外蘭呢，因為屠城時是自己帶的頭，他怕努爾哈赤來報復，就想了個計策，準備斬草除根，趁努爾哈赤羽翼未豐除掉這個心腹之患。

一個烏雲密布的夜晚，努爾哈赤已經安歇。忽然一間小屋裡一明一滅的火光引起他的注意，努爾哈赤悄悄起身，來到小屋外面，捅破窗紙一看，只見一個侍女在外屋灶坑旁，把燈吹滅又點上，點上又吹滅，反覆擺弄燈，就是不去

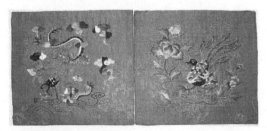

▲ 滿族刺繡——枕頭頂

睡覺。

努爾哈赤一見，覺得這其中定有蹊蹺。他摸回自己的屋去，把床鋪偽裝成有人在睡覺的樣子，又摸黑把短甲穿在衣服內，然後手持大刀，背好弓箭，悄悄出門躲到房頭煙囪旁。

此時外面已經漸漸瀝瀝下起雨來，漆黑一片，什麼也看不清，只有小屋裡的火光仍然明明滅滅。沿著火光傳播的方向，努爾哈赤往院子外面張望，隱隱約約地好像有個人在走動，仔細一看，又不見了。努爾哈赤屏息靜氣，他要看看到底是什麼人這麼大膽。

黑影似乎有恃無恐，順手推開虛掩的大門，一閃身進了院子，直奔努爾哈赤的臥房。

這時，忽然一道閃電，努爾哈赤和黑影手中的鋼刀發出明晃晃的光來，彼此都暴露了。說時遲那時快，努爾哈赤大喊一聲：「有刺客！」一縱身從煙囪後面跳出來，揮舞大刀朝刺客砍去。刺客慌亂中用刀迎了一下，躲過這致命一擊，掉頭就跑。

努爾哈赤估摸著刺客逃跑的方向，張弓就是一箭，只聽「哎呀」一聲，刺客應聲而倒。努爾哈赤一個箭步趕上去，用刀背抵住那個刺客，這時家人們都衝了過來，大家七手八腳把他綁上了。

一審問，知道這個刺客名叫義蘇，是主子派來刺殺努爾哈赤的。大家都知道他的主子其實就是尼堪外蘭，兄弟們義憤填膺：「乾脆，一刀把他宰了。」

努爾哈赤卻對兄弟們說：「宰了他是件很容易的事，可是殺了他，他主人就會以我殺他部下為名，發兵前來剿滅我們。我們現在兵還不多，儲備還不足，難以禦敵，不如把他放了，待我們力量足夠強大時，再一舉搗毀他們。」

尼堪外蘭定下的本是個連環計：倘若刺客殺了努爾哈赤，他就可以高枕無憂了；倘若努爾哈赤殺了刺客，他就以此為藉口發兵來襲。沒想到努爾哈赤就是不上當，當晚就把義蘇放掉了。

滿族人不吃狗肉的來歷

傳說罕王努爾哈赤少年時，因受繼母虐待，逃到明總兵李成梁家當了家奴。一天小罕子（努爾哈赤的小名）給李成梁洗腳，李成梁得意揚揚地抬起腳丫子，說：「瞅，老爺我腳心上長了四顆紅痣，才有當這麼大官的命。」

小罕子不以為然：「大人，我腳心還長著七顆痣呢！我怎麼沒當大官。」

小罕子說著就脫了鞋讓他看，李成梁一瞅，嚇出了一身冷汗。他暗自琢磨：近來有人夜觀天象，說遼東將有真龍天子出現，與萬曆皇上爭天下。沒想到竟應在這哈哈珠子身上。他表面裝著若無其事，暗中告訴四姨太喜蘭：「你用飯菜穩住他，我去召集兵馬，捉小罕子進京領賞。」

李成梁剛走，喜蘭就跑過去對小罕子講了事情的原委，然後說：「好小子，快逃命去吧！」

小罕子騎上大青馬逃命，同他玩熟了的一條狗也跟著他一起逃跑了。

李成梁回來一看，小罕子跑了，急忙騎上馬去追趕，邊撞邊令人放箭，眼看就要撞上了，小罕子身上中了箭，受了傷，只好鑽進了大草甸子。

李成梁搜了半天沒逮著，沒好氣地說：「黑燈瞎火的，放把火，諒他也跑不出去。」於是追兵放了一把大火，整個草甸子成了火海。

小罕子由於中箭，昏了過去，也不知昏睡了多長時間。

見大火衝天，小罕子又中了箭，那條狗急了，找到一個大水泡子，它跳進水裡，將身上沾濕，再跑回來，在小罕子身邊轉圈打滾，將草打濕。然後又跑到水泡裡沾水，將小罕子身邊草打濕，也不知跑了多少個來回。當小罕子醒來的時候，狗兒已經累死了。

是那條狗救了小罕子一命。當小罕子長大了稱王後，吩咐部下：「山中有的是山貓野獸，盡可以打來吃用，但是今後不准再吃狗肉，穿戴狗皮，狗死了要把它埋葬了，因為狗通人性，是義畜。」

滿族人不吃狗肉的習俗，就是罕王爺在那時候立下的規矩。

滿族喜歡吃「黏耗子」的傳說

滿族早期的人家，都得在旗當兵。有的男人當過兵後，長了見識，成就了

大業；也有的男人當兵後變得又饞又懶。

有這麼兩口子，丈夫當兵回家後，莊稼活不願幹了，莊稼飯也不願意吃了，整天好吃懶做，東走西逛。媳婦多次苦口婆心地勸他，但他總是當成耳旁風，一點聽不進去，依舊我行我素。這一天是農曆六月二十五，正是懶漢的生日。媳婦對他說：「今日是你

▲ 蒸鍋裏的「黏耗子」

的生日，你愛吃什麼，說出來我好給你做。你這個人呀！本來是屬虎的，對於吃的本應不挑肥揀瘦，一概狼吞虎嚥才對，可是你卻總是挑挑揀揀，這個不吃，那個沒味的。」

懶漢聽了媳婦的話，不慌不忙假裝斯文地說：「哎，你只知其一，不知其二呀，生我那年是虎年，但是那年是個『小進』，生我那個月也是『小進』（指一月二十九天）。虎加『小』字不是小虎崽子嗎？加兩個『小』字，那不比虎崽子還小嗎？比虎崽子還小的就是貓唄。所以，我名義上是屬虎的，其實是屬貓的。貓當然是最饞的啦，不挑挑揀揀吃魚吃肉哪行呀！」懶漢說完，還得意地望著媳婦笑。

媳婦見說不過他，又趕上他過生日，只得忍氣吞聲下去準備做飯。她來到自家地裡，想摘些青菜。忽然順風飄來一陣蘇子的清香，她抬頭一看，地邊的蘇子葉已經長成小菜碟那麼大了，她順手摘了一片蘇葉，放在鼻子上使勁聞了聞，說了一句「真香呀」，她端詳著蘇子葉的形狀，想起剛才被丈夫數落的話，一下子想起一個教育丈夫的辦法。她趕忙摘了一些蘇子葉，用衣襟兜回家，又找來一些黏米麵，包上豆沙餡，做成耗子的形狀，然後用蘇葉一裹，那蘇葉的蒂把正好成為耗子尾巴。這媳婦望著蒸熟的散發著清香味的麵耗子，心中早有了主意，就等丈夫回來。

晌午的時候，懶漢回來了。媳婦迎上去，高興地對懶漢說：「今個，我為你的生日準備好了你最愛吃的東西。」懶漢一聽有好吃的，立刻瞪大了眼珠

▲ 三大怪之「大姑娘叼煙袋」

▲ 三大怪之「養個孩子吊起來」

問：「是什麼？在哪兒？」「你看。」媳婦說著順手揭開了鍋。懶漢一看，立刻不高興了，說：「這黏餑餑是什麼好東西，我早就不愛吃了。」媳婦不慌不忙地說：「你再好好看看，這可不是平常的黏餑餑，這是『黏耗子』，你不屬貓的嗎，貓可最愛吃耗子了，難道你不喜歡嗎？」懶漢上午剛說完自己屬貓，中午媳婦就用「耗子」招待他，他一下子沒有了應答之詞，只好硬著頭皮坐下來吃。他吃了一個，覺得蘇葉清香可口，味道真的不錯，於是，他一個接一個，一會兒吃了大半鍋。媳婦見他吃得很飽，就拿來一把鋤頭，對懶漢說：

「黏食吃多了，不幹點活消消食是要鬧病的，你快去鑵鑵地吧！」懶漢望著自己的媳婦，覺得她說的有道理，就痛痛快快地扛起鋤頭鑵地去了。

打這以後，懶漢不僅喜歡吃「黏耗子」，也漸漸地勤快起來，小兩口的日子過得越來越紅火。別人家的媳婦知道了這事，也都回家給丈夫做「黏耗子」吃。漸漸地，做「黏耗子」吃成了滿族的一種風俗。

關東三大怪的傳說

傳說在古代女真人社會中，人是不能活過一輪的，也就是一個甲子六十歲。如果人要是活到這個年齡還沒死，族裡就要將其處死，然後火葬。這是因為當時人們謀生很艱難，人老了就不能幹活了，社會便會多一個「白吃飽」。但隨著社會的發展，人們都不忍心將自己的老人活活處死，他們等老人活到六十歲時，便設法將他們藏起來。有錢人在自家屋裡做個夾層屋子，讓老人住在裡面。沒錢的人家便在屋外挖個地窖子來藏老人。被藏的老人是不能隨便出來走動的，如果被族長發現，不但被藏的老人要被處死，兒女也會受到處罰。

覺爾察城附近住著一戶女真人家，男人叫色勒，妻子叫孟古，色勒的額娘活到一輪後，夫妻兩個也在屋外挖了個地窖子，把額娘藏在裡面。色勒還有個女兒叫額玉格格，長到十七八歲時，突然得了一種怪病，渾身刺癢不算，還起了許多紅色小疙瘩，滿臉都是，原本漂亮的姑娘，這一病後變成了醜八怪，連個婆家都找不到。

這天晚上，額玉的娘去山裡幹活回來晚了。額玉擔心奶奶會餓壞了，便自己去給奶奶送飯。到了地窖子裡，奶奶藉著從外面透過來的光，看到了額玉的臉，心痛地說：「額玉，你的臉怎麼了，快來讓奶奶看看。」額玉過去告訴奶奶自己得的病，奶奶說：「別怕，你身上的疙瘩是很厲害的蚊子咬的，這種蚊子很毒，不過沒事，奶奶現在偷偷地出去給你採點藥。」然後和額玉到了山上，左撥拉右找，終於找到了一種草。她摘了一大把後，回到地窖子，告訴額玉這種草叫「菸」，奶奶又拿出一個銅嘴、銅鍋的大煙袋交給額玉，並教給額玉把菸曬乾，放到煙鍋裡抽。

一兩天后，菸曬乾了。額玉將菸搓成細末，放到菸鍋裡點著後抽了一口，這一口下去把額玉嗆得直掉眼淚，可過了一會就好了。這樣額玉堅持幾天後，病漸漸地好了。

　　後來人們發現用煙可以驅趕蚊蠅。由於滿族人多以遊獵為主，他們常年穿行於深山老林之中，經常會碰到蚊蠅、蛇、蠍等傷害，而吸菸的人身上帶有菸草味，嗅到菸味它們就會逃避。這是後來滿族人嗜煙尤甚的重要原因。

　　轉眼工夫，秋天到了。一日，色勒外出歸來帶回幾張毛頭紙，讓額玉把窗戶糊上。額玉從來沒糊過窗戶，她從屋子裡開始糊，可外面風很大，紙一糊上就被吹下來了，糊了老半天也沒糊上一扇，還弄壞了兩張紙。當時毛頭紙是很貴的東西，額玉急得哭了起來。哭了一會，她想起了奶奶，就去找奶奶幫忙。奶奶告訴額玉說：「傻丫頭，你從外面糊呀！窗紙糊在外面，風沙不能積在窗櫺上，避免窗紙一冷一熱被毀壞。如果窗戶紙糊在裡面，由於溫差太大，形成『氣流水』，流到窗櫺上洇濕了紙，就會破裂，或脫落，或漏縫，還容易造成窗櫺的腐爛。」額玉按奶奶說的方法從窗戶外面糊，果然一下就糊住了。

　　由於額玉的病好了，人又變得漂亮了，很快就有個叫渥赫的小夥子來求婚。家裡人見小夥子聰明能幹就答應了。古代女真人有個習俗，就是男女結婚後，男方要在女方家幹兩年的活後才能帶妻子回男方家住。額玉與渥赫結婚一年後生了個白胖胖的兒子。

　　有一天全家人都外出幹活，只留小孩躺在炕上睡覺。不知什麼時候一隻狼闖進了屋裡，它發現了這個孩子，正要吃他時，小孩突然大哭起來。這時，正趕上額玉回家給孩子送奶。她聽到哭聲，急忙進屋，看見有隻狼在屋裡，她連忙拿起棒子把狼趕跑了。等她給奶奶送飯時又跟奶奶提起了這事，奶奶說：「你讓渥赫用樺木板做個像小船一樣的搖車，然後把搖車用繩子吊在房梁上，就是再有狼來也不會吃到孩子了。」額玉回來後，讓渥赫按奶奶說的樣子做了個搖車，把兒子放在裡面。還真行，兒子睡在搖車後，不再像以前那麼愛哭愛鬧了。他們又按奶奶告訴的方法在搖車上掛了一隻刺蝟皮和一個熊爪子，用來

保護孩子，從此再不用擔心孩子的安全問題了。

色勒家的這三個方法慢慢地傳了出去，人們都開始效仿著做。後來這事傳到了族長那裡，族長找來色勒問明原因，才知道色勒家藏著個老太太，族長召開了全族的大會處理這件事。會上，大家一致認為，色勒家老人懂得的事很多，幫了大家好多忙，不應該殺。族長也表示同意，然後決定：從今以後女真人活到一輪後，不再處死。

從那以後，便開始流傳關東三大怪：窗戶紙糊在外，姑娘叼著大煙袋，養活孩子吊起來。

吉林文庫 A0703A27

文化吉林：通化縣卷

主　　編	莊　嚴
版權策畫	李　鋒
責任編輯	林以邠

發 行 人	陳滿銘
總 經 理	梁錦興
總 編 輯	陳滿銘
副總編輯	張晏瑞
編 輯 所	萬卷樓圖書股份有限公司
排　　版	菩薩蠻數位文化有限公司
印　　刷	維中科技有限公司
封面設計	菩薩蠻數位文化有限公司

出　　版　昌明文化有限公司

桃園市龜山區中原街 32 號

電話　(02)23216565

發　　行　萬卷樓圖書股份有限公司

臺北市羅斯福路二段 41 號 6 樓之 3

電話　(02)23216565

傳真　(02)23218698

電郵　SERVICE@WANJUAN.COM.TW

大陸經銷　廈門外圖臺灣書店有限公司

　　電郵　JKB188@188.COM

ISBN 978-986-496-285-3

2018 年 1 月初版

定價：新臺幣 480 元

如何購買本書：

1. 轉帳購書，請透過以下帳戶

　　合作金庫銀行　古亭分行

　　戶名：萬卷樓圖書股份有限公司

　　帳號：0877717092596

2. 網路購書，請透過萬卷樓網站

　　網址 WWW.WANJUAN.COM.TW

大量購書，請直接聯繫我們，將有專人為您

服務。客服：(02)23216565　分機 610

如有缺頁、破損或裝訂錯誤，請寄回更換

版權所有·翻印必究

Copyright©2016 by WanJuanLou Books CO., Ltd.

All Right Reserved　　　　**Printed in Taiwan**

國家圖書館出版品預行編目資料

文化吉林. 通化縣卷 / 莊嚴主編. -- 初版. --
桃園市 ： 昌明文化出版 ；臺北市 ： 萬卷樓
發行, 2018.01

　　冊 ； 公分

ISBN 978-986-496-285-3(平裝). --

1.文化史 2.人文地理 3.吉林省

674.2408　　　　　　　　　　107002188